처음 읽는

일본사

처음 읽는

일본사

덴노·무사·상인의 삼중주, 일본

전국역사교사모임 지음

Humanist

처음 읽는 세계사 시리즈를 펴내며

—

2018년, 전국역사교사모임은 창립 서른 돌을 맞았다. 2,000여 명의 선생님이 함께하는 전국역사교사모임은 그동안 학생들과 호흡할 수 있는 더 좋은 수업, 새로운 교재를 만들기 위해 노력해왔다. 그리고 분야별로 전문성 있는 분들이 함께 공부하고 경험을 나누면서, 《살아있는 한국사 교과서》, 《살아있는 세계사 교과서》 등 여러 권의 책을 펴냈다.

'처음 읽는 세계사 시리즈'는 《살아있는 세계사 교과서》의 연장선에서 기획되었다. 이 책을 읽은 많은 독자가, 그리고 학교에서 만나는 많은 학생이 세계사의 큰 흐름을 놓치지 않으면서도 각 나라의 역사를 좀 더 구체적으로 알고 싶어 했기 때문이다. 우리는 2010년 터키사를 시작으로 미국사, 인도사, 일본사, 중국사를 차례로 펴냈다. 많은 독자가 과분한 사랑을 주신 데 대해 깊이 감사드리며, 미진했던 부분을 보완해 개정판을 선보이게 되었다.

낯설고 익숙하지 않은 다른 나라의 역사를 배운다는 건 분명 쉽지 않다. 그래서 세계사의 관점에서 각 나라의 역사를 서술하되, 중요한 역사적 사건과 그 의미를 놓치지 않기 위해 노력했다. 또한 각 나라를 직접 탐방하는 느낌이 들도록 생생하게 서술했으며, 나아가 우리와의 거리감을 좁히고 세계 각 문명과 나라의 참모습을 이해하도록 내용을 다양하게 구성했다.

우리는 학생들과 함께 세계사를 배우고 가르치면서 몸으로 배운 나름의 노하우를 바탕으로 이 책을 기획하고 썼다. 독자들이 이 시리즈를 통해 여러 나라의 역사를 흥미진진하게 체험하면서 오늘을 살아가는 크고 작은 지혜를 얻을 수 있길 바란다.

2018년 12월
전국역사교사모임

머리말

1990년대 후반 일본 문부성 초청으로 약 보름간 일본을 방문한 적이 있었다. 일본이 국가 이미지를 쇄신하기 위해 아시아 여러 나라의 교사들을 초청한 덕분이었다.

그때까지 일본에 가 본 적이 없던 내게 일본이라는 나라는 우리보다 문화적으로 열등한 경제 대국일 뿐이었다. 그러나 일본에 도착한 지 며칠 만에 내 시각의 편협함을 깨달았다. 짧은 시간이었지만 현지에서 만난 일본인들은 교양 있고 친절했으며 문화유산에 대한 자긍심 또한 높았다. 서울 암사동의 선사 유적지에 익숙했던 내게 사가 현의 요시노가리 선사 유적지는 대단함 그자체였다. 유적지의 광활함과 거대한 망루, 움집 등이 우리의 선사 유적지와 비교됐다. 놀라움은 견학 내내 이어졌다. 소도시마저 거대한 불상과 탑 들을 잘 보존하고 있었고, 한반도에서 불교 예술을 전수받았기 때문에 사원 건축물이 우리보다 작을 것이라 생각했는데 대도시의 경우 훨씬 더 웅장하고 화려한 건축물을 많이 갖고 있었다. 이는 당시 일본의 경제력이 결코 한반도에 뒤지지 않았다는 증거이기도 하다.

일정 중 홈스테이가 하루 잡혀 있었다. 내가 머물렀던 곳은 전 교장 스즈키 씨의 집이었다. 스즈키 씨 가족과 함께했던 시간은 내게 보통의 일본인은 어떤 사람인가를 알게 해주었다. 역사 시간에 제대로 배우지 못해 일제 강점기의 실상을 모르는 큰아들 신타로, 기회가 되면 한국 남자와 결혼하고 싶다던 여고생 하나코, 임진왜란과 명성황후 시해 사건을 이야기할 때 어쩔 줄 몰라

하던 스즈키 씨 부부. 나는 이들을 보며 일본인에 대한 시각 역시 너무 일방적이었음을 깨달았다. 이후 나는 일본에 대해 좀 더 객관적인 시각을 가지고 있는 그대로를 보려고 노력하게 되었다. 헤어지면서 다시 만나자고 했던 약속을 지금까지 지키지 못하고 있지만 스즈키 씨 가족은 친절한 일본인의 이미지로 내 기억 속에 남아 있다.

보름간의 일정을 마치고 돌아오는 비행기 안에서 '우물 안 개구리는 나를 두고 하는 소리였구나.' 하고 얼마나 많이 중얼거렸던가. 그리고 철없이 일본을 깔보았던 자신이 얼마나 부끄러웠던지. 20여 년이 지난 지금 《처음 읽는 일본사》를 펴내면서 그때의 후회를 교훈 삼아 얼마만큼 우물 안을 벗어났는지 궁금하다.

책을 쓰는 동안 도움을 주신 윤종배, 이강무, 권오경, 박인숙, 이지현 선생님과 휴머니스트 편집부에게 감사드린다. 특히 난관에 부딪힐 때마다 넓은 시각을 보여 주신 김육훈 선생님과 내용에 깊이를 더해 준 최현삼 선생님께 고마운 마음을 전한다. 끝으로, 책이 완성될 때까지 묵묵히 기다려 준 나의 아내, 딸 승연, 아들 도훈에게 고맙고 사랑한다고 말하고 싶다.

2013년 3월
책임 집필자 전형준

차례

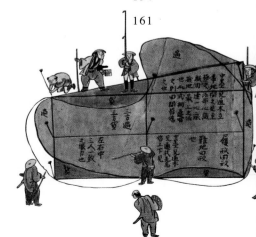

모방과 창조의 저력을 지닌 나라,
일본의 내일을 엿보다

일본은 고대부터 현대에 이르기까지 우리와 빈번하게 접촉하고 다양한 교류를 해온 나라이다. 근대 이후로는 전쟁과 식민지라는 그늘이 두 나라 사이의 관계를 지배하면서 반목과 대립이 깊어졌는데, 그로 인해 서로의 역사와 문화에 대한 오해와 편견도 자라났다. 상대를 제대로 알지 못하면서 자기 잣대로만 판단해 버리면 잘못된 결론에 도달할 수 있음을 알기에 무엇보다 먼저 좀 더 따뜻한 시선으로 일본의 역사를 바라보고 성찰할 수 있도록 노력했다.

일본에 대한 편견 중 하나는 모방에만 능한 국가라는 오해다. 일본의 역사 발전에 여러 경로를 통해 들어온 외국의 사상이나 문물이 많은 영향을 미쳤지만, 역으로 일본도 다른 나라에 크고 작은 영향을 미쳤다. 이런 역동적인 과정을 통해 일본인은 세계와 많은 것을 공유해 왔다. 일본은 고대 이래로 현재까지 늘 외국 문화의 수용에 적극적이었으며, 외국에서 배운 것을 자신의 사정에 맞춰 응용하며 자기들만의 독특한 문화를 창조해 냈다. 이를 가리켜 좋은 것은 받아들여 내것으로 만든다는 뜻의 '이이토고토리'라고 한다. 에도 바쿠후 시기에는

발전된 문화 역량을 바탕으로 도자기와 그림 등을 해외에 수출하여
유럽 문화에도 커다란 영향을 미쳤다.

　근대의 출발도 마찬가지였다. 에도 바쿠후의 위기는 내부에서 시작
됐지만 그 붕괴를 촉진한 것은 서양의 충격이었다. 당시 일본 역사의
주역들은 서양의 군사적, 경제적 힘이 어디에서 나오는가를 파악한
뒤 새로운 국가 건설에 매진했다. 헌법과 의회, 민주주의 제도 등은
이러한 노력의 결과물이었다. 이것들은 다시 동아시아 국가들에도 영
향을 미쳐서 이들의 근대화에도 기여했다. 사람들은 이런 일본의 모
습에 대해 외국을 베끼는 '모방 능력'이라며 부정적으로 평가하지만,
'뛰어난 창조적 능력'이자 '일본 문화의 저력'이라고 볼 수도 있지 않
을까. 아무리 좋은 제도와 문화를 받아들인다고 해도 모두 성공한 것
은 아니며, 모방에만 그치다 실패한 사례도 많다.

　다음으로, 이 책의 독자들이 일본의 행적을 통해 앞으로 일본의 변
화 방향을 예측해 볼 수 있도록 하는 데 힘을 기울였다. 일본은 서구
열강의 강압으로 문호를 개방한 섬나라였다. 그런데도 어떻게 그토록

빨리 서구 열강의 간섭에서 벗어날 수 있었을까? 또한 강대국으로 일어서는 동시에 미궁 속으로 빠져들게 된 이유는 무엇이며, 패전 후 다시 경제 대국으로 성장할 수 있었던 동력은 무엇일까? 일본의 문화 수용 형태에는 반복되는 특징이 한 가지 있다. 외국 것을 흡수해서 소화한 뒤 그 축적된 힘으로 해외까지 뻗어 나갔다가 쇠퇴하는 역사를 되풀이해 왔다는 점이다. 고대와 중세에는 한국과 중국의 문화를 수용하여 독자적인 일본 문화를 꽃피운 뒤, 무사정권을 거쳐 전국 시대가 끝난 뒤에는 조선으로 눈을 돌려 임진왜란을 일으켰다가 도요토미 히데요시 정권이 붕괴했다. 근대에는 1854년 미국의 페리 제독에 의해 서구 문물을 받아들인 뒤 일청 전쟁과 일러 전쟁을 일으키고 조선을 식민지로 만들더니 미국까지 공격하다가 원자 폭탄에 굴복하고 말았던 역사 또한 비슷하다. 현대가 시작되는 1945년부터는 미 군정에서 민주주의와 자본주의 체제를 받아들여 1970~1980년대에 고도성장을 이뤘고, 1980년대 중반 일본 경제는 미국마저 위협할 정도가 됐다. 이러한 고도성장은 1980년대 후반에 한풀 꺾여 1990년대에는 '잃어

버린 10년'이라 불리는 극심한 경기 침체를 겪었지만, 최근에는 부활 조짐을 보이면서 군사 대국으로 발돋움하려 하고 있다. 지금의 국면은 일본 역사 발전의 반복 과정에서 볼 때 팽창으로 가는 길목에 들어선 것일 가능성이 있지 않을까?

끝으로, 시민운동의 흐름이다. 주변 국가들은 일본 지도층의 야스쿠니 신사 참배와 역사 교과서 왜곡 등을 중지하라고 촉구하고 있으며, 군사 대국화의 길을 걷는 일본을 불안한 시각으로 지켜보고 있다. 하지만 일본 사회가 우경화의 길을 걷고 있는 것만은 아니다. 많은 시민 단체가 일본 정부의 보수화 경향에 반대하며 나름의 활동을 하고 있기 때문이다. 일본에는 현재 8,000여 개의 다양한 시민 단체가 있는데, 정부나 기업과 관계없는 순수 비영리 조직은 약 60만 개에 이를 정도다. 이러한 시민 단체들이 주변 국가들과 어떤 관계를 맺으며 활동하고 있는지도 함께 볼 것이다.

이제 각 장을 통해 일본의 사회와 문화가 어떤 역사적 배경을 통해 형성되었는지 살펴보기로 하자.

일본의 기초 정보
- 국명 : 일본
- 면적 : 377,915km²(남한의 4배)
- 인구 : 1억 3,000만 명(2013년 현재)
- 수도 : 도쿄(Tokyo)
- 언어 : 일본어
- 종교 : 신도, 불교

일러두기

- 이 책에 사용한 인명, 지명 등은 현재 통용되는 외래어 표기법에 따라 현지에서 쓰는 일본어 발음에 가깝게 쓰는 것을 원칙으로 삼았으나, 필요한 경우 한자음을 사용하기도 했다.
- 본문 내용 중 보충 설명이 필요한 부분에는 ● 표시를 사용해 각주를 달았다. 그 밖에 내용을 이해하는 데 필요하다고 생각되는 동의어나 간단한 설명글 등은 괄호 안에 표기했다.
- 본문에 나오는 대화체는 낯선 역사를 좀 더 생생하게 이해할 수 있도록 사료를 바탕으로 구성한 것임을 밝힌다.

1장

덴노 시대의 개막

기원전 1만 년경, 일본에서는 조몬 시대와 야요이 시대를 거치며 문명이 발달했다. 4~6세기경, 일본 열도의 소국들을 통합한 야마토 정권은 한반도에서 건너온 도라이진을 적극 받아들여 국가의 기틀을 마련해 나갔다. 6세기 말에는 여왕을 대신해 정치에 나선 쇼토쿠 태자가 오키미 중심의 정치를 폈으나, 그가 죽자 소가씨가 마음대로 권력을 휘둘렀다. 이에 반대파는 정변을 일으켜 소가씨를 제압하고 다시 오키미 중심의 개혁을 추진했다. 하지만 개혁은 호족들의 저항에 부딪혀 적지 않은 어려움을 겪었다.

기원전 1만 년경	일본 열도의 원형 형성, 조몬 시대의 개막
기원전 3세기경	벼농사 시작, 야요이 시대
4~6세기경	야마토 정권 성립
552년	소가씨와 모노노베씨 사이의 숭불 논쟁
593년	쇼토쿠 태자의 섭정
607년	호류지 창건
630년	제1차 견당사 파견
645년	다이카 개신
672년	진신의 난
701년	다이호 율령 반포

기원전 750년경	그리스, 폴리스 성립
395년	로마 제국, 동서로 분열

375년	게르만족, 로마 제국으로 이동 시작

300~900년   중앙아메리카, 마야 문명

105년경	한의 채륜, 종이 발명
280년	진(晉), 중국 통일
618년	당 건국

227년경	사산 왕조 페르시아 성립

기원전 2333년	고조선 건국
427년	고구려 장수왕, 평양 천도
676년	신라, 삼국 통일
698년	발해 건국

610년	무함마드, 이슬람교 창시
622년	무함마드, 메카에서 메디나로 이동(헤지라)

1 일본에 나라가 세워지다

사라진 구석기 시대를 찾아내다

1946년 여름의 어느 날, 아이자와 다다히로는 군마 현 이와주쿠의 산길을 걸으면서 중얼거렸다.

"정말 일본에는 구석기 시대가 없었던 걸까? 이웃에 있는 중국과 한국에서는 구석기 시대의 흔적들이 발견되었는데 일본에서만 찾을 수 없다는 게 믿기지 않아."

그는 수년째 이 길을 걸으며 구석기 문화의 흔적을 찾고 있었다. 그러다 산모퉁이를 돌아 내리막길로 접어드는 순간 무엇인가가 눈에 들어왔다. 돌로 만든 창날이었다. 이 창날은 전에 주웠던 깨어진 조각과 달리 완벽한 형태를 갖추고 있었다. 분명 사람이 만든 뗀석기였다.

"바로 이거야. 드디어 찾았어!"

다다히로의 목소리는 심하게 떨렸다. 그동안 그를 짓눌러 왔던 답

답함이 날아가는 순간이었다.

다다히로가 이와주쿠 유적을 발견하기 전까지 일본에서는 기원전 1만 년경의 유물이나 사람의 뼈를 찾지 못하고 있었다. 수십만 년 전의 구석기 유적들이 발견된 한국과 중국은 일본인들에게 부러움의 대상이었다. 이런 와중에 아마추어 고고학자가 일본 역사의 시작을 3만 년이나 끌어올린 것이다. 그의 발견으로 일본에서 사람들이 살기 시작한 것은 신석기 시대가 아니라 구석기 시대라는 사실이 처음으로 밝혀졌다.

수만 년 전 빙하기의 일본 열도는 해수면이 지금보다 100미터 이상 낮아서 남쪽 오키나와로부터 북쪽 홋카이도까지 하나로 이어져 있었고, 한반도는 물론 중국, 타이완, 러시아의 사할린까지 걸어 다닐 수 있었다. 구석기인들은 매머드, 나우만코끼리, 큰뿔사슴과 같은 사냥감을 쫓아 일본 열도로 들어왔다. 나가노 현의 노지리 호숫가에서는 뗀석기와 동물의 뼈나 뿔로 만든 도구와 함께 나우만코끼리, 큰뿔사슴의 화석이 발견됐다. 이것은 당시 물을 마시기 위해 호수에 온 동물들을 구석기인들이 사냥한 흔적이다.

빙하기가 끝나고 날씨가 따뜻해지자 추운 기후에 적응한 몸집이 큰 동물들은 북쪽으로 이동했고 작고 날렵한 동물들이 일본 열도에 등장했다. 동물들을 효과적으로 사냥하기 위해서 석기에도 변화가 나타났다. 큰 동물을 잡기 위해 커다란 도구를 사용하는 단계에서 작은 동물을 잡기 위해 조그마한 돌날을 나무 자루에 붙여서 창으로 사용하는 단계로 발전했다. 동물을 뒤쫓고 식물을 채집하면서 주변 지역으로 옮겨 다니는 이동 생활이 오랫동안 지속되었다.

빙하기의 일본 열도와 동물들의 이동 1만 년 전까지 계속된 마지막 빙하기 동안 대륙의 대부분은 얼음으로 덮여 있었다. 해수면이 지금보다 100여 미터나 낮아서 홋카이도, 혼슈, 시코쿠, 규슈가 활 모양처럼 하나의 대륙으로 이어져 있었으며, 아시아 대륙과도 붙어 있었다.

매머드의 이동 경로

오호츠크 해

동해

나우만코끼리와 큰뿔사슴의 이동 경로

노지리 호 ● ● 이와주쿠 태 평 양

□ 현재 대륙
■ 신생대 말기의 추정 해안선

조몬인, 토기를 굽고 토우를 만들다

기원전 1만 년경, 기후가 따뜻해지면서 빙하가 녹아 해수면이 상승하자 일본 열도는 사방이 바다로 에워싸인 섬이 됐다. 주변 대륙에서 일본으로 오는 일도, 일본에서 바깥 대륙으로 가는 일도 쉽지 않았다. 당시에 일본 열도를 삶의 터전으로 삼았던 사람들은 오늘날 일본인의 직접적인 조상이 됐다.

기원전 6000~5000년에는 내륙의 골짜기 깊은 곳까지 바닷물이 들어오면서 물고기와 조개를 잡기가 더 쉬워졌다. 신석기 문화가 발달한 이 시기에 사람들은 무리 지어 한곳에 정착했고, 더 많은 물고기를 잡기 위해 도구를 사용했다. 또한 좀 더 먼 곳으로 낚시를 가기 위해 굵은 통나무를 베어 낸 후 속을 파내어 작은 배를 만들거나, 통나무 두 개를 연결해 더블 카누를 만들기도 했다. 여러 척의 배가 완성되면 남자들은 바다로 나가 고래 사냥을 했다. 여름에는 조류와 바람을 이용해 한반도를 오가며 물품을 교환했는데, 이때 교환한 물건은 날카로운 도구를 만드는 데 썼던 흑요석과 조개 팔찌, 토기 등이었다.

이때부터 사람들은 여러 가지 용도로 토기를 사용했다. 부족 내 인구가 증가하자 토기의 수요도 늘었다. 저온에서 구운 두텁고 무른 흑갈색의 토기에는 새끼줄 문양이 있어서 '새끼줄 무늬'라는 뜻의 조몬(繩文) 토기라는 이름이 붙었다. 8000여 년간 지속된 조몬 시대는 조몬 토기라는 이름에서 유래했다.

토기는 나무 열매를 보관하거나 조리하는 데 사용됐다. 조몬인들은 도토리를 햇볕에 말린 뒤 돌로 찧어서 껍질을 벗겼다. 이를 다시 돌판에 놓고 갈면 가루가 되는데, 이 가루를 물에 담갔다가 윗물을 따라 버리면 도토리의 떫은맛이 없어졌다. 조몬인들은 이 가루로 경단과 떡을 만들어 먹었다.

당시 대륙과 달리 일본 열도에는 농사와 목축 기술이 전래되지 않아 수렵과 채집 활동이 한동안 계속되었다. 식량 부족을 불러오는 자연재해는 조몬인들에게 가장 큰 걱정거리였다. 그들의 생활은 자연환경에 크게 구속받을 수밖에 없었으며, 자연은 그들에게 경외의 대

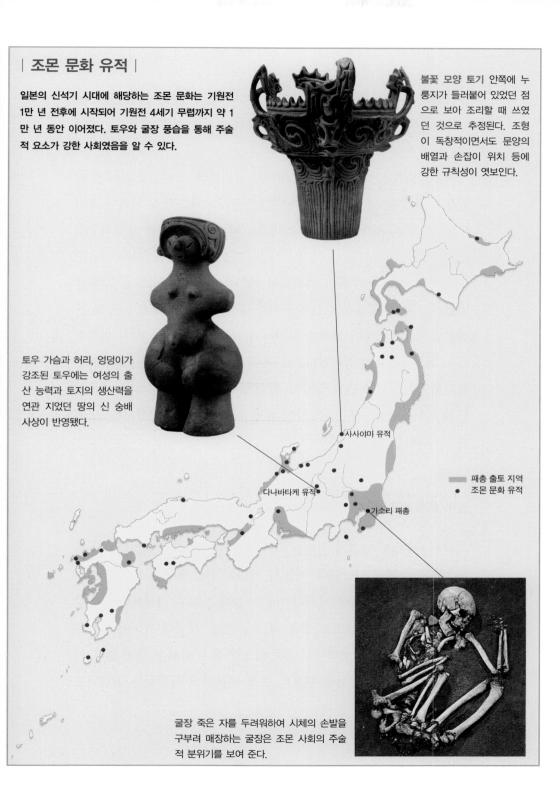

| 조몬 문화 유적 |

일본의 신석기 시대에 해당하는 조몬 문화는 기원전 1만 년 전후에 시작되어 기원전 4세기 무렵까지 약 1만 년 동안 이어졌다. 토우와 굴장 풍습을 통해 주술적 요소가 강한 사회였음을 알 수 있다.

불꽃 모양 토기 안쪽에 누룽지가 들러붙어 있었던 점으로 보아 조리할 때 쓰였던 것으로 추정된다. 조형이 독창적이면서도 문양의 배열과 손잡이 위치 등에 강한 규칙성이 엿보인다.

토우 가슴과 허리, 엉덩이가 강조된 토우에는 여성의 출산 능력과 토지의 생산력을 연관 지었던 땅의 신 숭배 사상이 반영됐다.

사사야마 유적

다나바타케 유적

가소리 패총

■ 패총 출토 지역
● 조몬 문화 유적

굴장 죽은 자를 두려워하여 시체의 손발을 구부려 매장하는 굴장은 조몬 사회의 주술적 분위기를 보여 준다.

상이었다. 따라서 이 시기에는 자연물과 자연 현상에 영혼이 깃들어 있다는 믿음이 널리 퍼졌다. 이러한 자연 숭배를 정령 신앙, 곧 애니미즘이라 한다.

조몬인들의 신앙은 매장 풍습에서도 나타났다. 조몬인들은 죽은 사람을 땅에 묻을 때, 대체로 팔과 다리를 구부리거나 돌을 안겨서 묻기도 했다. 죽은 사람의 영혼이 유체에서 빠져나오는 것을 두려워했기 때문이다.

또한, 조몬인은 주술에 의지해서 재앙을 피하고 풍요로운 수확을 빌었다. 다산과 풍요를 기원하며 사람 또는 동물 모양의 토우(土偶)를 만들고, 사람 모양의 토우를 시신과 함께 땅에 묻기도 했다. 이러한 토우 대부분은 여성상이었다. 토우는 얼굴이나 눈, 코, 입 등의 세부 표현은 간결하고 가슴과 엉덩이, 허리 등은 과장된 것이 많다. 조몬인들이 토지의 생산력과 연결 지어 여성의 출산 능력을 신성시한 '땅의 신'을 숭배했기 때문이다.

왕이 등장하고 왜가 세워지다

기원전 3세기경, 일본에 커다란 사회 변화가 일어났다. 변화는 벼농사를 받아들이면서 시작됐다. 벼농사 기술이 처음 들어온 곳은 한반도와 가까운 규슈의 북부 지역이었다. 벼농사는 다른 작물보다 수확량은 많지만, 땅을 개간하고 김을 매는 등 많은 사람의 협동이 필요한 작업이었다. 족장은 씨족이나 부족의 의견을 수렴하는 경험 많은 연장자의 위치에서, 농사에 필요한 물을 배분하고 감독하는 권력자로

서서히 탈바꿈했다. 족장의 힘은 이전보다 훨씬 강해졌고, 남는 곡식은 족장의 차지가 됐다. 유리한 위치에 선 족장은 상대적으로 많은 재산을 축적했다. 다른 지역과 교류할 수 있는 기회가 많아지면서 재산은 더욱 늘어났다.

또 다른 변화는 바로 금속 도구의 출현이었다. 족장은 청동기와 철기를 통해 자신의 힘을 확대해 나갔다. 청동방울과 청동거울로 제사를 주관하고, 철제 무기로 사람들을 제압했다.

한편, 철기가 보급되면서 농업 생산량이 늘어나자 지역 간에 빈부 격차가 나타났다. 집단 사이의 충돌이 잦아지면서 힘 있는 집단은 주변 지역을 무력으로 통합해 정치적 지배자로 성장했고 전쟁에서 패한 집단을 노예로 부렸다. 사회는 지배하는 자와 지배받는 자로 명확하게 구분됐다.

벼농사 기술과 금속 도구는 한반도에서 건너온 이들에 의해 전해졌다. 이들을 가리켜 바다를 건너 온 사람이라는 뜻의 도라이진(渡來人)이라 부른다. 도라이진은 한반도에 정치적 변동이 있을 때마다 소규모 혹은 집단적으로 일본에 건너왔다.

이 무렵 조몬 토기를 대신해 야요이 토기가 등장했다. 야요이 토기는 도쿄의 야요이 마을에서 처음 발견됐기 때문에 붙은 이름이다. 야요이 토기는 조몬 토기보다 높은 온도에서 구워 일반적으로 적갈색을 띠고, 무늬는 아예 없거나 단조로우며 두께는 얇고 아주 단단한 것이 특징이다. 야요이 시대는 청동기 시대와 철기 시대에 해당한다.

마을의 규모가 커지면서 방어 시설도 생겼다. 마을은 넓은 평야 가까이에 있는 낮은 구릉지대에 형성됐다. 구릉지대는 주변 지형을 한

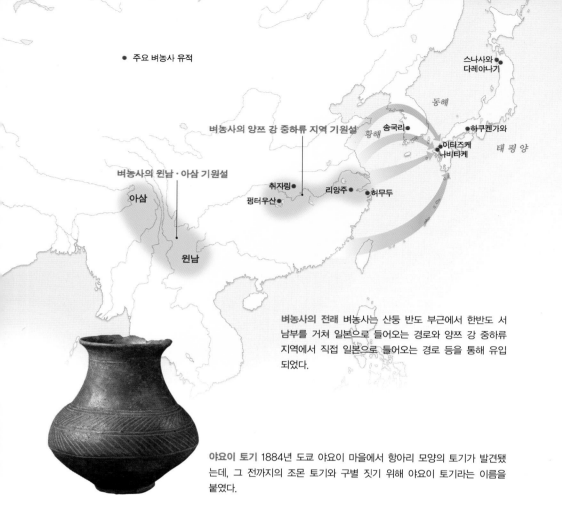

● 주요 벼농사 유적

스나사와 ●
다레야나기 ●

동해

벼농사의 양쯔 강 중하류 지역 기원설

송국리 ●
황해
이타즈케 ● ●하쿠켄가와
나비타케 ●
태평양

벼농사의 윈남·아삼 기원설

취자링 ●
아삼
리앙주 ●
펑터우산 ●
허무두 ●

윈남

벼농사의 전래 벼농사는 산둥 반도 부근에서 한반도 서남부를 거쳐 일본으로 들어오는 경로와 양쯔 강 중하류 지역에서 직접 일본으로 들어오는 경로 등을 통해 유입되었다.

야요이 토기 1884년 도쿄 야요이 마을에서 항아리 모양의 토기가 발견됐는데, 그 전까지의 조몬 토기와 구별 짓기 위해 야요이 토기라는 이름을 붙였다.

눈에 볼 수 있어 적을 막기에 적합했기 때문이다. 마을 곳곳에는 주거 공간인 움집과 저장고인 2층 창고가 있었고, 마을 한가운데 자리 잡은 커다란 집에는 지배자가 살았다.

한편, 마을 주위에는 깊이 3미터, 폭 6미터가 넘는 도랑을 만들었다. 도랑은 외부의 적이 마을을 쉽게 침입하지 못하도록 하기 위한 것이었다. 도랑 안쪽에는 지름이 30센티미터 정도 되는 통나무를 2미터 간격으로 세워 울타리를 만들었다. 도랑에서 파낸 흙은 나무 울타리 안쪽에 부어 단단한 버팀목을 만들고, 나머지 흙은 주거 공간을 만드는 데 사용했다. 또한, 도랑이 끝나는 구릉 아래 평야에서는 습지와 작은 하천을 이용해 논농사를 지었다.

각각의 부족들은 서로 경쟁하고 통합되면서 점차 왕이 다스리는 작은 나라들로 발전해 갔다. 기원전 1세기를 전후해 규슈를 비롯한 서일본 지역에는 100여 개의 독립적인 나라들이 생겨났다. 이들 중에는 후한에 사신을 파견해 조공을 바치며 중국의 문물을 받아들인 나라들도 있었다. 중국과 한반도에서는 이들을 통칭하여 '왜'라 불렀다.

3세기 무렵, 이들 사이에 격렬한 싸움이 벌어졌다. 통합과 몰락의 과정을 거치며 살아남은 30개국의 수장들은 히미코 여왕을 맹주로 하는 연맹 왕국 야마타이국을 세웠다. 히미코 여왕은 주술과 강대한 군사력으로 다른 나라들을 지배하고 중국의 위나라에 조공을 바쳐 '친위왜왕(親魏倭王)'이라는 금인(金印)을 받기도 했다. 이처럼 왜왕이

'한위노국왕(漢委奴國王)'이라고 적힌 금인 《후한서》〈동이전〉에는 57년에 왜의 노국 왕이 후한의 광무제에게 공물을 바치고 금인을 하사 받았다는 기록이 있다. 1784년 후쿠오카 현에서 농부가 우연히 발견한 금인은 이러한 기록을 뒷받침한다.

중국에 조공 사절을 파견하여 책봉을 받고 문물을 들여온 데에는, 중
국 황제의 권위를 빌려 자국 내에서 불안한 정치적 입지를 굳히고 왕
권을 강화하려는 목적이 있었다.

요시노가리 유적지 야요이 시대의 대규모 고분이 있는
유적으로, 규슈 사가 현의 간자키 군에 위치해 있다. 외
부의 침입을 막기 위해 취락 주위에 못을 파고 흙으로
담을 쌓았다.

2 | 최초의 통일 국가가 들어서다

야마토에 오키미가 등장하다

4세기에서 6세기경, 각 나라의 독자성이 보장된 야마타이국과 달리 중앙 정치 조직을 갖춘 최초의 통일 국가인 야마토 정권이 세워졌다.

야마토 정권의 힘이 어느 정도였는지는 당시 만들어진 거대한 고분을 통해 짐작할 수 있다. 길이가 486 미터인 다이센 고분은 하루에 1,000여 명이 동원되고도 15년 이상이 걸린 대규모 공사였다. 이는 기존에 없던 강력한 권력자, 즉 새로운 지배 세력의 탄생을 짐작케 한다.

야마토 정권이라는 이름이 붙은 이유는 대형 고분이 집중적으로 출토된 지역이 야마토(지금의 나라 현)와 그 인근 지역이었기 때문이다.

야마토 지역을 벗어난 곳에서도 비슷한 형태의 대형 고분이 여러 개 만들어졌다. 고분의 형태는 물론 매장 시설, 부장품에서도 공통점을 보이는 고분이 전국 각지에서 만들어진 것은 각 지역의 호족들이 점차 야마토 정권 지배 아래로 들어오게 되었다는 사실을 보여 준다. 이러한 고분은 대부분 전방후원분(前方後圓墳)이라고 불리는 독특한 형

다이센 고분 높이 35미터, 너비 486미터인 다이센 고분은 일본 최대의 전방후원분이다. 전방후원분의 뒷부분은 죽은 사람을 묻는 곳이며, 앞부분은 제사를 지내는 곳으로 왕위 계승식도 이곳에서 치러졌다.

다이센 고분에서 출토된 삼환령과 마탁 말을 타는 사람의 신분을 드러내고 위엄을 과시하는 역할을 했던 말 장식품이다. 가야와 신라의 대형 고분에서도 출토되고 있어 당시 한일 간의 문화 교류를 짐작케 한다.

태를 띤다. 전방후원분이란 앞부분은 사각형이고 뒷부분은 원형으로 이루어진 고분을 말한다. 고분 뒷부분에는 죽은 사람을 묻었고, 앞부분에는 제단이 있어 여기서 제사도 지내고 왕위 계승식도 치러졌다. 왕과 왕족, 호족이 전방후원분의 주인들이었다.

야마토 정권은 오키미(大王)를 중심으로 유력 호족들이 뭉친 연합 국가였다. 호족은 과거에 작은 나라의 왕이었던 자들로, 자기 씨족을 대표해서 야마토 정권에 참여해 관직을 맡았다. 오키미는 호족을 신하로 삼으면서도 그들이 지배했던 토지와 백성에 대한 권리를 어느 정도 인정해 주었다. 또한 호족에게 지위를 나타내는 오미(臣), 무라지(連) 같은 성(姓)을 내려 줌으로써 그들을 통제했다. '씨성제'라고 불리는 이러한 제도 속에서 힘 있는 호족은 지위와 부를 자식들에게 대물림하여 귀족으로 성장해 나갔다. 호족 가운데 대표적인 세력은 소가씨와 모노노베씨였는데, 이들에게는 오오미(大臣)와 오무라지(大連) 같은 가장 높은 성이 주어졌다. 야마토 정권의 정치는 힘 있는 귀족들의 합의에 의해 이루어졌다. 오키미는 호족 연합 대표로, 지위를 세습했으나 여전히 왕권 자체는 불안했다. 오키미가 동일본을 지배하기까지는 좀 더 시간이 필요했다.

불교가 들어오고 소가씨가 권력을 잡다

야마토 정권은 한반도와 중국의 선진 문화를 적극적으로 들여왔다. 대표적인 것이 바로 철제 기술과 불교였다. 특히 철제 기술의 도입은 중요한 국가의 사업이었다. 처음에는 가야에서 철기를 들여왔으나,

일본과 가야의 고분에서 출토된 덩이쇠 한반도에서 온 도라이진은 기술자 집단으로서 일본에 새로운 야금술을 전했으며, 철제 농기구, 무기, 갑옷과 투구 등을 만들었다.

얼마 뒤부터 덩이쇠를 수입해 자체적으로 무기와 농기구를 만들기 시작했다. 비슷한 시기에 만들어진 일본과 가야의 고분에서 똑같은 덩이쇠가 출토되었다는 점은 양국이 교류했다는 사실을 말해 준다. 가야는 일본에 철의 공급지이자 선진 기술의 유입 통로였다. 그 대가로 야마토 정권은 군사력을 제공해 가야가 한반도의 다른 나라와 경쟁할수 있는 힘을 실어 주었다. 한자와 도예, 양잠, 토목 기술 등이 뛰어났던 도라이진은 전문 직업인으로 대우받으며 기나이와 그 주변 지역에 모여 살았다.

《일본서기(日本書紀)》에 따르면 538년에 백제를 통해 일본에 불교가 전래됐다. 백제는 한반도에서 군사적 우위를 차지할 목적으로 일본과의 동맹 강화를 내세우며 불상과 경전을 보냈다. 불교는 자연신이나 동물 수호신을 벗어나 모든 부족을 포용할 수 있는 보편적 종교였다. 부족 간의 종교적인 차이는 국가를 통합하는 데 걸림돌이 되었

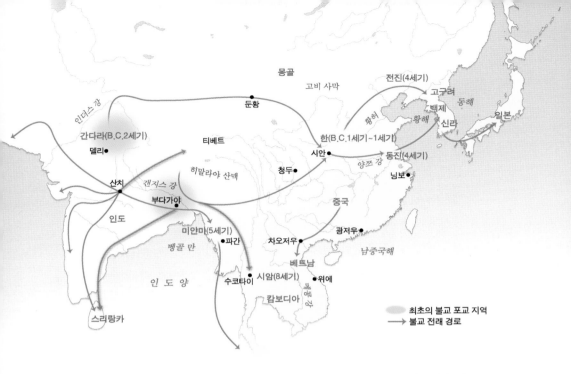

몽골
고비 사막
전진(4세기)
고구려
둔황
황허
동해
백제
간다라(B.C.2세기)
티베트
한(B.C.1세기~1세기)
신라
일본
인더스 강
델리
시안
동진(4세기)
황해
산치
히말라야 산맥
청두
양쯔 강
닝보
갠지스 강
부다가야
중국
인도
미얀마(5세기)
광저우
벵골 만
파간
차오저우
남중국해
인 도 양
수코타이
시암(8세기)
베트남
위에
캄보디아
메콩 강
스리랑카
최초의 불교 포교 지역
불교 전래 경로

불교의 일본 전래 기원전 5세기 무렵, 인도에서 일어난 불교는 중국을 거쳐 4세기에는 한반도에 전해졌다. 일본에는 538년 백제 성왕이 불상과 경전을 보내면서 공식적으로 전래됐다.

<u>으므로</u>, 중국이나 한반도의 국가들은 일찍이 불교를 받아들였다.

그동안 개인 차원에서 믿던 불교가 야마토 정권에 의해 정식으로 일본에 들어오면서 불교의 수용 여부를 놓고 귀족들의 의견이 갈렸다. 불교를 받아들이려는 쪽은 일찍이 도라이진과 손을 잡은 소가씨였다. 반대로 모노노베씨는 그간 믿어 온 전통적인 신, 즉 자연신이나 조상신을 섬겨야 한다고 강조했다. 이들은 부처를 숭배하면 조상신의 노여움을 사 전염병이 돌고 재난이 일어날 것이라고 주장했다. 하지만 실제로는 도라이진과 연결된 소가씨의 세력이 커져 자신들의 힘이 약해질 것에 대한 두려움이 더 컸다.

불교 수용을 둘러싼 갈등은 결국 전쟁으로까지 확대되었다. 전쟁의 승자는 소가씨였다. 소가씨는 전쟁이 끝난 직후 조카딸을 오키미 자리에 앉혔다. 동시에 외손자인 쇼토쿠를 태자로 내세워 오키미를 대신해 정사를 맡게 했다. 이로써 소가씨는 야마토 정권에서 가장 강한 세력이 되었다.

소가씨가 직접 정치 전면에 나서지 않고 쇼토쿠 태자를 내세운 이유는 한반도와 중국의 정치 상황과 관련이 있었다. 중국의 문물을 전해 주던 백제가 중요한 교통로인 한강 유역을 신라에 빼앗기는 바람에 일본의 수입로가 막혀 버렸던 것이다. 야마토 정권은 내부적으로 크게 늘어난 선진 문물에 대한 수요를 해결하기 위해 신라, 고구려, 수나라와 좋은 관계를 만들어 나가야 했다. 친백제 세력이었던 소가씨는 이웃나라와의 외교 관계를 적극적으로 개선하여 어려움을 이겨 내고자 했다. 쇼토쿠 태자의 등장은 이러한 배경의 산물이었다.

3 | 아스카 시대에 불교가 융성하다

개혁에 나선 쇼토쿠 태자

정치 개혁에 나선 쇼토쿠 태자의 목표는 중국의 황제처럼 강력한 오키미가 통치하는 나라를 만드는 것이었다. 소가씨의 수장인 소가노 우마코는 오키미로 즉위시킨 조카가 자신의 뜻을 거역하자 암살해 버릴 정도로 막강한 세력을 자랑했다. 오키미조차도 소가씨의 손아귀에 있었던 것이다. 쇼토쿠 태자는 소가씨와 정치 개혁에 나섰다.

　우선 쇼토쿠 태자는 17조°에 이르는 헌법(규범)을 제정하여 발표했다. 여기에는 오키미에 대한 관리의 마음가짐이나 백성이 지켜야 할 도덕 등을 담았는데, 무엇보다 단합을 의미하는 '와(和)'를 강조했다.

● **17조** | 1조 와(和)를 존중할 것, 2조 불교를 숭상할 것, 3조 오키미에게 복종할 것, (……) 17조 일을 독단으로 처리하지 말고 토의할 것 등이 있다.

쇼토쿠 태자 키가 가장 큰 쇼토쿠
태자가 가운데에 서 있고, 어린 두
왕자가 양옆에 서 있다. 세 사람
모두 허리에 칼을 차고 있는 모습
이 이채롭다.

와풍(和風), 와식(和食) 등 오늘날에도 '와'는 일본에서 중요한 사상
으로 자리 잡고 있다. 태자는 관리의 복색도 달리하여 상하의 구별을
분명히 했다. 여기에는 오키미를 중심으로 중앙 집권 국가 체제를 이
루려는 의도가 깔려 있었다. 또한 태자는 오키미와 호족들이 정사를
돌보는 곳을 '조정'이라 칭했다. 이로써 유력한 씨족의 합의에 따라
진행되었던 나랏일이 오키미 중심의 공적인 기구를 거치게 되었다.

　그때까지 한반도와의 외교는 백제를 중심으로 이루어졌는데, 쇼토
쿠 태자 시기에 들어서면서 고구려, 신라와의 관계도 돈독해졌다. 더
욱이 약 1세기 동안 단절되었던 중국과의 외교도 다시 활발해지기 시

작했다. 외교에 힘썼던 쇼토쿠 태자는 견수사(수나라에 파견하는 사신)를 20여 년 동안 다섯 차례나 보냈다. 그동안 백제를 통해 받아들이던 법, 학문, 기술 등의 선진 문물을 중국에서 직접 들여오려 했던 것이다. 그는 중국을 통일한 수나라 황제에게 보낸 편지에 이렇게 적었다.

"해 뜨는 곳의 덴노가 해 지는 곳의 수 양제에게 보냅니다. 그동안 별고 없으셨는지요?"

이는 당시 수와 왜의 국력을 비교해 본다면 상당히 모순된 일이었지만, 명분상으로나마 주변국 사이에서 왜의 국제적 위상을 과시하려는 태자의 의도가 담긴 행위였다. 수 양제는 변방 오랑캐의 글이 무례하다며 편지를 찢어 버리려 했지만, 신하의 만류로 애써 화를 참고 일본 사신을 맞아들였다. 고구려 원정을 계획하고 있던 수나라의 입장에서는 일본과의 관계를 고려할 수밖에 없었기 때문이다. 쇼토쿠 태자는 이 같은 국제 정세를 파악하여 거침없는 외교를 펼칠 수 있었다.

이 밖에도 태자는 국가의 위상을 높이기 위해 오키미 대신 덴노(天皇)라는 호칭을 사용하기 시작했다. 덴노라는 호칭을 공식적으로 사용하기 시작한 것은 7세기 말에 즉위한 덴무 덴노 때부터였지만, 쇼토쿠 태자가 집권할 때부터 이미 주기적으로 사용되고 있었다. 이처럼 쇼토쿠 태자는 덴노 중심의 국가 체제를 정비하는 데 온힘을 다했다.

1984년까지 1만 엔짜리 지폐에는 쇼토쿠 태자의 얼굴이 그려져 있었다. 이를 통해 일본 역사에서 쇼토쿠 태자의 위상을 가늠할 수 있다. 특히 그가 몸소 실천한, 남의 것이라도 좋다면 기꺼이 자신의 것으로 만든다는 '이이토코토리(良いとこ取り)' 정신은 일본인의 사고방

식을 크게 바꾸어 놓았다. 유익하고 필요한 것은 주저하거나 부끄러 워하지 않고 배워서 자신의 것으로 만드는 이 태도는 메이지 유신까 지 이어졌다. 일본은 근대화 과정에서 서양을 모델로 하여 정치, 경 제, 문화 등 모든 분야에서 자신에게 필요한 것을 주저 없이 받아들였 다. 이러한 정신은 오늘날 일본을 경제 대국으로 만드는 데 크게 기여 했다.

불교 문화가 꽃피다

쇼토쿠 태자는 새로운 정치의 중심을 아스카(飛鳥)에 정했다. 그때까 지 야마토 정권의 오키미들은 왕도(王都)*를 정하지 못하고 매번 필 요한 곳에 궁을 지어 옮겨 다녔었다. 아스카는 산으로 둘러싸인 아늑 한 분지였으며 백제에서 이주해 온 사람들이 일찍부터 자리를 잡은 곳이기도 했다.

불교의 진흥에 힘썼던 쇼토쿠 태자는 자신의 거처이자 정치적 공간 이 될 사원을 짓기 위해 기술자와 승려를 파견해 줄 것을 한반도에 요 청했다. 백제는 목수와 화공, 기와를 굽는 와공(瓦工) 들을 보냈는데, 이들은 당대 최고의 기술자였다. 이어 고구려와 신라에서도 목공예 기술자를 파견했다. 한반도에서 고급 기술자들을 대거 일본에 보낸 데는 나름의 이유가 있었다. 수나라의 공격으로 국력이 약화된 고구

● **왕도** | 본격적인 수도의 모습이 나타나기 시작한 것은 694년. 오키미가 사는 궁과 서민들이 거주하는 마을이 함께 있는 후지와라쿄(지금의 나라 현)가 세워지면서부터다.

려와, 한반도 남부에서 서로 경쟁을 벌이고 있던 백제와 신라 모두 일
본의 군사적 지원이 간절했기 때문이다. 세 나라는 대외적으로 일본
과 좋은 관계를 유지해야만 하는 상황이었다.

　607년에 마침내 강당과 금당, 5층 목탑이 완성되었다. 태자는 이 절
을 '호류지'라 명명했다. 호류지는 강당을 중심으로 금당
과 5층 목탑이 동서로 나란히 배치되어 있다. 본존불
이 모셔져 있는 금당 안에는 벽화가 있다. 금당 벽
화에는 근엄하게 앉아 있는 아미타불 양 옆으로

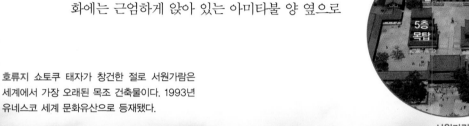

호류지 쇼토쿠 태자가 창건한 절로 서원가람은
세계에서 가장 오래된 목조 건축물이다. 1993년
유네스코 세계 문화유산으로 등재됐다.

서원가람

강당

연꽃을 든 관음보살과 염주를 든 대세지보살이 그려져 있다. 두 보살의 피부는 새하얗고 입술은 빨갛게 물들어 있으며, 걸친 옷은 화려하면서도 기품이 있다. 배꼽까지 드러낸 허리는 요염하면서도 위엄을 잃지 않았다.

호류지 금당 벽화 석가, 아미타, 미륵, 약사 등이 그려진 호류지 금당 벽화는 한국의 석굴암, 중국의 윈강 석굴과 함께 동양의 3대 미술품으로 유명했으나 1949년에 화재로 소실됐다가 복원됐다. 불이 나기 전까지 호류지 금당 벽화를 담징이 그렸다고 알려졌으나, 이후로는 그 회화풍이나 제작 기법, 호류지의 역사 등을 근거로 들어 그의 그림이 아니라는 의견이 힘을 얻고 있다.

쇼토쿠 태자는 호류지 외에도 고류지, 시텐노지 등 7개의 절을 더 세웠다. 태자가 집권할 당시, 아스카에는 귀족이 자신의 조상을 모시기 위해 지은 절이 46개나 되었고, 승려가 800명, 비구니가 500명에 이르렀다. 이는 다양한 기술자가 있어야만 가능한 일인데, 상당수의 기술자가 백제를 비롯한 고구려, 신라 출신의 한반도 사람이었다. 쇼토쿠 태자의 스승이었던 승려 혜자와 혜총 역시 각각 고구려와 백제 출신이었다. 이는 한반도에서 건너온 많은 인물이 아스카 문화를 꽃피우는 데 이바지했음을 잘 보여 준다. 일본은 불교를 받아들이는 과정에서 선진 문물을 흡수하고, 이를 바탕으로 국제 무대에 그 위상을 서서히 드러내기 시작했다.

한반도와 교류하다

한반도에서 들여온 선진 문화가 없었다면 쇼토쿠 태자의 정치 개혁과 불교 진흥은 결코 쉽지 않았을 것이다. 사실 일본과 한반도는 오래전부터 서로 경쟁하는 동시에 협력하는 관계를 반복해 왔다. 한반도 내에서 고구려, 백제, 신라가 치열하게 경쟁을 벌일수록 일본의 군사적 지원은 더욱 절실해졌다.

일본은 특히 백제와 긴밀한 협력 관계를 형성했다. 일본은 백제에 군사와 무기를 지원했고, 백제는 일본에 선진 문물과 기술을 전해 주었다. 고구려 광개토대왕이 백제를 침략했을 때에도 백제 왕은 일본에 왕자를 인질로 보내어 원군을 요청했다. 당시 인질은 포로가 아니라 양국 간 믿음의 상징이었다. 일본에 머물며 외교를 펼치던 의자왕의 아들 풍장이 백제가 멸망했다는 소식을 들고 부흥 운동을 위해 귀국할 때에도, 일본은 170여 척의 배와 2만 7,000여 명의 군사를 파견해 그를 도왔다. 이러한 돈독한 관계 덕분에 백제 멸망 후 나라를 잃은 백제 유민들은 일본으로 건너와 정착할 수 있었다.

한편, 일본은 고구려에서도 불교문화를 받아들였다. 고구려 승려 혜자는 쇼토쿠 태자의 스승으로, 일본에서 중앙 집권 체제가 정비되고 불교가 융성하는 데 큰 영향을 끼쳤다. 담징은 종이와 먹 만드는 기술을 일본에 전해 주었다.

일본과 신라의 관계는 백제, 고구려에 비하면 그다지 원만하지 못했다. 신라는 일본과 가까워지기 위해 왕자를 인질로 보냈다. 하지만

일본과 백제의 문화 교류 일본 국보 1호인 고류지의 미륵보살 반가 사유상은 재료가 나무라는 점만 다를 뿐, 백제의 금동 미륵보살 반가 사유상과 무척 닮았다. 실제로 1980년대 초 불상의 부러진 손가락을 복원하기 위해 조사를 벌이던 중, 고류지 불상의 재료로 쓰인 나무가 우리나라 봉화군에 서식하는 소나무인 적송이란 사실이 밝혀지기도 했다.

고류지 미륵보살 반가 사유상

금동 미륵보살 반가 사유상

일본이 신라의 제의를 거절하고 오히려 왕자를 가두는 바람에 두 나라의 관계가 썩 좋지 않았다. 그러다 7세기경, 두 나라의 외교 관계에 새로운 변화가 생겼다. 6세기 이후 중국과의 해상 교통로였던 황해를 여전히 신라가 차지하고 있었던 데다가 일본 내의 권력 투쟁으로 친백제 세력이 몰락했던 것이다. 신라와의 대결이 나라의 이익에 해롭다고 판단한 일본은 신라와의 친선을 도모했다. 이후 일본의 유학생과 유학승은 신라의 배를 타고 신라가 장악하고 있던 해상 교통로를 따라 중국을 오갔다. 이러한 관계 속에서 삼국 통일에 골몰하던 김춘추가 군사적 협력 관계를 맺기 위해 비밀리에 일본을 방문하면서 신라와 당, 일본 사이에 한동안 삼국 연합 체제가 형성되기도 했다.

● 일본의 또 다른 이름들

일본어로 일본(日本)을 '닛폰' 또는 '니혼'이라 부른다. 7세기 초, 정치를 주도했던 쇼토쿠 태자가 수나라에 보낸 국서에 일본을 '해가 뜨는 나라'로 표현한 뒤부터 이 같은 명칭이 사용된 것으로 보인다. 일본을 뜻하는 영어 '재팬(Japan)'은 당나라 시대에 일본을 중국식 표기로 '짓폰'이라고 발음한 데서 유래한다. 원나라 시대에 중국을 방문한 이탈리아 여행가 마르코 폴로는 《동방견문록》에서 일본을 '지팡구'라고 표현했는데, 여기에는 '황금으로 가득한 나라'라는 의미가 담겨 있다. 13세기까지만 해도 일본은 세계에서 손꼽히는 금은 생산국이었기 때문이다.

4 | 덴노 중심의 국가를 세우다

소가씨를 제거하다

쇼토쿠 태자가 세상을 뜬 뒤, 조정은 소가씨와 반(反)소가씨 세력으로 나뉘어 대립했다. 급기야 소가씨는 황위 계승이 유력했던 쇼토쿠 태자의 아들마저 죽이고 권력을 독차지했다. 조정의 그 누구도 소가씨에 대적할 엄두를 내지 못했다.

당과 고구려 사이에 곧 전쟁이 일어날 것이란 소문이 파다했다. 사람들 사이에서 이 전쟁이 끝나면 다음 상대는 일본이라는 말이 공공연하게 흘러나왔다. 전쟁에 대비하려면 일본도 덴노 중심의 강력한 중앙 집권 국가를 만들어야 한다는 의견이 점차 설득력을 얻기 시작했다. 이를 위해 소가씨는 반드시 제거해야 할 대상이었다. 이에 나카노오에 황자와 호족 나카토미노 가마타리는 황실과 귀족의 불만을 구실 삼아 소가씨를 제거하고 덴노 중심의 국가를 세우기로 결의했다.

나카노오에 황자와 가마타리 흰옷을 입은 소가씨 무리를 지켜보며 나카노오에 황자와 가마타리가 그들을 암살할 계획을 세우고 있다. 소가 이루카가 피살된 후 소가씨 가문이 장악했던 정치권력이 덴노에게 돌아갔고 대대적인 정치 개혁이 시행됐다.

　　645년 여름, 궁궐의 태극전은 백제에서 온 사신을 맞이하기 위해 아침부터 몰려든 귀족들로 활기가 넘쳤다. 백제 사신이 국서를 전달하기 위해 일본을 방문했기 때문이다. 국서에는 당의 고구려 침공에 따른 위기에 어떻게 대처할 것인지에 대한 백제의 입장이 적혀 있었다. 백제 사신을 위한 접대 자리에는 덴노와 여러 황자, 고위 관리 들이 참석했다. 권력의 실세인 소가씨 집안의 이루카도 참석해 있었다.

사신이 국서를 읽기 시작하자 나카노오에 황자는 궁궐의 모든 문을 닫으라고 명령했다. 소가씨의 측근들 중 한 사람도 빠져나가지 못하도록 하기 위해서였다.

국서가 낭독되고 있을 때, 사람들 틈에서 나카노오에 황자가 뛰쳐나와 이루카를 향해 검을 내려쳤다. 이루카는 손쓸 틈도 없이 단칼에 쓰러졌다. 죽기 직전에 이루카는 덴노를 향해 울부짖었다.

"폐하! 제가 무슨 잘못을 했습니까?"

원망에 찬 하소연은 허공을 맴돌았다. 이날의 거사는 나카노오에 황자와 호족 가마타리가 주도했지만, 사실 그들을 뒷받침한 세력은 당에 다녀온 유학생과 유학승 들이었다. 황제 중심의 국가에서 유가 사상과 법가 사상을 익히고 돌아온 그들은 소가씨 중심의 귀족 정치를 비판하고 개혁을 주장해 왔다. 이루카의 죽음 이후, 소가씨는 몰락했고 권력은 다시 덴노에게로 돌아갔다.

다이카 개신을 단행하다

나카노오에 황자와 가마타리는 새로운 덴노를 세우고 서둘러 개혁에 착수했다. 개혁의 목적은 강력한 중앙 집권 국가를 건설하는 것이었다. 646년, 새해 의식을 올리는 자리에서 덴노의 이름으로 새로운 법안이 선포되었다.

"모든 토지와 백성은 국가의 소유로, 덴노가 지배한다."

"호적을 만들고, 그에 따라 토지를 분배한다."

과거에는 토지와 백성을 귀족이나 호족이 소유했기 때문에 국가가 영향력을 제대로 행사할 수 없었다. 그러나 새로운 법안이 선포된 이후, 덴노는 중앙의 관리를 '고쿠시(國司)'라는 이름으로 지방에 파견했다. 고쿠시들을 통해 조정에서는 나라 곳곳에 어떤 땅이 있는지, 인구는 얼마나 되는지를 파악할 수 있었다. 이를 바탕으로 농민에게 '구분전(口分田)'이라고 하는 일정한 면적의 땅을 주었다. 토지를 지급받은 농민은 그 대가로 해마다 국가에 곡식과 특산물을 바치고, 병역의 의무를 지거나 수도에 가서 궁성의 경비를 서야 했다. 노비도 토지를 지급 받았지만, 그들을 소유했던 귀족에게 토지가 귀속되었으므로 빈부 격차가 커지는 요인이 되었다.

이처럼 덴노는 모든 관리 위에 군림하며 토지와 백성은 덴노의 소유라는 사실을 분명히 했다. 덴노에게 충성을 약속하는 호족들의 서약이 줄을 이었다. 덴노는 수와 당의 제도를 모방해 연호(年號)•를 사용했는데, 첫 연호는 '다이카(大化)'였다. 일본 정치사에서 고대 국가의 토대를 마련한 첫 번째 전환기였다. 이처럼 덴노를 정점으로 하는 중앙 집권 기구를 만든 대대적인 개혁을 '다이카 개신(改新)'이라 한다. 수도 역시 지금의 오사카 지역인 나니와로 옮겼다. 아스카는 더 이상 전국을 통치하기에 적합하지 않다고 판단했기 때문이다. 바다와 맞닿아 있는 나니와는 교통이 편리해 새로운 문물을 받아들이기에 적합한 곳이었다.

● **연호** | 과거 중국의 영향을 받은 한자 문화권에서는 특정한 해를 기준으로 연호를 붙여 연도를 계산했다. 보통 새로 임금이 즉위한 이듬해를 원년으로 하여 햇수를 셌다. 지금은 전 세계에서 일본만이 사용하고 있으며, 일본의 연호를 기준으로 2013년은 헤이세이(平成) 25년에 해당한다.

덴노의 권력이 강화되다

667년, 나카노오에 황자는 오미로 천도한 뒤 이듬해 덴지 덴노로 즉위했다. 세상에 부러울 것이 없어 보이는 그에게도 한 가지 근심거리가 있었다.

'황태자가 아직 어리니 사람들은 내 동생 오아마가 뒤를 이을 거라 생각하겠지……. 내가 즉위하는 데 동생의 역할이 크긴 했지만, 덴노의 자리만큼은 내 아들에게 물려줘야겠어!'

결국 덴지 덴노는 주위의 예상을 깨고 어린 아들을 최고 관직에 임명했다. 오아마의 측근들은 불만을 터트렸지만 달리 뾰족한 수가 없었다. 시간이 흐르면서 형과 아우 사이는 점점 나빠졌다.

덴지 덴노가 사망하고 그의 아들이 덴노에 즉위한 다음 해인 672년, 결국 오아마가 반기를 들었다. 초기의 상황은 오아마에게 불리했지만 점차 희망적으로 돌아갔다. 663년에 벌어진 백강 전투˚ 당시에

덴무 덴노 진신의 난 이후 오아마는 아스카로 돌아와 673년에 기요미하라 궁에서 덴무 덴노로 즉위했다. 진신의 난을 통해 절대 권력을 장악한 덴무 덴노는 황족을 중용하여 정치를 개혁했으며 여러 공신을 숙청하며 권력을 다져 나갔다.

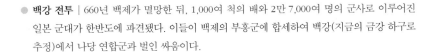

● **백강 전투** | 660년 백제가 멸망한 뒤, 1,000여 척의 배와 2만 7,000여 명의 군사로 이루어진 일본 군대가 한반도에 파견됐다. 이들이 백제의 부흥군에 합세하여 백강(지금의 금강 하구로 추정)에서 나당 연합군과 벌인 싸움이다.

목간 677년에 숙청 작업이 마무리되면서 덴무 덴노의 절대 권력이 완성됐다. 오키미 대신 '덴노(天皇)'라는 명칭이 적힌 이 목간이 만들어진 시기가 677년이었다.

부담한 비용을 보상받지 못해 덴노에게 불만을 품은 귀족들이 오아마 편에 서면서 전세가 역전되었기 때문이다. 치열한 전투 끝에 덴노의 군대가 패하자 어린 덴노는 자결을 택했다. 오아마의 승리로 끝난 이 싸움을 '진신의 난'이라고 한다. 이 싸움에서 오아마는 덴노의 세력 범위 밖에 있던 간토 지방의 귀족들을 동원해 승리를 거두었다. 이 전쟁을 기점으로 덴노는 동일본 지역에까지 세력을 뻗치게 되었다.

전쟁에서 승리한 오아마는 이듬해 덴무 덴노로 등극했다. 일본 고대사에서 가장 큰 내란으로 여겨지는 이 사건으로 야마토 정권의 귀족들은 대부분 몰락했고, 살아남은 귀족들은 덴노에게 복종할 수밖에 없었다. 동일본 지역에까지 세력을 뻗쳐 이전보다 훨씬 강대해진 덴노의 힘을 바탕으로 강력한 덴노 중심의 국가가 급속히 자리를 잡았다. 이전부터 사용되었던 덴노 호칭이 공식화되고, 국호가 '왜' 대신에 '일본'으로 바뀐 것도 이때였다. 그동안 주변 국가에 보낸 외교 문서에는 덴노라는 호칭보다 왜왕 혹은 왜국왕을 주로 사용했었다. 덴무 덴노는 강력한 왕권을 바탕으로 율령에 덴노라는 호칭을 넣으면서 일본이 율령을 갖춘 중앙집권 국가라는 점을 대외적으로 과시했다. 덴무 덴노가 왜에서 일본, 오키미에서 덴노로 이름을 바꾼 것은 이전의 국가 이미지를 떨쳐 버리려는 하나의 노력이었다.

덴무 덴노는 여기에 만족하지 않았다. 그는 덴노의 권위를 높이기 위해 신도(神道)⁎를 정비했다. 전국의 신사를 덴노의 지배 아래 두고, 이세 신궁이 받들던 태양신 아마테라스 오미카미를 덴노의 조상신으로 공식화했다. 이에 따라 이세 신궁은 신사 중 가장 높은 위치에 서게 되었다. 다이카 개신 이후 8세기 초반에 이르러 덴노를 중심으로 한 국가 권력이 확립되었다. 이를 제도적으로 뒷받침한 것은 율령 제도였다. 당으로부터 받아들인 율령은 일본의 실정에 맞게 변형되어 발전했다. 덴무 덴노의 부인이 지토 덴노로 즉위해 그 뒤를 이었고, 그녀의 손자 몬무 덴노 때에 다이호 율령이 완성되어 덴노를 중심으로 하는 정치 체제가 일단락되었다.

스이코 덴노부터 지토 덴노까지 이어지는 정치 개혁은 6세기 이전 지배 체제의 한계를 극복하고 새로운 세계 정세에 대처하려 했던 당시 지배층의 우여곡절에 찬 여정이었다. 일본의 고대 국가는 이 같은 변천의 소용돌이 속에서 성립되었다. 오키미에서 덴노로, 왜에서 일본으로, 7세기는 그야말로 나라의 기틀을 다진 비약의 시기였다.

● **신도** | 일본 고유의 민족 종교. 일본에서 예부터 내려오던 민간 신앙이 외래 종교인 유교와 불교의 영향을 받은 결과 성립했으며, 신사 및 왕실을 중심으로 널리 퍼졌다.

신도와 덴노,
그 불가분의 관계

일본은 전체 국토의 80퍼센트가 산지다. 그리고 지진과 화산 활동이 끊이지 않고 일어나고 있다. 10만 명 이상의 사망자가 발생한 1923년의 간토 대지진과 6,000여 명의 목숨을 앗아 간 고베 대지진의 참사를 통해서도 잘 알 수 있다. 또한 수백 개에 달하는 화산 분화구에서 지금도 활동이 계속되고 있다. 분화구에서 분출되는 용암이나 화산재는 순식간에 모든 생명을 앗아 가므로 처음 일본에 터를 닦고 살기 시작한 사람들에게 공포의 대상이었다. 여기에다 일본은 계절마다 태풍이 수시로 찾아오는 등 늘 자연으로부터 도전을 받아 왔다.

소중한 것을 언제 잃을지 모르는 절박한 자연환경 속에서 일본인들의 내면에는 자연과 관련된 신을 경외시하며 무사 평안을 기원하는 마음이 자리잡았다. 농경과 수렵이 주요 생산 활동인 씨족 사회에서 산과 땅, 바다에 느닷없는 재앙이 닥쳤을 때, 추상적인 신은 별로 의지가 되지 못했다. 신은 당장이라도 씨족 사람들의 목숨을 구할 듯이 실질적이고 구체적인 존재여야 했다. 이에 따라 태양의 신, 폭풍의 신, 곡식의 신, 해일의 신 등이 차례차례 만들어졌다.

일본에서 본격적으로 농경 생활이 시작된 것은 기원전 3세기경부터였다. 농경은 집단 노동을 필요로 하므로, 당시 농경 생활은 동일한 조상을 가진 혈연 중심의 씨족 단위로 꾸려졌다. 각 씨족은 농경 생활과 집단의 번영을 위해 자신들의 선조나 마을의 개척자를 수호신으로 삼았다. 이러한 조상신 숭배는 점차 하나의 신앙으로 굳어졌다. 신앙은 모든 공동생활의 중심에

자리 잡았고, 신에 대한 제사는 가장 중요한
행사가 되었다.

시간이 흘러 씨족이 통합되면서 국가가 형성되었다.
국가의 형성은 각 씨족의 수호신인 조상신을 통합
하고 서열화하는 과정이기도 했다. 최고의 조상신은
태양신 아마테라스 오미카미였다. 따라서 야마토 정권의
덴노는 아마테라스 오미카미를 조상신으로 삼았다. 8세기에
이르러 덴노는 아마테라스 오미카미의 제사를 주관하는 자는
오직 덴노뿐이라 밝히고, 주요 신사는 국가에서 관리함으로써 신의
서열화를 강화했다.

이세 신궁 일본 신도의 총본산인 이세 신궁은 미에 현 이세 시에
있으며, 내궁과 외궁으로 이루어져 있다. 내궁은 태양신 아마테라
스 오미카미를 모시고, 외궁은 곡식의 신인 도요우케 노오카미를
모시고 있다.

아마테라스 오미카미 초대 덴노인 진무 덴노가 아마테라스 오미카미의 자손으로 신봉되면서 덴노들은 살아 있는 신, 즉 현인신(現人神)의 대우를 받을 수 있었다.

이처럼 신도는 원시 신앙과 조상신 신앙의 연장선에 있다. 덴노는 조상신을 모신 거대한 신사를 건설하며 사람들의 마음속에 경건한 의식도 함께 만들어 갔다. 덴노의 조상신이 된 아마테라스 오미카미는 일본 사회에서 숭배되는 무수히 많은 신 가운데 최고신으로 숭상됐고, 덴노는 최고신의 후예로 여겨졌다. 오늘날까지 아마테라스 오미카미를 모신 이세 신궁은 최고의 신사로 받들어지고 있다.

2장

귀족 문화의 번성

야마토 정권은 7세기에 들어서 호족 세력을 누르고 덴노 중심의 강력한 국가로 탈바꿈했다. 하지만 혹독한 세금에 시달리던 농민들이 토지를 버리고 유랑하면서 국가의 근간이 흔들리기 시작했다. 국가 소유의 토지와 백성은 귀족의 손에 들어가게 됐다. 장원이라는 광대한 토지를 소유한 귀족과 사원의 힘은 커져만 갔고, 덴노의 외척인 후지와라씨의 세력은 덴노의 힘을 능가했다.

710년   헤이조쿄 천도. 나라 시대 시작
712년   《고사기》 편찬
720년   《일본서기》 편찬
752년   도다이지 다이부쯔 완성
794년   헤이안쿄 천도

751년   프랑크 왕국, 카롤링거 왕조로 교체
771년   카롤루스 대제, 프랑크 왕국 통일

751년   당, 탈라스 전투에서
         이슬람군에 대패
907년   당 멸망
960년   송 건국

987년   러시아, 그리스
         정교로 개종

751년   석굴암, 불국사 건립
918년   고려 건국
936년   고려, 후삼국 통일

750년   아바스 왕조 성립

1 | 신화가 쓰이고 다이부쯔가 완성되다

신화를 역사로 만들다

덴노의 권위가 강화되고 율령의 반포로 관청과 관리가 늘어나자 좀 더 넓은 곳으로 수도를 옮겨야 한다는 목소리가 나오기 시작했다. 진신의 난 이후 오미를 폐도하고 아스카로 환도했는데, 아스카는 사방이 산으로 둘러싸여 비좁은 데다 인구가 모여들면서 발달하고 있던 북쪽 지역에 비해 남으로 치우쳐 있어서 교통도 불편했기 때문이다. 게다가 옛 호족 세력의 중심지라 새로운 정치를 펴기에 어려운 점이 많았다.

이러한 이유로 710년, 야마토 북부에 있는 지금의 나라 지역에 '헤이조쿄(平城京)'를 세웠다. 당의 수도인 장안을 본떠 조성된 헤이조쿄는 동서와 남북의 길이가 각각 4.2킬로미터, 4.7킬로미터에 이르는 제법 큰 규모로, 전국으로 통하는 수륙 교통편까지 편리했다. 헤이조쿄

장안성을 본떠 만든 헤이조쿄(왼쪽)와 헤이안쿄(오른쪽) 도성을 바둑판 모양으로 나눈 뒤, 궁궐을 중심으로 중앙을 남북으로 가로지르는 주작대로를 건설했다. 아울러 대로의 좌우를 남북, 동서로 구획했다.

의 바둑판 같은 구획선을 따라 궁성과 관청이 배치되고 귀족과 관리의 주택, 사원 등이 곳곳에 세워졌다. 아스카에 있던 많은 절도 자리를 옮겨 왔다.

　헤이조쿄는 새로운 수도로 옮기는 794년까지 80여 년간 정치와 경제의 중심지로 번성했다. 주변 국가를 모방해 새로운 시대의 문을 연 이 시기를 '나라 시대'라 부른다. 일본 역사에서 나라 시대 이후부터는 정권이 위치한 지역의 이름을 따서 시대를 구분하고 있다.

　나라 시대가 열리고 덴노 중심의 국가 체제가 더욱 공고해지면서 국가의 부와 권력은 중앙으로 집중되었다. 덴노를 비롯한 황족과 귀족 들은 이를 바탕으로 화려하고 풍족한 생활을 했다. 여기에 힘입은 덴노는 황실의 권위와 신성함을 높이기 위해 역사서를 편찬했다.《고

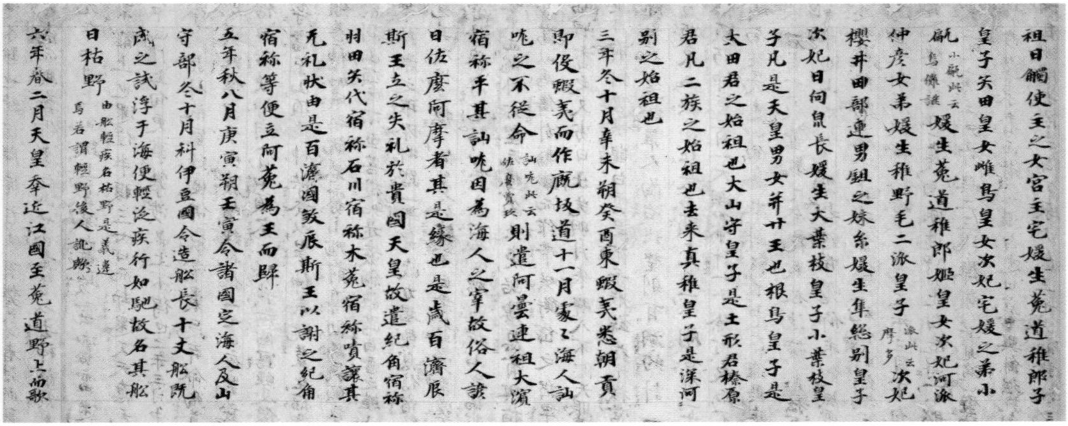
祖日觸使主之女宮主宅媛生菟道稚郎子
皇子矢田皇女雌鳥皇女次妃宅媛之弟小
甂 小甂此云烏儺能 媛生菟道稚郎姫皇女次妃河派
仲彥女弟媛生稚野毛二派皇子 派此云摩多 次妃
櫻井田部連男鉏之妹糸媛生隼總別皇子
次妃日向泉長媛生大葉枝皇子小葉枝皇
子凡是天皇男女幷廾王也根鳥皇子是
大田君之始祖也大山守皇子是土形君榛原
君凡二族之始祖也去來真稚皇子是深河
别之始祖也
三年冬十月辛未朔癸酉東蝦夷悉朝貢
即役蝦夷而作甂坂道十一月處處海人訕
哤之不從命 訕哤此云佐麼賣玖 則遣阿曇連祖大濱
宿祢平其訕哤因爲海人之宰故俗人諺
曰佐麼阿摩者其是緣也是歲百濟辰
斯王立之失禮於貴國天皇故遣紀角宿祢
羽田矢代宿祢石川宿祢木菟宿祢嘖讓其
无禮狀由是百濟國殺辰斯王以謝之紀角
宿祢等便立阿花爲王而歸
五年秋八月庚寅朔壬寅令諸國定海人及山
守部冬十月科伊豆國令造船長十丈船既
成之試浮于海便輕泛疾行如馳故名其船
曰枯野 由船輕疾名枯野是義違焉若謂輕野後人訛歟
六年春二月天皇幸近江國至菟道野上而歌

《일본서기》 일본에 현존하는 가장 오래된 역사서로 680년경 편찬하기 시작하여 720년에 완성했다. 일본 창세 신화에서부터 지토 덴노까지 총 30권으로 구성되어 있다.

사기(古事記)》와 《일본서기》가 바로 그것이다. 일본이라는 국호의 사용이 민족적 자각의 첫걸음이었다면 역사서의 편찬은 그다음을 잇는 행보였다. 712년에 펴낸 《고사기》에서는 일본의 기원을 이렇게 서술하고 있다.

아득한 옛날, 천상의 세계에 신들이 살고 있었다. 신들은 새로운 세상을 만들기 위해 이자나기라는 남신과 이자나미라는 여신을 만들었다. 오누이인 두 신은 결혼해 섬의 신, 산의 신, 강의 신, 바람의 신 등 여러 신을 낳았다. 그러나 안타깝게도 이자나미는 불의 신을 낳던 중 죽고 말았다. 슬픔에 잠긴 이자나기는 홀로 남아 왼쪽 눈에서 태양의 신 아마테라스 오미카미를, 오른쪽 눈에서 달의 신 스쿠요미를, 코에서 폭풍의 신 스사노오를 낳았다. 그는 첫째 아마테라스 오미카미에게 천상(天上)을, 둘째 스쿠요미에게는 밤을, 셋째 스사노오에게는 바다를 다스리라고 명했다. 이들 가운데 아마테라스 오미카미는 손자인 호노니니기에게 지상 세계로 내려가 일본을 지배할 자손을 낳으라고 한 뒤, 거울·칼·옥의 3종 신기를 주고 규슈 남부로 내려보냈다. 시간이 흘러 호노니니기의 손자가 야마토에 나라를 세웠으니, 그가 바로 일본 최초의 덴노인 진무였다.

신과 인간을 연결하며 야마토 정권을 세운 진무 덴노를 실제 인물로 보기는 힘들다. 호노니니기가 가져온 3종 신기는 새 덴노가 즉위할 때마다 물려받았는데, 거울은 신의 영혼을 상징하며 종교 의식을 주

도다이지 도다이지의 건립에는 질병의 유행과 조정 내의 권력 다툼을, 부처의 힘을 빌려 안정시키려는 염원이 담겨 있었지만 동시에 대토목 공사를 통해 국가의 힘과 부를 과시하려는 의도도 숨겨져 있었다.

관할 때 사용했고, 옥은 풍요를, 검은 강한 무력을 상징했다. 신화에
서 진무 덴노는 지금의 나라 지역에서 기원전 660년 2월 11일경에 즉
위했다. 이를 근거로 오늘날 일본은 2월 11일을 건국 기념일로 삼고
있다.

도다이지와 다이부쓰가 세워지다

나라 시대에는 국가 체제가 안정되면서 귀족 문화가 발달했다. 특히
당에 다녀온 견당사가 당 문화를 들여오면서 문화가 국제적인 색채를
띠었다. 견당사와 함께 당으로 건너가서 학문을 배워 온 승려들에 의

해 불교 역시 국가의 보호 아래 한층 발전했다. 아스카에서 헤이조쿄로 이전한 사원 말고도 커다란 사원들이 곳곳에 세워지며 수준 높은 불교문화가 꽃을 피웠다.

그러나 8세기 중엽, 인구가 증가하면서 토지가 부족해진 데다 각종 세금 부담으로 생활이 어려워지자 자신이 일구던 농토를 내팽개치는 농민들이 늘어났다. 국가의 기본이 되는 토지 제도가 무너지자 국가 질서가 흔들리기 시작했다. 도망가는 농민들이 늘고, 엎친 데 덮친 격으로 전염병이 발생하면서 사람들의 불안이 커져 갔다. 특히 737년에 일본을 덮친 천연두로 인해 도시 인구의 절반 이상이 목숨을 잃었다. 쇼무 덴노는 불교의 공덕으로 연이어 발생하는 천재지변으로부터 국가를 보호하고 커져 가는 사회 불안을 잠재우려 했다. 그는 전국에 사원을 세워 불교를 전파하고 경전 읽는 소리가 나라 곳곳에서 울려 퍼지기를 희망했다. 덴노의 염원으로 거대 규모의 도다이지(東大寺)와 다이부쯔(大佛)가 건립되었다.

752년 봄, 도다이지의 경내는 여러 나라에서 온 사절단과 승려 들로 발 디딜 틈이 없었다. 신라에서 온 사절단만 해도 700여 명에 이르렀는데, 쇼무 덴노가 심혈을 기울여 완성한 대형 불상 다이부쯔의 개안 공양식을 축하하기 위해서였다. 개안 공양식이란 불상에 눈을 그려 혼을 불어넣는 의식을 말한다. 쇼무 덴노가 금당에 들어서자, 그동안 장막에 싸여 있던 불상이 모습을 드러냈다. 불상을 보는 순간, 사람들의 입에서는 일제히 탄성이 흘러나왔다. 사람들은 앉은키 16미터, 얼굴 길이 5미터, 귀 3미터나 되는 다이부쯔의 규모에 압도되어 버렸다. 다이부쯔의 손바닥은 16명이 올라설 수 있을 정도로 컸다. 진

개안 공양식 다이부쯔에 신성함과 생명력을 불어넣는 이 의식은 쇼무 덴노, 고묘 황후, 고켄 덴노 그리고 승려 1만여 명과 문무백관이 참여한 국가적 행사였다.

다이부쯔 높이가 16미터인 세계 최대의 주조물일 정도로, 규모면에서 압도적이다. 본체에 구리와 주석이 약 250톤, 연좌에 130톤이 쓰였으며 도금에 쓰인 금은 약 60킬로그램, 수은은 약 300킬로그램이었다. 그야말로 국가 역량이 집중된 대규모 공사였다.

리의 빛으로 세상을 비추는 비로자나불인 다이부쯔가 햇빛을 받아 금당 안을 환하게 비추었다.

잠시 후 개안 공양식이 시작되었다. 몸이 쇠약한 쇼무 덴노를 대신해 점안(點眼)은 인도 승려가 하기로 했다. 쇼무 덴노는 이미 딸 고켄 덴노에게 황위를 넘겨준 상태였다. 인도 승려의 붓과 이어진 세 개의 푸른 끈이 하나로 묶었다가 다시 나뉘어 쇼무 덴노, 황후, 고켄 덴노의 손에 각각 쥐어졌다. 승려가 붓으로 다이부쯔의 눈을 그리는 동안 희미한 감촉이 세 사람에게 전해졌다. 드디어 부처의 눈동자가 완성되었을 때, 환희는 절정에 이르렀다.

도다이지와 다이부쯔의 건립은 일본 불교에 많은 영향을 미쳤다. 다이부쯔가 만들어지는 동안 일본 각지에는 여러 절이 세워졌다. 이러한 절들을 매개로 불교는 전국에 들불처럼 퍼져 나갔다. 사실 불교가 빠른 속도로 일본 전역에 퍼진 데에는 정치적인 이유도 한몫했다. 불교를 이용해 권력을 강화하고 과시하려 한 귀족들 덕분에 절이 곳곳에 세워지고 불상은 점점 커져 갔다.

일반 백성들 사이에서는 불교의 영향으로 화장(火葬) 풍습, 육식을 꺼리는 분위기가 널리 퍼져 나갔다. 특히 일본 고유의 종교인 신도의 신과 불교의 부처가 같다고 생각하는 '신불습합(神佛習合)'의 전통은 이때부터 만들어지기 시작했다.

2 | 귀족 중심의 사회가 열리다

헤이안으로 수도를 옮기다

나라 시대 말기, 불교 세력이 강해지며 사원과 불상이 우후죽순처럼 생겼다. 불교가 세력을 떨칠수록 국가의 살림은 어려워졌다. 불교에 대한 지출이 늘어나고 승려들이 정치에 개입해 부정부패를 일삼았기 때문이다. 여기저기서 불교를 배척하는 움직임이 일어났지만 여전히 사원과 귀족들은 욕심을 채우는 데만 급급할 뿐, 굶주리는 백성들의 삶은 아랑곳하지 않았다. 의지할 곳 없는 백성들은 귀족이나 사원 밑으로 들어가 그들에게 삶을 의탁했다. 백성들 중에는 아예 고향을 떠나 산적이나 부랑자가 되어 거리를 떠도는 자들도 있었다.

황실의 분위기도 심상치 않았다. 간무 덴노의 부인이 30세의 젊은 나이에 죽더니 다음 해에는 어머니가, 그다음 해에는 며느리가 죽었다. 게다가 황태자마저도 정신 이상 증세를 보였다. 간무 덴노는 어수선한 민심과 황실 분위기를 진정시킬 특단의 조치를 내렸다.

"나라의 분위기가 이렇게 어수선한 것은 황실 터가 안 좋기 때문이다. 이에 수도를 헤이안쿄로 옮기노라."

794년, 간무 덴노는 수도를 지금의 교토 지역으로 옮긴다는 명을 내렸다. 새로운 수도에 '헤이안쿄(平安京)'라는 이름이 붙은 데에는 고통과 저주에서 벗어나 영원한 평안을 누리기를 바라는 마음이 담겨 있었다. 헤이안쿄는 산이 사방을 에워싸고 주위에 강이 흐르는 천혜의 땅이었다. 헤이조쿄와 마찬가지로 당의 장안성을 본떠 만들어졌으며, 도성의 규모는 남북 5.2킬로미터, 동서 4.5킬로미터로 헤이조쿄에 비해 남북으로 약간 길었다. 헤이안쿄는 무사들이 도쿄 근처의 가마

지금의 교토 19세기 후반까지 천여 년간 일본의 수도였던 교토는 세계 문화유산을 열일곱 개나 가지고 있을 정도로 역사적으로 중요한 도시이다. 제2차 세계대전 중에도 미군이 이곳만큼은 폭격을 자제하여 천년의 문화 유적들이 고스란히 원형대로 보존되어 있다.

쿠라에서 무사 정권인 바쿠후를 열 때까지 400여 년간 정치의 중심지 역할을 했다. 하지만 평안을 기원한 간무 덴노의 마음은 희망에 불과했다. 수도를 옮긴 뒤에도 황실과 귀족 간의 싸움은 계속되었다.

귀족의 힘이 더욱 커지다

7세기 무렵, 신라와 당이 손을 잡고 한반도에서 한창 전쟁을 벌일 때에는 나당 연합군이 언제 일본을 침입할지 모른다는 두려움 때문에 덴노를 중심으로 단결했다. 하지만 한반도가 통일되고 외세 침입의 위험성이 사라지자 덴노의 영향력은 서서히 줄어들었다. 그 틈을 이

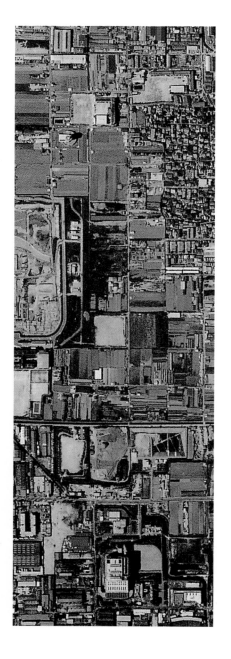

용해 귀족과 사원은 영역을 넓혀 갔다.

반대로 농민들의 생활은 점점 힘들어졌다. 당시 농민들은 국가로부터 구분전이라는 토지를 받아 생계를 유지했다. 그 대가로 토지 수확량의 3퍼센트를 내는 조(租), 노동력을 제공하는 용(庸), 특산물을 바치는 조(調)를 부담했다. 여기에 병역의 의무가 더해졌다. 매년 조세 부담이 커지고 노역 일수가 늘어나면서 농사를 지을 시간이 부족해졌다. 여기에 가뭄이나 홍수, 병충해라도 발생하면 안정된 생활을 이어 가기가 힘들었다. 사정이 이렇다 보니 생활이 곤궁한 농민 중에는 토지를 버리고 마을을 떠나거나 공사 현장에서 도망치는 사람들이 생겨났다. 아예 토지를 힘 있는 사원이나 귀족에게 바치고 그들에게 몸을 의탁해 세금의 부담에서 벗어나려는 사람도 있었다. 귀족과 사

구분전의 흔적(히가시오사카 시) 구분전은 6세 이상의 남녀에게 주어졌는데, 지급 받은 자가 죽으면 국가에서 회수했다. 토지 소유권이 아니라 사용권을 주는 것이므로 매매할 수 없었다. 사진에서 보이는 것처럼 구분전은 분배에 편리하도록 정연하게 구획됐다.

원에게는 땅을 늘릴 절호의 기회였다. 이들은 농민들의 고통을 등에 업고 사유지를 넓혀 갔다.

귀족의 힘은 넓은 사유지, 즉 장원에서 나왔다. 게다가 귀족들은 권력을 이용해 장원의 세금을 내지 않았다. 귀족에게 땅을 바치는 농민들이 늘면서 당연히 국가의 수입은 줄어들었다. 조정은 이 같은 문제를 해결하기 위해 '개간한 토지는 개인이 소유할 수 있다.'는 방침을 발표했다. 새로운 토지에 세금을 부과하기 위함이었다. 하지만 이러한 방침에 기뻐한 사람은 오히려 귀족들이었다. 귀족들은 농민과 농기구를 동원해 황무지를 일군 뒤, 개간한 땅에 대한 세금을 내지 않았다. 게다가 귀족들은 농민들이 개간한 땅조차 갖은 방법을 동원해 빼앗았다. 개간한 토지에 대해 소유권을 인정하면서 토지를 국가가 소유한다는 원칙이 무너졌고, 결국 토지 사유제의 부활을 자초한 꼴이 되었다. 12세기경에는 귀족의 장원이 약 60퍼센트에 이를 정도로 국유지의 비중을 앞질렀다. 헤이안 시대의 귀족들은 장원을 바탕으로 사치와 향락을 누렸다.

후지와라씨의 세상이 되다

헤이안 시대의 대표적 귀족 가문인 후지와라(藤原)씨는 전성기에 전국 장원의 10분의 1을 소유할 정도로 막강한 세력을 자랑했다. 후지와라라는 성(姓)은 다이카 개신 당시에 나카노오에 황자(덴지 덴노)가 나카토미노 가마타리의 공로를 인정하여 내려준 것으로, 두 사람이 소가씨를 제거할 계획을 세웠던 '등나무 정자'를 기념하기 위한 것이

후지와라씨의 연회 후지와라씨는 황실과 인척 관계를 맺으면서 다른 씨족을 배척하여 헤이안 중기에는 후지와라의 시대라고 부를 정도로 번영했다. 후지와라 요리미치가 고이치조 덴노와 귀족들을 초대한 연회를 그린 그림이다. 연못 위의 배를 탄 악사들을 통해 후지와라씨의 호화로운 생활을 엿볼 수 있다.

다. 후지와라의 후손들은 헤이안 시대에 일본 최고의 귀족으로 막강한 정치권력을 휘둘렀다.

9~10세기에 걸쳐 후지와라씨는 조정의 권력을 독점하기 위해 갖은 방법을 써서 반대 세력을 제거했다. 특히 셋칸(攝關) 정치는 후지와라씨가 권력을 독차지하는 데 매우 유용한 수단이었다. 셋칸이란 덴노의 업무를 대신 보는 자리인 '셋쇼(攝政)'와 '간바쿠(關白)'에서 첫 글자를 따온 것이다. 후지와라 가문은 장막 뒤의 절대 권력으로 덴노가 어릴 때에는 셋쇼로서 나랏일을 대신했고, 덴노가 성인이 된 이후에는 간바쿠로서 정치를 주관했다.

셋쇼와 간바쿠는 황족만이 맡을 수 있는 높은 자리였다. 후지와라씨는 셋쇼의 자리에 오르기 위해 황실과의 정략결혼을 적극적으로 추진했다. 그리고 후지와라 가문 출신의 황후가 아들을 낳으면, 덴노 자리를 물려주었다. 덴노는 즉위하기 전까지 대개 외가에서 자랐고, 덴노가 되어서도 외가에서 생활하는 경우가 많았으므로 외가와의 관계가 돈독했다. 그러다 보니 덴노에게는 외할아버지야말로 가장 신뢰할 수 있는 존재였다. 덴노의 외할아버지 자격으로 셋쇼, 간바쿠의 자리에 오른 후지와라씨는 막강한 권력을 행사했다. 특히 11세기 전반에 후지와라노 미치나가는 네 딸을 차례로 황후와 황태자비로 들여보내 권세를 떨쳤다. 그의 아들 요리미치 역시 덴노가 세 번이나 바뀌는 동안 외척으로서 약 50년에 걸쳐 셋쇼와 간바쿠의 자리를 독점했다.

3 │ 일본의 전통문화가 형성되다

국풍 문화가 형성되다

견당사가 처음 파견된 이후, 일본은 20년에 한 번꼴로 네 척의 대형 선박을 동원하여 사절을 보냈다. 사절은 대개 유학생과 유학승이었다. 그 인원이 많게는 500명을 넘었다고 하니 작지 않은 규모였다. 당시에는 선박 제조 기술이나 항해술이 발달하지 않아 종종 조난을 당했다. 처음에는 한반도 해안을 거쳐서 당의 산둥 반도로 향하는 북로를 이용했지만, 신라와의 관계가 나빠진 이후에는 류큐(지금의 오키나와)에서 당으로 들어가는 남로를 선택했다.

사절단은 한번 당에 들어가면 다음 번 견당사가 올 때까지 당에 머물렀다. 견당사 파견이 20년에 한 번꼴로 이루어졌으므로, 약 20년을 당에서 살아야 했던 것이다. 오랫동안 당에서 지내며 당의 선진 문물을 보고 배운 견당사들과 이들이 가져온 서적, 경전, 미술품 등은 일

견당사

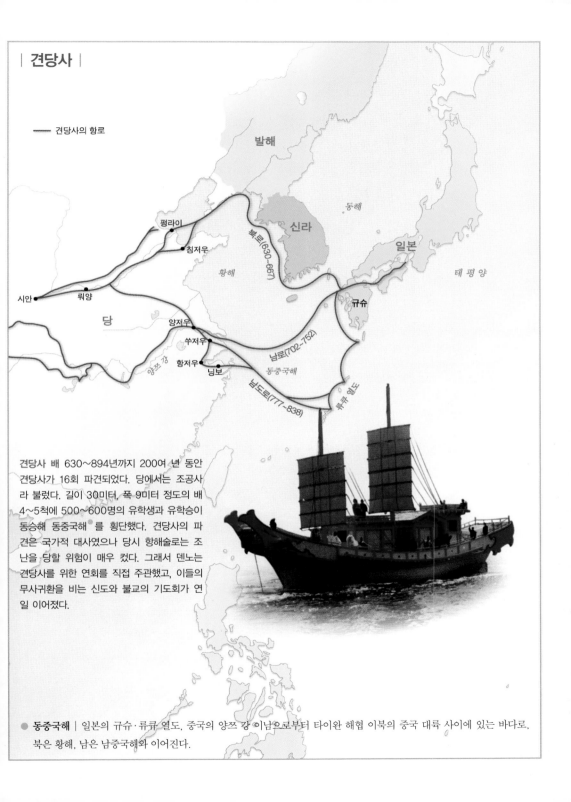

—— 견당사의 항로

발해

신라

동해

일본

태평양

황해

북로(630~667)

규슈

평라이

칭저우

시안

뤄양

당

양저우

쑤저우

항저우

닝보

남로(702~752)

동중국해

남도로(777~838)

류큐 열도

견당사 배 630~894년까지 200여 년 동안 견당사가 16회 파견되었다. 당에서는 조공사라 불렀다. 길이 30미터, 폭 9미터 정도의 배 4~5척에 500~600명의 유학생과 유학승이 동승해 동중국해 를 횡단했다. 견당사의 파견은 국가적 대사였으나 당시 항해술로는 조난을 당할 위험이 매우 컸다. 그래서 덴노는 견당사를 위한 연회를 직접 주관했고, 이들의 무사귀환을 비는 신도와 불교의 기도회가 연일 이어졌다.

● **동중국해** | 일본의 규슈·류큐 열도, 중국의 양쯔 강 이남으로부터 타이완 해협 이북의 중국 대륙 사이에 있는 바다로, 북은 황해, 남은 남중국해와 이어진다.

본 문화가 발전하는 데 밑거름이 되었다.

9세기경, 동아시아 중심에 있던 당은 안사의 난[•]을 기점으로 내리막길을 걷기 시작했다. 일본에서는 지난 3세기 동안 중국의 문화를 받아들여 국가 운영에 필요한 제도와 문물이 어느 정도 갖춰지자, 견당사를 그만 보내야 한다는 목소리가 높아졌다. 가는 길이 험난해 견당사 파견 비용이 만만찮다는 점도 이들의 주장에 힘을 보탰다. 결국 조정에서는 견당사 파견을 그만두기로 결정했다. 더욱이 얼마 지나지 않아 한반도에서 신라가 쇠퇴하여 고려가 세워지고 만주에서 발해가 요나라에

보도인 봉황당과 불상 보도인은 원래 후지와라 가문의 별장이었으나 1052년 간바쿠 후지와라노 요리미치에 의해 절로 바뀌었다. 마치 봉황이 양 날개를 편 듯한 모습이어서 아미타불을 모신 아미타전에 '봉황당'이라는 이름을 붙였다. 연못을 중심으로 정원의 정면에 아미타전을 배치하는 일본만의 독특한 양식에서 국풍 문화의 영향을 찾을 수 있다.

의해 멸망하자, 대륙 문화에 대한 일본의 관심은 크게 줄어들었다.

사람들은 나라 바깥으로 향하던 시선을 안으로 돌려 일본 고유의 문화를 살피기 시작했다. 일본 고유의 사상과 의식을 중시하는 풍조가 사회 전반에 나타났다. 사회 곳곳에서 대륙의 문화를 일본 풍토와 정서에 조화시키려는 이른바 '국풍 문화(國風文化)'가 형성되고 있었다.

일본풍의 문화는 9세기 말에 한자를 변형해 만든 '가나'라는 문자가 탄생하면서 더욱 유행했다. 사람들은 가나를 사용해 일본인의 사고와 감정을 자유롭게 표현하게 되었다. 가나 문자로 쓰인 문예가 발달하고, 일본 고유의 정형시인 와카(和歌) 같은 장르가 형성되는 데에도 영향을 끼쳤다. 와카가 유행하자 개인이 창작한 산문 문학인 모노가타리(物語)와 일기 등도 함께 발달했다.

무라사키 시키부, 《겐지 모노가타리》를 펴내다

국풍 문화가 유행하던 초기에 귀족들은 가나를 사용하지 않고 한동안 한자를 고집했다. 한문을 숭상하던 그들은 한자만이 진정한 글자이고 가나는 가짜 글자라고 생각했다. 어려운 한자를 통해 문자를 독점하여 백성을 지배하려 했던 조선 양반들의 모습이 일본에서도 재현되고 있었던 것이다. 하지만 이에 아랑곳하지 않고 가나는 여성과 서민 사

● **안사의 난** | 당나라 중기에 안녹산, 사사명 등이 중앙 정부에 반기를 든 사건. 이 사건으로 당에서는 8년 동안 전쟁이 계속되었다. 이로 인해 많은 건물이 소실되었으며 인구의 30퍼센트가 줄어들 정도로 피해가 극심했다.

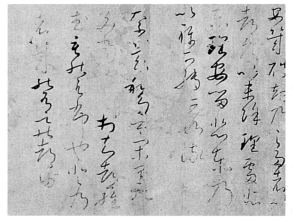

가나로 쓴 글 히라가나는 주로 여성이 사용했고, 가타가나는 학자나 승려가 사용했다. 가나가 쓰이기 시작하면서 궁중과 귀족의 저택에서 일하던 궁녀와 시녀들도 자신의 생각을 자유롭게 표현하게 됐고, 이들에 의해 가나로 쓴 일기, 수필, 소설 등이 유행했다.

이에서 광범위하게 퍼져 나갔다.

가나는 주로 여성들이 사용했다. 여성들은 더러 어깨 너머로 익히는 경우를 제외하고는 한문을 배울 기회가 거의 없었다. 따라서 남성이 여성에게 자신의 마음을 글로 전달할 때에는 한문보다 가나를 사용하는 것이 더 자연스러운 일이었다. 가나는 일본인의 감정이나 감각을 섬세하고 생생하게 표현하는 데 좋은 수단이었다. 가나로 쓴 작품들이 쏟아져 나오면서부터 바야흐로 일본 문학이 꽃을 피웠다.

역설적이게도 귀족 중심의 정치 역시 가나를 발전시켰다. 당시에 최고 귀족들은 덴노와의 혼인을 통해 권력을 유지했다. 그래서 그들의 최대 관심사는 자신의 딸이 덴노의 후계자를 낳는 것이었다. 이 무렵 몇몇 귀족들이 권력을 독점하자 시를 짓고 문학 활동을 하는 것만이 정치에서 소외된 덴노의 일과였다. 딸이 세련된 문학적 소양을 지닌다면 덴노의 관심을 받는 데 유리할 것이라고 생각한 귀족들은 딸

무라사키 시키부(978∼1016?)와 《겐지 모노가타리》 《겐지 모노가타리》는 11세기 초에 무라사키 시키부가 쓴 장편 소설이다. 2000년대에 발행된 2000엔 지폐에 《겐지 모노가타리》의 그림이 삽입될 정도로 일본이 세계에 자랑하는 문학 작품이며 모두 54권으로 구성되어 있다.

을 위해 문학적 재능이 뛰어난 궁녀를 발탁하여 옆에 두려고 했다. 궁녀들은 읽고 쓰기가 어렵지 않은 가나를 통해 활발한 문학 활동을 펼쳤다.

　헤이안 시대의 대표 문인으로는 무라사키 시키부를 빼놓을 수 없다. 고을 수령의 딸이었던 무라사키는 어릴 때부터 총명했다고 한다. 하지만 아버지는 당시의 관습대로 여자인 무라사키는 제쳐 두고 오빠들에게만 한문학을 가르쳤다. 어느 날, 글의 의미를 해석하지 못하고 우물쭈물하는 오빠의 모습을 지켜보던 무라사키가 거침없이 그 내용을 풀이했다. 딸의 재능에 놀란 아버지는 그때부터 무라사키에게도 한문학을 가르치기 시작했고, 그녀의 문학적 재능은 날로 빛을 발했다.

글솜씨로 이름을 날리던 무라사키는 결혼 후 남편이 갑자기 죽자 평생 혼자 살기로 마음먹고 궁궐에 가정교사로 들어갔다. 무라사키의 글솜씨는 궁궐에서도 발휘되었다. 무라사키는 궁녀로 일하며 때때로 찾아오는 외로움을 《겐지 모노가타리(源氏物語)》라는 54권의 소설에 녹여 냈다. '겐지 이야기'라는 뜻의 제목 그대로 황족의 혈통을 지닌 데다 예술과 학문 모든 면에서 탁월한 겐지가 수많은 여성을 만나 벌이는 사랑 이야기다. 등장인물만 해도 400명이 넘는 대작으로, 수도인 헤이안을 비롯해 멀리 규슈까지 주인공의 활동 무대를 넓혀서 당대의 생활 풍경을 구석구석 잘 표현했다. 오늘날에도 《겐지 모노가타리》는 일본 문학사에 한 획을 그은 최고의 소설로 평가받고 있다.

◉ 《겐지 모노가타리》를 통해 본 헤이안 시대의 일본

헤이안 시대에는 불교가 삶의 일부였다. 《겐지 모노가타리》에도 등장 인물들이 괴로워하다가 출가하는 장면이 종종 나온다. 그런가 하면 승려가 개입해 이야기 전개에 중요한 역할을 하기도 한다. 또한 《겐지 모노가타리》에는 모노노케(怨靈)의 모습이 자주 등장한다. 모노노케란 사람에게 병이나 재앙을 가져오는 귀신, 도깨비, 유령 따위를 말한다. 모노노케의 등장은 최고의 귀족 가문인 후지와라씨와 관련이 있다. 후지와라씨 가문의 악행으로 억울하게 죽은 원혼이 세상에 재앙과 질병을 퍼뜨린다는 생각이 널리 퍼지면서, 이러한 원혼이 모노노케로 발전한 것이다.

《겐지 모노가타리》 2부 〈봄나물(하)〉의 삽화 겐지의 아내 온나산노미야(가운데)가 고토(琴)를 연주하는 장면을 도사 미쓰요시(1539~1613)가 그렸다. 뛰어난 구성과 인간의 심리, 자연에 대한 탁월한 묘사가 돋보이는 《겐지 모노가타리》는 일본 산문 문학의 최고 걸작으로 손꼽히고 있다.

그렇다면 주인공 겐지와 같은 바람둥이에 대한 당시 사람들의 생각은 어떠했을까? 일부다처제였던 헤이안 시대에는 한 남자가 여러 명의 여자와 연애를 하거나 유부남이 아내 외에 아름다운 여자를 찾아 헤매는 것이 비난받을 일이 아니었다. 오히려 수많은 여자와 연애를 하거나 연애편지를 쓸 때 뛰어난 글솜씨를 보여 주는 남자가 멋진 남자로 평가받았다.

4 | 무사가 등장하다

장원이 형성되고 무사 계급이 만들어지다

다이카 개신 후 모든 토지는 국가가 소유했다. 국가는 일정한 나이에 이른 백성에게 토지를 나누어 주고 그 대가로 세금을 걷었다. 하지만 8세기 무렵부터 이 같은 제도에 문제점이 나타나기 시작했다. 인구가 증가하고 귀족들이 사유지를 늘리면서 나누어 줄 토지가 부족해졌기 때문이다. 조정에서는 개인이 개간한 토지는 소유할 수 있다는 규정을 두어 개간을 장려했지만, 일반 백성이 아닌 귀족들이 앞다투어 황무지를 개간해 사유지를 늘려 나갔다. 귀족들은 농민이 개간한 토지마저 갖은 방법을 동원해 빼앗았다. 그 결과, 유력 귀족과 사원은 곳곳에 장원을 소유하게 되었다.

10세기에 이르자 지방관인 고쿠시가 관리하는 국가의 영지도 장원처럼 변했다. 정부에 일정액의 세금을 내고 지방 통치권을 넘겨받은

장원의 구조 토지를 바친 자들은 장원의 관리자(쇼칸)로 임명됐고, 토지를 받은 장원 영주는 로케라고 불렸다. 로케는 이 땅을 대귀족이나 황족 등 더욱 상급의 영주(혼케)에게 다시 바쳤다.

고쿠시는 세율을 마음대로 정할 수 있었기에 농민에게 세금을 한 푼이라도 더 뜯어 가려고 했다. 세금 부과 방식도 농민 개인을 대상으로 한 인두세에서 토지 면적 기준으로 바뀌었다. 세금에 대한 부담이 커지자 지방 호족 중에서도 중앙 귀족이나 사원에 땅을 바치고 장원의 관리자로 들어가는 사람이 많았다. 영주(장원의 주인)는 황족이거나 후지와라 가문 같은 권세가가 대부분이었다. 장원의 관리인이 된 호족은 이들의 세력을 등에 업고 국가에 낼 세금을 면제받았으며, 고쿠시의 출입을 거부하기도 했다.

영주들은 장원을 지키기 위해 지방에서 영향력이 있던 호족의 힘을 빌렸다. 국가의 보호를 받지 못하는 농민들은 목숨과 토지를 지키기

하급 무사의 모습 활과 화살을 가지고 주택을 지키고 있는 하급 무사들을 통해 초기 무사의 모습을 엿볼 수 있다. 〈다케토리 모노가타리〉에서 달나라로 돌아가려는 가구야 히메를 무사들이 막고 있는 그림이다.

위해 스스로 무장하고 그들을 따랐다. 지방 호족을 중심으로 전투를 위한 대규모 집단이 형성되었다. 무기나 전술이 세련되게 발전하지 못한 당시에는 전투에서 머릿수가 많은 쪽이 유리했다. 따라서 그들은 친척이나 가까운 사람들을 모아 집단의 규모를 키웠다. 사람들은 이 같은 무장 집단을 통틀어 '무사'라 불렀다.

　집단의 구성원 대부분은 농민 출신이었지만, 우두머리는 황족이나 귀족의 자손이 많았다. 무사들은 이들을 지도자 삼아 세력을 넓히려 했다. 이렇다 보니 중앙에서는 별 볼일 없던 귀족도 지방에 내려가면 사람들의 존경을 받았다. 특히 황실과 친척 관계인 귀족은 더 쉽게 무사들의 신망을 얻었다. 덴노의 후손인 미나모토씨와 다이라씨는 전국의 수많은 무사 집단 가운데 가장 유력한 가문으로 성장했다.

무사가 정치를 주도하다

무사 집단은 영주의 이익을 지켜 주는 한편, 영주의 지나친 횡포에 대항할 수 있는 힘을 키워 나갔다. 얼마 후 무사는 귀족의 지배에서 벗어나 귀족을 위협하는 세력으로까지 성장했다. 먼저 세력을 떨친 무사는 다이라씨 가문의 기요모리였다. 그는 1159년에 기병을 끌고 자신을 습격해 온 미나모토 요시토모를 죽음으로 몰아넣으며 막강한 세력으로 자리 잡았다.

"다이라씨는 집이 100채가 넘는대."

"그 집 주위에 있는 수백 채가 온통 부하들의 집이라던데?"

"그뿐인가? 그의 외손자가 이번에 덴노가 되었다더군!"

'다이라씨가 아니면 사람도 아니다.'라는 말이 나올 정도로 다이라씨의 부귀영화는 절정에 이르렀다. 실제로 다이라 기요모리의 저택은 170호에 달했고, 부하들이 거주하는 저택 수백 채가 주위에 늘어서 있었다. 하지만 달이 차면 기울듯이 다이라씨가 권력을 독점하고 재산을 늘려 갈수록 불만 세력도 함께 늘어 갔다.

다이라 기요모리 1167년에 최고 관직인 다이조다이진(太政大臣)에 올라 국가 권력을 장악했다. 1180년에는 자신의 외손자 안토쿠 덴노를 즉위시켰으며, 다이라씨 집안은 500여 곳에 이르는 장원을 소유할 정도로 번영했다.

겐페이 전쟁 미나모토씨와 다이라씨 두 가문은 1180년부터 10여 년 동안 전국 각지에서 대립했다. 1185년에 다이라씨가 단노우라 전투에서 패하면서 전쟁이 끝났다.

"우리는 무사들을 위한, 무사들이 통치하는 세상을 원해!"

"다이라씨는 귀족들과 다른 점이 하나도 없어!"

기요모리가 무사의 길을 걷는 대신 귀족 행세를 하는 모습을 본 부하들은 크게 실망했다. 귀족들도 막강한 세력으로 성장한 기요모리에게 적대감을 가졌다. 이에 아랑곳하지 않고 기요모리는 후지와라 가문을 흉내 내면서 덴노의 외할아버지로서 권력을 휘둘렀다.

20년이 흐른 뒤, 다시 힘을 키운 미나모토 가문의 요리토모는 기요모리에게 불만을 가진 세력을 모으기 시작했다. 어느 정도 힘을 키운 요리토모는 기요모리에 맞서 가마쿠라에서 군사를 일으켰다. 여러 차례의 싸움 끝에 최후의 승부처인 단노우라에서 요리토모가 기요모리를 물리침으로써 두 집안의 기나긴 싸움은 막을 내렸다. 여덟 살의 어린 덴노는 3종의 신기를 품에 안고 바다에 뛰어들었다.

다이라 가문과 미나모토 가문이 전국의 지배권을 두고 10년 동안 벌인 이 전쟁을 겐페이(源平) 전쟁*이라고 한다. 겐페이 전쟁에서 승리한 요리토모는 전국을 지배하게 되었다. 다이라 가문의 영화가 20년 만에 막을 내리고 무사들이 그렇게 고대하던 진정한 무사 정권이 탄생한 것이다.

◉ 무사의 탄생

호족들은 토지를 기반 삼아 지방의 유력자로 군림했지만 중앙에서는 궁궐의 경비라든지 귀족의 신변 경호를 맡는 것이 주된 임무였다. 이때 중앙의 유력 귀족에게 접근해 수족 노릇을 하는 것은 호족들이 세력을 확장하는 데 좋은 방편이 되었다. 일반적으로 무사를 가리키는 '사무라이(侍)'는 '가까이에서 모시는 자'라는 뜻의 '사부라우모노'에서 유래했다. 하지만 시대가 바뀌면서 사무라이는 '부하를 거느리고 말을 탈 자격이 있는 상급 무사'라는 의미로 바뀌었다.

● **겐페이 전쟁** | 源은 미나모토씨, 平은 다이라씨를 뜻한다.

고대 한일 교류에 대한
양국의 시각

고대 일본에 대한 한국 사람들의 인식은 한반도나 주변 국가의 문물을 받아들였던 후발국이라는 이미지가 강하다. 이것은 오래전부터 가져온 중국 중심의 세계관에서 비롯됐다고 볼 수 있다. 당시 세계의 중심인 중국과 활발하게 교류를 했던 나라들을 선진적이라고 인식하다 보니 그렇지 못했던 고대 일본을 후진적인 나라로 여겼던 것이다.

고대 한국에 대한 일본인들의 인식은 이와는 정반대다. 야마토 정권이 한반도 남부를 200년 동안 다스렸다거나 한반도가 일본에 조공했다고 믿고 있다. 두 지역 사이에 있었던 과거의 진실은 무엇일까?

《일본서기》에는 삼국 문화의 전래 기록이 무수히 등장한다. 삼국 중에서도 백제가 일본에 가장 커다란 영향을 끼쳤다. 백제의 왕인이 유학과 《천자문》 등을 일본에 전했다는 기록도 우리 역사책이 아닌 《일본서기》에 전한다. 이미 일본에서 태자의 스승으로 활동하던 백제 사람으로 아직기가 있었다. 왜왕이 아직기에게 "백제에는 너보다 나은 박사가 있느냐?" 하고 물으니, 왕인이라는 사람이 가장 우수하다고 말했다고 한다. 왜왕은 사신을 백제에 보내어 왕인을 초청했다. 왕인은 백제왕의 명령으로 《논어》와 《천자문》을 가지고 일본으로 건너갔다. 그 후 왕인은 태자의 스승이 되어 여러 서적을 학습하게 했는데 막힘이 없었다고 한다. 일본에서는 왕인을 고대 문화 발전에 크게 기여한 성인으로 추앙하고 있다. 한반도로부터의 문화 전파 가운데 가장 주목할 만한 것은 불교문화다. 백제가 불경과 불상을 전파함으로써 일본에 불교가 처음으로 전해졌다. 이후 백제는 승려뿐 아니라 기술자까지 일본에 보내 일본의 불교 발전과 사찰 건립에 이바지했다. 일본에 백제의 불교가 전래된 이후 신라와 고구려의 승려들도 일본에 들어가 활동했으며, 불교는 일본에서 고대 국가를 정비하는 데 정신적 이념이 되었다. 아울러 많은 불교 문화재가 남았는데, 이때 꽃핀 것이 일본의 아스카 문화였다. 이외에도 삼국 문화가 일본에 전해진 예는 수없이 많으며, 지금도 일본에는 백제촌, 백제사, 신라사, 고려정 등 삼국의 이름이 붙은 곳이 여럿 있다.

그러나 군사적 교류 관계를 살펴보면, 고대 일본이 동아시아 국제 관계에서 단순한 주변 국가가 아니었음을 알 수 있다. 일본이 고구려, 백제, 신라 등과 각축을 벌이면서 동아시아 질서의 형성에 적극 참여한 측면들이 발견되기 때문이다. 백제의 왕자로서 오랫동안 일본에서 생활하다가 백제로 돌아와 왕이 된 동성왕, 무령왕을 빼더라도《삼국사기》에 실린 신라 '박제상 설화'를 보면 당시 일본의 위상을 짐작할 수 있다.

402년 신라왕이 왜와 강화를 한 뒤 왜의 요구에 따라 왕자 미사흔을 왜에 볼모로 보냈다는 기록이 보인다. 여기서 주목할 만한 점은 신라가 동아시아의 대제국인 고구려와 더불어 왜를 전략적 동반자로 삼았다는 것이다. 당시 고구려의 통치자는 광개토대왕이었다. 이는 그만큼 왜의 위상도 만만찮았음을 보여 주는 대목이며, 왜가 고구려·백제·신라의 항쟁 구도 '밖'에 있었던 게 아니라 그 '안'에서 저울추 역할을 했음을 보여 준다. 광개토대왕이 재위하던 전성기의 고구려와 대등하게 왜가 신라를 자국 편으로 끌어들였다는 것은 삼국 시

한일 우호 교류 공원 1819년에 배가 좌초되어 죽을 뻔한 조선인을 일본 돗토리 현 주민들이 구해준 적이 있었다. 이러한 역사적 사실을 바탕으로 한일 관계가 두터워지기를 바라는 염원을 담아 한일 우호 교류 공원이 만들어졌다. 공원의 상징인 돌 풍차는 한반도 방향에서 불어오는 바람으로 돌아간다.

대에 왜의 국력이 오늘날 한국인들이 생각하는 것처럼 그렇게 낮은 수준이 아니었음을 잘 말해 준다.

일본은 중국 중심의 동아시아 국제 질서 아래에 있으면서도 끊임없이 자국 중심의 외교를 지향하며 한반도보다 우월한 지위를 확보하려 했다. 8세기 후반에 이르러서는 율령에 통일 신라를 번국(蕃國), 즉 제후국으로 표현하는 등의 외교를 노골적으로 펼치다가 한반도와 공식 관계가 끊어지면서 15세기 초까지 정식 외교 관계를 맺지 못했다.

고대 한일 관계를 다룰 때 한국 입장에서 문화 전파만을 지나치게 강조함으로써 고대 일본의 후진성을 부각하는 것은 바람직한 태도가 아니다. 중요한 것은 일본도 나름대로 사회 발전을 이룩하고 있었다는 사실을 인정한 바탕 위에, 한반도로부터의 문화 수용이 일본의 발전에 어떤 역할을 했으며, 일본으로부터의 군사적 지원이 한반도에 어떤 영향을 끼쳤는지 꼼꼼히 따져 보는 자세가 아닐까?

3장

시대의 중심에 선 무사

헤이안 시대 말기, 무사가 하나의 지배 계급으로 성장했다. 12세기 말, 무사들은 가마쿠라 바쿠후를 만들고 귀족으로부터 지배권을 빼앗아 전국을 통치하기에 이르렀다. 하지만 두 차례에 걸친 원의 침략은 바쿠후를 곤경에 빠뜨리고 멸망에 이르게 했다. 권력은 다시 무로마치 바쿠후로 넘어갔지만, 덴노가 도망가 새로운 정부를 세우면서 남북조 시대가 열렸다.

1192년   미나모토 요리토모, 가마쿠라 바쿠후 성립

1221년   조큐의 난

1274년   여원 연합군의 제1차 침입

1333년   가마쿠라 바쿠후 멸망

1334년   겐무의 신정

1336년   남북조 내란

1392년   남북조 통일

1215년   영국, 대헌장 제정

1337년   영국과 프랑스,
         백년 전쟁(~1453)

1115년   금 건국

1206년   칭기즈칸, 몽골족 통일

1271년   원 제국 성립

1368년   명 건국

1492년   콜럼버스, 아메리카 땅 도착

1440년경   잉카, 안데스 지역 정벌로
           제국 성립

1170년   무신 정변

1231년   몽골의 침입

1392년   조선 건국

1446년   훈민정음 반포

1428년   아즈텍 문명,
         중앙멕시코 지배

1077년   카노사의 굴욕

1 | 무사 정권이 탄생하다

가마쿠라 바쿠후가 세워지다

겐페이 전쟁을 승리로 이끈 미나모토 요리토모는 1192년, 무사 집단의 통솔자 겸 일본의 실질적인 지배자를 의미하는 세이타이쇼군(征夷大將軍)에 취임했다. 흔히 쇼군이라 부르는 세이타이쇼군은 원래 도호쿠 지방의 아이누인을 정벌할 때 임시로 둔 관직이었다. 그러다가 요리토모가 쇼군 자리에 오르면서 무사 정권인 바쿠후(幕府)의 최고 통치자를 뜻하게 되었다.

"귀족들의 허드렛일이나 봐 주던 무사들이 정권을 세우다니……. 말세로군, 말세야!"

"무사들이 우리가 소유한 장원을 빼앗아 간 것도 아닌데 그렇게 역성을 낼 것은 또 뭔가. 난 그냥 내 땅이나 지키면서 상황을 지켜볼 참이네."

미나모토 요리토모 다이라씨와의 싸움에서 승리한 미나모토 요리토모는 가마쿠라를 근거지로 전국 지배를 시작했다. 가마쿠라 바쿠후의 성립은 귀족 정치에 맞서 무사가 독자적인 정권을 가지게 되었음을 의미한다. 꾹 다문 입술과 근엄한 표정에서 강인한 무사의 기상이 느껴진다.

　무사들은 자신의 권리를 지키기 위해 직접 정권을 세웠다. 원래 장군이 머무르는 군막을 일컫던 바쿠후는 무사들이 정권을 잡은 뒤부터 무사 정권 자체를 가리키게 됐다. 무사를 부하처럼 대하던 귀족들은 이 상황을 터무니없는 일로 받아들였다. 쇼군은 덴노에게 일본 통치를 허가받은 모양새를 취했으며, 가마쿠라 바쿠후가 덴노의 조정으로부터 완전히 독립한 것은 아니었다. 덴노나 귀족들은 이전부터 소유한 장원을 그대로 유지했으며, 쇼군 또한 영지를 가지고 있었다. 국가는 조정과 바쿠후의 이중 지배 체제로 운영되었다.

　쇼군은 고케닌(御家人)을 통해 나라를 통치했다. 고케닌이란 쇼군에게 충성을 서약한 무사를 말한다. 쇼군은 고케닌에게 영지를 나누어 주고, 영지를 둘러싼 싸움이 벌어지면 그들을 보호해 주었다. 그 대가로 고케닌은 바쿠후에 충성을 다하며 바쿠후의 명령이 떨어지면 언제든지 군사력을 제공했다. 당시에는 고케닌의 수가 약 2,000명에 이르렀다. 평상시에는 덴노의 궁궐과 바쿠후 건물을 경비하거나 규슈 북부의 국경선을 지키는 것이 그들의 주된 임무였다. 특히 규슈는 대륙의 이민족이 침입할 때 관문이 될 수 있는 지역이기에 해안선을 철저하게 경비했다. 그 밖에도 바쿠후와 덴노가 지정한 사원을 건축하거나 수리하는 일, 대규모의 토목 공사와 도로 공사 등에도 고케닌이 동원되었다.

쇼군은 고케닌을 슈고(守護)와 지토(地頭)에 임명했다. 슈고는 쇼군에 의해 파견된 지방관으로 군사권과 경찰권을 행사했으며, 평상시에는 반역자와 살인자를 단속하다가 전쟁 시에는 관할 지역의 무사를 지휘했다.

한편, 장원에는 지토가 파견되어서 치안을 유지하고 세금을 걷었다. 지토는 영지에서 거둬들인 수익의 일부를 장원 영주에게 세금으로 바쳐야 했다. 슈고와 지토는 세습이 보장되는 경우가 많았다.

가마쿠라에 바쿠후가 세워졌다고 해도 바쿠후가 처음부터 국가 전체를 통치했던 것은 아니다. 교토의 덴노와 귀족들이 여전히 위세를 부렸기 때문이다. 교토 조정은 서일본을, 가마쿠라 바쿠후는 동일본을 지배하는 귀족과 무사의 이중 지배 체제가 한동안 지속되었다. 그럼에도 교토 조정으로부터 벗어나 무사 위주의 바쿠후를 세운 것 자체가 당시로서는 획기적인 일이었다. 가마쿠라 바쿠후가 세워진 이후에도 덴노를 중심으로 한 교토 조정은 틈만 나면 무사 정권을 무너뜨

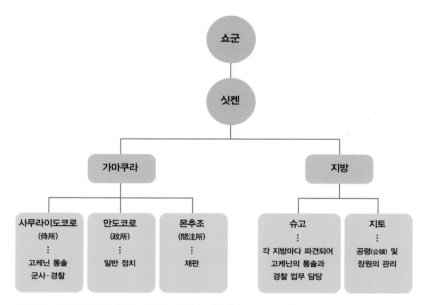

```
                        쇼군

                        싯켄

          가마쿠라                        지방

사무라이도코로    만도코로    몬추조        슈고          지토
   (侍所)       (政所)      (問注所)
    ⋮          ⋮          ⋮      각 지방마다 파견되어    공령(公領) 및
 고케닌 통솔     일반 정치      재판     고케닌의 통솔과     장원의 관리
 군사·경찰                            경찰 업무 담당
```

가마쿠라 바쿠후의 통치 체제 바쿠후는 중앙에 사무라이도코로를 설치하여 고케닌을 통제했고, 소송과 재판을 담당하는 몬추조를 두었다. 지방에는 슈고와 지토를 파견하여 관할 지역의 고케닌을 통제했다.

리기 위해 군사를 일으켰다. 하지만 세상은 점점 무사들의 눈치를 볼 수밖에 없는 형국이 되어 갔다. 가마쿠라 바쿠후의 성립은 귀족 지배를 무사 지배가 대체하고 봉건 사회의 성립을 알린 일본 역사상 두 번째 전환기였다.

마사코, 위기에 처한 바쿠후를 구하다

1221년, 마침내 덴노 측에서 대규모 전쟁을 일으켰다. 덴노가 과감하게 대규모 전쟁을 도발한 데에는 쇼군의 죽음이 한몫했다. 집안싸움으로 3대 쇼군 사네토모가 암살됨으로써 미나모토 가문의 쇼군 혈통이 끊어진 것이다. 덴노는 이 기회를 놓치지 않았다.

"역적 가마쿠라 바쿠후를 토벌하라. 승리하면 덴노 편에 가담한 무사들은 많은 상금을 받게 될 것이다!"

예상보다 많은 무사가 집결하자 덴노는 벌써 판세가 결정 난 듯 승리감에 도취되었다. 반면에 크나큰 위기를 맞은 바쿠후와 그 편에 섰던 무사들은 안절부절못했다. 이때 위기에 빠진 바쿠후를 구해 낸 것은 요리토모의 미망인인 마사코였다. 오래전 다이라 가문에 패해 죽은 요시토모에게는 네 아들이 있었다. 그중 한 명이 요리토모였다. 그는 다이라씨의 포로가 되어 20여 년간 유배 생활을 했다. 복수의 기회를 노리며 인고의 시간을 보내던 요리토모 앞에 한 여인이 나타났다. 그녀는 유배지였던 이즈 영주의 딸 호조 마사코였다. 요리토모가 큰 그릇임을 알아본 마사코는 그와 사랑에 빠졌다. 이 사실을 알게 된 마사코의 아버지는 집안에 화가 미칠까 두려워 불같이 화를 냈지만 그녀의 결심을 꺾을 수는 없었다. 모든 장애를 딛고 마사코와 결혼한 요리토모는 훗날 군사를 모아 다이라씨를 밀어내고 권력을 장악했다. 하지만 요리토모는 1198년 한 행사에 참석하고 돌아오는 길에 말에서 떨어져 53세의 나이로 죽었다. 마사코는 남편이 죽자 속세를 떠나 불교에 귀의했다.

비구니가 된 그녀를 다시 가마쿠라로 불러온 것은 많은 무사가 덴노 편으로 돌아서면서 바쿠후가 위기에 빠졌다는 소식이었다. 마사코는 남편이 어렵게 일궈 놓은 바쿠후가 이대로 무너지는 모습을 지켜

볼 수 없었다. 마사코는 급히 무사들을 불러 모았다. 저택의 정원을 가득 메운 무사들 앞에 모습을 드러낸 마사코는 격한 어조로 연설을 시작했다.

"여러분! 우리 무사들의 삶이 과거에 어떠했는지 모두들 기억하실 겁니다. 귀족의 집이나 지키며 하인 취급받던 시절, 우리 무사를 지금의 자리까지 끌어올려 준 사람이 누구였습니까? 3년간의 힘든 궁궐 경비를 6개월로 단축해 준 사람이 누구였습니까? 돌아가신 쇼군 요리토모 공 아닙니까? 그토록 깊은 은혜를 잊고 어찌 조정 편에 가담할 수 있단 말입니까? 조정 편에 가담할 사람은 이곳을 당장 떠나십시오. 그렇지 않은 사람은 이곳에 남아 바쿠후를 위해 끝까지 싸워 주십시오."

마음을 움직이는 호소였다. 무사들은 바쿠후가 성립되기 전 자신들의 비참한 생활을 회상하며 눈물을 흘렸다. 지금의 생활을 지키기 위해서는 서로 단결해야 한다는 사실을 비로소 깨닫는 순간이었다.

무사들의 결심만으로도 승부는 이미 결정된 것처럼 보였다. 덴노 편에 섰던 사람들은 이들의 기세에 밀려 뿔뿔이 흩어졌다. 일본 연호 조큐 3년에 일어나 '조큐의 난'이라 불리는 이 사건은 덴노 측의 완전한 패배로 끝났다. 덴노 편에 섰던 귀족과 무사들의 영지는 모두 바쿠후 편에 섰던 무사들에게 새로 분배되었다. 바쿠후 편에서 싸운 동쪽 지역의 무사들이 서쪽 지방의 관리로 파견되어 빈자리를 메웠다. 이로써 바쿠후의 힘이 멀리 서쪽까지 미칠 수 있었다. 바쿠후가 명실공히 전국을 통치하는 세력이 된 것이다.

이제 바쿠후의 권력은 이중 지배의 균형을 깨고 교토의 조정에 대해 절대 우위를 차지할 정도가 되었다. 이후 쇼군의 자리는 교토의 황

조큐의 난 진행 상황

조큐의 난 이전 호조씨의 슈고 영지
조큐의 난 이후 늘어난 호조씨의 슈고 영지
→ 바쿠후 군의 진로

동해

고쿠후

다루이 오이도
스노마타
교토
우지
하시모토
가마쿠라

태평양

조큐의 난 호조 마사코를 중심으로 하는 무사들은 가마쿠라에 집결하여 불과 1개월 만에 교토를 점령했다. 조큐의 난 이후, 바쿠후로부터 새로 임명된 지토들이 서쪽 지역에 대거 진출했다.

실이나 귀족 집안에서 초빙되었지만 허상에 불과했고, 요리토모의 처가인 호조씨가 실권을 잡게 되었다. 호조씨는 유력 호족을 제압하고 쇼군을 보좌하는 싯켄(執權) 자리를 세습하면서 정권을 장악했다. 싯켄 정치는 마치 힘없는 덴노를 대신해 셋쇼와 간바쿠가 나랏일을 맡았던 '셋칸 정치'와 비슷했다.

● 무사 시대와 자연환경의 관계

일본은 네 개의 주요 섬으로 이루어져 있다. 해안선이 들쭉날쭉하고 급류 지역이 많으며, 호수도 곳곳에 있다. 이러한 지리적 요소 때문에 일본은 다른 나라들에 비해 각 지역의 특색이 강하

간토 오조니와 간사이 오조니 일본에서는 새해를 맞이하여 오조니를 먹는다. 일본식 떡국인 오조니는 찹쌀로 만든 떡을 지역에 따라 미소 장국이나 간장으로 간한 국물에 넣고 끓여 먹는 음식이다.

다. 지금도 도쿄 등이 위치한 중부의 간토 지방과 오사카·교토를 중심으로 하는 남부 간사이 지방을 비교해 보면, 방언의 차이가 뚜렷하고 식재료와 요리법도 많이 다르다. 설에 먹는 일본식 떡국인 오조니만 해도 그렇다. 간토 지방에서는 간장으로 간한 맑은 국에 절편을 넣어 먹는 데 비해, 간사이 지방에서는 둥글게 빚은 떡을 미소 장국에 넣어 먹는다.

지역에 따라 사람들의 성격에도 차이가 있다. 간사이 사람들은 말이나 감정을 거리낌 없이 표현하며 '혼네'라고 하는 속마음을 잘 드러내는 편이다. 이에 비해 간토 사람들은 굉장히 정중한 태도에 점잖은 말씨를 사용하며 감정도 잘 드러내지 않는 편이다. 일본 사람들은 서로의 이해가 걸린 문제에 대해 타협을 잘하는데, 각 지역의 독자성을 존중하는 방법을 오랫동안 터득해 온 결과라 할 수 있다.

2 | 몽골의 침입을 물리치다

몽골과 싸움을 벌이다

1274년에 칠흑 같은 어둠을 뚫고 수백 척의 배가 쓰시마로 향했다. 2만 3,000명(원군 1만 5,000명, 고려군 8,000명)으로 이루어진 고려와 원나라의 연합 원정군이었다. 원은 남송이 일본과의 무역으로 이익을 얻고 있는 것에 주목하고, 남송을 제압하기 위해서는 일본의 복속과 협조가 필요하다고 판단했다. 그러나 바쿠후는 원의 항복 요구를 거절하고 남송과의 교류를 계속했다. 바쿠후의 태도에 화가 난 원은 마침내 대규모 원정군을 이끌고 일본으로 쳐들어 왔다. 원은 몇 차례 사신을 보내 일본에 항복을 요구했지만, 바쿠후는 여러 차례의 회의를 거친 끝에 맞서 싸우기로 결정했다.

바쿠후는 원의 침입에 대비해 규슈 해안의 경비를 강화했다. 규슈 지역의 고케닌이 앞장서 방위 태세를 갖추었다. 바쿠후는 전쟁에 필요한 비용을 대기 위해 고케닌은 물론 각지의 무사를 비롯해 장원과 사원에 군사와 물자, 식량 등을 부담하게 했다. 원정군은 쓰시마와 이키 등 고려와 일본 사이에 있는 섬들을 차례차례 점령하고 일본 본토에 도착했다. 일본 역사상 최초의 외침이었다. 원정군은 화약, 대포 등 우수한 신무기를 갖춘 데 반해, 일본 무사들은 고작 긴 창이나 독화살로 공격을 막아 내야 했다. 화약과 대포의 위력에 겁을 먹은 일본 무사들은 좀처럼 앞으로 나아가질 못했다. 일대일의 기마전에 익숙한

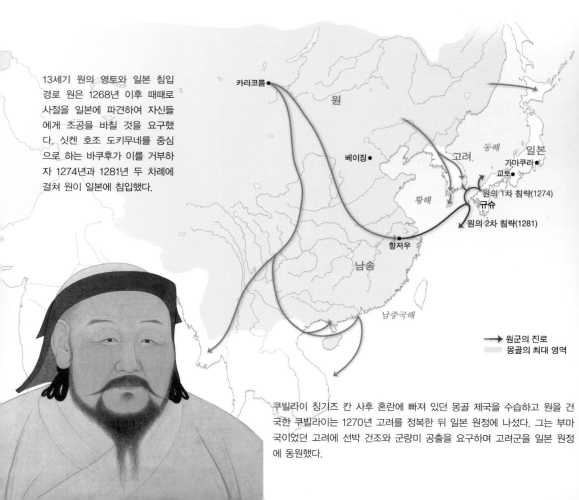

13세기 원의 영토와 일본 침입 경로 원은 1268년 이후 때때로 사절을 일본에 파견하여 자신들에게 조공을 바칠 것을 요구했다. 싯켄 호조 도키무네를 중심으로 하는 바쿠후가 이를 거부하자 1274년과 1281년 두 차례에 걸쳐 원이 일본에 침입했다.

→ 원군의 진로
몽골의 최대 영역

쿠빌라이 칭기즈 칸 사후 혼란에 빠져 있던 몽골 제국을 수습하고 원을 건국한 쿠빌라이는 1270년 고려를 정복한 뒤 일본 원정에 나섰다. 그는 부마국이었던 고려에 선박 건조와 군량미 공출을 요구하며 고려군을 일본 원정에 동원했다.

일본 무사들에게 막강한 화력을 앞세워 대규모로 공격해 오는 원의 전술은 무척 당황스러웠다.

하지만 판세를 뒤집는 기막힌 일이 벌어졌다. 밤이 되자 공격을 중단하고 배로 철수한 원정군을 향해 갑자기 태풍이 불어닥치고 산더미 같은 파도가 휘몰아쳤다. 새벽까지 계속된 태풍으로 배는 형체를 알아보기 힘들 정도로 부서졌고 바다에 빠진 원정군은 대부분 익사했다. 아침이 밝았을 때 바다 위는 배의 파편과 원정군의 시체들로 가득했다. 살아서 고국으로 돌아간 원정군은 1만여 명에 불과했다.

이후에도 쿠빌라이는 일본에 몇 차례 사신을 보내 항복을 권유했다. 그때마다 바쿠후는 원에서 온 사신을 죽임으로써 바쿠후의 뜻을 분명히 했다. 죽기를 각오하고 맞서 싸우겠다는 의미였다. 바쿠후는 해안 쪽에 돌로 축대를 새로 쌓고 전투 준비에 돌입했다. 1281년, 원정군은 2차 침입을 단행했다. 지난 침입 때의 여섯 배에 해당하는 14만 명의 군사를 이끌고 쳐들어왔다. 그러나 바쿠후 무사들이 완강히 저항해 원정군은 쉽게 상륙할 수 없었다. 게다가 이번에도 하늘이 도운 것일까. 때마침 불어닥친 태풍이 원정군을 휩쓸었다. 달아나던 패잔병들 역시 뒤따라온 일본군의 공격으로 모두 물에 빠져 죽었다. 가까스로 목숨을 구해 고국으로 돌아간 사람은 겨우 수만 명에 불과했다. 여름이면 태풍이 여러 차례 불어닥치는 일본의 계절적 특성을 몰랐던 데다 바다에서 싸워 본 경험도 많지 않은 원정군이 무모하게 일본을 공격한 결과였다.

두 차례에 걸쳐 크나큰 위기를 맞은 일본은 때마침 불어닥친 태풍 덕분에 위기를 모면할 수 있었다. 원과의 전쟁에서 태풍이 승리를 도

〈몽고습래회사〉 바쿠후는 규슈의 고케닌을 동원하여 원군과 싸웠으나, 대규모 군사를 철저하게 훈련시킨 원군의 집단 전술과 화약 때문에 고전을 면치 못했다. 〈몽고습래회사(蒙古襲來繪詞)〉는 여원 연합군을 맞아 싸운 일본 무사 다케자키 스에나가(오른쪽)를 그린 13세기 두루마리 그림이다.

왔다는 소식이 전해지자 일본인들은 이를 신의 바람, 즉 '가미카제(神風)'라 불렀다. 신과 부처에 대한 일본인들의 신앙도 더욱 깊어졌다. 이러한 분위기는 훗날 '일본이 신의 나라'라는 신국(神國) 사상을 강화하는 계기가 되었다.

가마쿠라 바쿠후의 최후

두 차례에 걸친 원과의 전쟁은 가마쿠라 바쿠후에 선물과 재앙을 동시에 가져다주었다. 먼저, 선물은 전쟁을 계기로 지금까지 바쿠후의 힘이 미치지 못했던 지역의 무사들까지 장악할 수 있게 된 점이다. 전

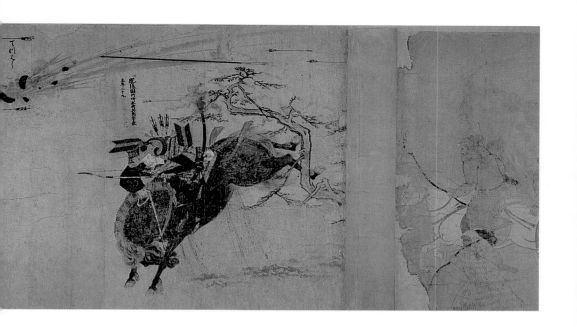

쟁을 핑계 삼아 그동안 바쿠후의 영향력에서 비껴나 있던 장원에서도
세금을 걷을 수 있었다. 바쿠후의 세력이 커지면서 조정과 귀족들의
세력은 상대적으로 더욱 약화되었다.

　재앙은 바쿠후 권력을 뒷받침해 주는 고케닌이 전쟁으로 돌이킬 수
없는 경제적 타격을 입었다는 점이다. 고케닌은 스스로 비용을 마련
해 전쟁에 나갔다. 따라서 전쟁에서 승리한 뒤에는 합당한 대가를 기
대하게 마련이었다. 하지만 원과의 전쟁은 침략이 아닌 방어전이었기
때문에 승리의 대가로 고케닌에게 나누어 줄 토지는 없었다. 열심히
싸워 이긴 뒤에도 돌아오는 전리품이 없자 고케닌은 크게 실망했다.
게다가 바쿠후에서 원의 재침략에 대비해 계속해서 고케닌에게 군비 부담을 늘리자 이들의 생활은 더욱 곤궁해졌다. 이런 상황에서 바쿠후는 대책을 마련하기는커녕 통제를 한층 강화해 고케닌의 반발을 불러왔다.

한편, 바쿠후와 고케닌의 관계가 악화되는 것을 보며 흐뭇해 하는 사람이 있었다. 고다이고 덴노였다. 그는 이러한 혼란을 틈타 바쿠후를 무너뜨릴 계획을 세웠다. 고다이고 덴노는 즉시 전국에 공문을 보내 바쿠후를 타도하겠다는 뜻을 밝혔다. 하지만 일을 치르기도 전에 계획이 탄로 나 거병은 실패로 끝났고, 고다이고 덴노는 오키 섬으로 유배되었다. 하지만 이듬해, 고다이고 덴노의 아들을 비롯해 바쿠후에 불만을 가진 무사들이 재차 거병했다. 유력 고케닌인 아시카가 다카우지 역시 바쿠후를 배반하고 덴노 편에 가담했다. 다카우지의 배신은 바쿠후에 치명상을 입혔다.

두 세력 간의 마지막 결전은 가마쿠라에서 벌어졌다. 파죽지세로 진격하는 반(反)바쿠후 세력에 맞서 바쿠후군은 필사적으로 저항했다. 하지만 전세를 역전시키기는 무리였다. 불타오르는 바쿠후 건물을 베게 삼아 장수들이 하나둘 쓰러지면서 가마쿠라 바쿠후는 최후를 맞았다.

무로마치 바쿠후가 세워지다

작은 승리에 도취된 고다이고 덴노는 조

고다이고 덴노 가마쿠라 바쿠후를 타도하기 위해 거병했다가 실패해 오키 섬에 유배됐다. 그러나 각지에서 바쿠후에 반대하는 움직임이 고조되자, 오키 섬에서 탈출하여 1336년 가마쿠라 바쿠후를 무너뜨리는 데 성공했다.

만간 자신의 세상이 올 거란 기대에 부풀었다. 그러나 그것이 얼마나 부질없는 욕심인가를 깨닫는 데에는 오랜 시간이 걸리지 않았다. 전쟁을 승리로 이끈 무사들은 이번에도 아무런 대가가 돌아오지 않자 덴노에 대한 불만을 쏟아 냈다. 사실 가마쿠라 바쿠후를 물리치는 데 협력한 무사들이 덴노 중심의 세상이 오기를 바라고 덴노 편에 선 것은 아니었다. 그들은 단지 가마쿠라 바쿠후를 타도해 자신들의 지위를 탄탄히 하고 좀 더 윤택한 생활을 누리려고 했을 뿐이었다. 덴노의 권력을 부활하고자 한 고다이고 덴노의 야망은 무사들과는 동상이몽이었다. 기대한 만큼 포상과 토지가 돌아오지 않자 무사들은 이내 덴노에게 등을 돌리고 자신들의 요구를 충족시켜 줄 사람이 나타나기를 기다렸다.

쏟아져 나오는 불평불만을 이용해 무사들을 결집한 인물은 다름 아닌 아시카가 다카우지였다. 다카우지는 가마쿠라 바쿠후의 멸망에 결정적인 역할을 했음에도 조정으로부터 이렇다 할 직책을 얻지 못했다. 비록 쇼군이 허수아비 자리였지만 그마저도 덴노의 아들에게 돌아가자 불만은 더욱 커졌다. 때마침 덴노가 새로운 궁전을 짓는다는 소식에 세금을 내야 하는 무사와 농민

아시카가 다카우지 1338년 쇼군에 임명된 다카우지는 교토에 무로마치 바쿠후를 세웠다. 1358년 남북조 내란 중 규슈 원정을 계획하다가 병사했다.

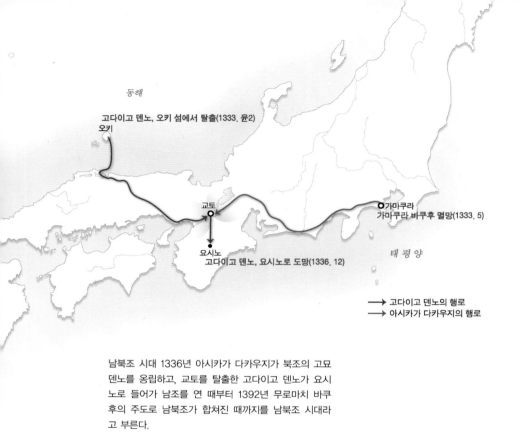

동해

고다이고 덴노, 오키 섬에서 탈출(1333. 윤2)
오키

교토

가마쿠라
가마쿠라 바쿠후 멸망(1333. 5)

태평양

요시노
고다이고 덴노, 요시노로 도망(1336. 12)

→ 고다이고 덴노의 행로
→ 아시카가 다카우지의 행로

남북조 시대 1336년 아시카가 다카우지가 북조의 고묘 덴노를 옹립하고, 교토를 탈출한 고다이고 덴노가 요시노로 들어가 남조를 연 때부터 1392년 무로마치 바쿠후의 주도로 남북조가 합쳐진 때까지를 남북조 시대라고 부른다.

들 사이에서 불만의 목소리가 높아져 갔다. 조용히 무사들을 모으던 다카우지는 그제야말로 움직일 때라고 판단했다.

"더는 참을 수 없다. 덴노를 몰아내고 바쿠후를 다시 세우자!"

1336년, 다카우지는 고다이고를 가두고 새로운 덴노를 즉위시켰다. 그는 새로운 덴노로부터 쇼군의 지위를 얻어 내어 바쿠후를 열었다. 쇼군의 저택이 교토의 무로마치에 있었기 때문에 새로운 바쿠후에는 무로마치 바쿠후란 명칭이 붙었다.

다카우지에게 패한 고다이고 덴노는 여기서 순순히 물러나지 않았다. 그는 군사들이 방심한 틈을 이용해 교토 남쪽의 요시노로 탈출했다. 고다이고 덴노가 그곳에서 새로운 조정을 세우고 다카우지에 맞서자, 한 나라에 두 명의 덴노가 존재하는 황당한 상황이 빚어졌다. 고다이고 덴노가 요시노에 세운 조정인 남조와 다카우지에 의해 지탱된 교토의 조정인 북조는, 1392년에 다카우지의 손자이며 3대 쇼군인 요시미쓰가 남북조를 통일할 때까지 끊임없이 대립했다.

3 무사의 시대, 농민의 삶

무예를 목숨처럼 중시한 무사

바쿠후 지배 체제가 자리를 잡아 가자 무사들의 생활도 안정되었다. 영주이기도 한 무사들은 생활 터전인 영지가 있는 농촌에서 살았다. 무사의 저택은 거주지이자 방어 진지였다. 저택의 크기는 계급에 따라 수천 평에서 수만 평에 이르렀다. 무사와 가족이 거주하는 집을 중심으로 하인의 집, 창고, 훈련장 그리고 적이나 주위의 동정을 살피기 위해 높이 세워 놓은 망대 등이 배치되어 있었다. 창고에는 전투에 필요한 갑옷과 칼, 활 등 각종 무기가 보관되어 있었고, 저택의 담 둘레에는 외부의 침입을 막기 위해 판 도랑이 있었다.

저택 앞에 펼쳐진 영지 주변에는 농가가 모여 있었다. 영주는 직영지는 예속 농민에게 맡겨 농사를 짓게 하고, 그 밖의 경작지는 일반 농민에게 빌려 주어 그 대가로 수확의 일부를 받았다. 무사들이 오로

무사의 저택 무사의 집은 적의 침입에 대비해 특이한 구조로 만들어졌다. 대문에서 집 안이 보이지 않도록 내부는 미로와 같이 복잡했고, 실내에서 칼을 들고 싸울 수 있도록 천장이 높았으며, 다다미 바닥을 뚫고 들어오는 자객에 대비해 안이 훤히 들여다보이도록 만들어졌다.

지 무예에만 전념할 수 있었던 것은 이처럼 생산 활동을 대신해 주는 농민이 있었기 때문이다. 무사에게 영지를 지키는 일은 곧 목숨을 지키는 일과 같았다. 이를 위해 무사는 쉼 없이 무예를 닦으며 늘 적과 싸울 준비를 하고 있어야 했다. 다음의 일화는 당시 무사에게 무예가 얼마나 중요한 능력이었는지를 잘 말해 준다.

어느 무사가 무거운 죄를 지어 고을 수령 앞에 서게 됐다. 그 무사에게는 한 가지 시험이 주어졌다. 그것은 고을에서 가장 거칠다는 말을 타고 세 개의 화살을 세 개의 과녁에 차례로 맞히는 것이었다. 달

가마쿠라 시대 무사의 생활 가마쿠라 시대 초기의 전투는 주로 기마전으로 활이 중요한 무기였으므로 오른쪽 그림에서처럼 군사들은 말 위에서 활을 쏘아 표적을 맞추는 훈련을 받았다. 원의 침입 이후 마상 활쏘기 대신 매복 또는 기습 등의 지형을 충분히 이용한 전술이 수용됐다. 이에 따라 왼쪽 사진에서처럼 갑옷에도 투구를 비롯한 다양한 부속품이 붙게 됐다.

리는 말 위에서는 하나의 과녁을 맞히기도 어려운데, 그 무사는 모든 과녁에 정확히 화살을 꽂았다. 그의 뛰어난 기량에 감동한 수령은 중죄인임에도 불구하고 무사를 풀어 주었다. 무사에게 무예는 최고의 가치였기 때문이다.

이처럼 무예를 중요하게 여기는 당시의 분위기를 배경으로 생겨난 말이 '잇쇼켄메이(一生懸命)'와 '안도(安堵)'다. 잇쇼켄메이란 무사가 목숨을 걸고 토지를 지키는 것이고, 안도는 영지의 소유권을 인정받아 안도의 한숨을 돌린다는 뜻이다. 이는 생활의 기반인 영지를 목숨 걸고 지켜야 하며, 주군으로부터 영지의 소유권을 인정받는 문서를 얻고 나서야 안도의 한숨을 내쉬었던 당시 무사의 처지를 잘 말해 준다.

한편, 조큐의 난 이후 바쿠후의 세력 범위가 간사이 지방에까지 이르자 장원 지배를 위해 파견된 지토와 장원 영주, 그곳에 살고 있는 백성들 사이에 법적 분쟁이 증가했다. 토지 상속을 둘러싼 싸움까지 빈번해지면서 송사가 늘어나자 공정한 재판 기준이 필요해졌다. 1232년, 가마쿠라 바쿠후는 마침내 51개조에 달하는 최초의 무가법인 고세이바이시키모쿠(御成敗式目)를 제정했다. 여기에는 참수와 유배를 비롯하여 토지 몰수, 지위 박탈, 손가락 절단 형벌 등 다양한 내용이 포함됐다. 무가법의 제정은 귀족 중심의 이전 법으로부터 독립을 의미했다. 무로마치 바쿠후 시기에도 기본적으로 재판의 기준은 고세이바이시키모쿠였다.

힘겨운 농민의 처지는 그대로

14세기 무로마치 바쿠후 시대에 이르러 작물을 1년에 두 번 재배할 수 있는 이모작이 전국적으로 실행되었다. 기후 조건이 좋은 오사카 주변의 세토나이카이 지역에서는 삼모작도 가능했다. 일본을 방문한 조선통신사는 기행문에 당시 농촌 풍경을 이렇게 묘사했다.

> 일본의 농가는 가을에 논을 일구어 그 자리에 보리와 밀을 심고, 이듬해 초여름에 그 보리와 밀을 추수한 다음 모내기를 하고, 이른 가을에 벼를 추수한 다음 메밀을 심는다. 이른 겨울 메밀을 추수한 다음 보리와 밀을 심는다. 이처럼 세 번씩이나 재배를 할 수 있는 것은 냇물의 흐름을 막아 밭에 물을 대어 논을 만들거나 논의 물을 빼서 밭으로 만들 수 있기 때문이다.

농민들의 세금 납부 농민들이 마을 촌장의 집에서 쌀가마를 부리고 있다. 농민들은 해마다 내야 할 세금을 쌀로 치렀으며, 촌장들은 다시 그 쌀을 영주에게 바쳤다. 농민들은 자기가 수확한 곡식을 조금밖에 못 가졌으며, 전보다 더 많은 세금을 거둬들인 아시카가 쇼군 치하에서는 그 몫이 크게 줄어들었다.

논에서 벼, 보리, 메밀의 삼모작이 가능했던 것은 관개 시설과 배수 기술이 상당히 발전했기 때문이다. 말을 이용해 밭을 경작하는 마경(馬耕)과 소를 이용하는 우경(牛耕)으로 생산력을 높였고, 퇴비와 금비(사람의 분뇨)도 널리 이용되었다. 덕분에 예전에 비해 농업 생산량이 늘고 생활도 풍족해졌다. 식사가 1일 2식에서 3식으로 바뀐 것도 이 무렵이었다.

그러나 농민 대다수는 여전히 남의 땅을 경작하는 소작인이었다. 그나마 '묘슈(名主)'라 불리는 농민은 형편이 나은 편이었다. 이들은 작게나마 자신의 땅을 가지고 있었고, 직접 경작하지 않는 나머지 땅은 소작을 주었다. 그렇다고 묘슈가 영주가 부과하는 무거운 세금을 피할 수 있었던 것은 아니다. 전체 쌀 수확량의 3~5할을 세금으로 내고, 보리, 조, 콩과 같은 밭작물에 대해서도 절반을 세금으로 바쳐야 했다. 이 밖에 과일, 석탄 등의 특산물도 따로 바쳐야 했으며, 말을 끌고 영주의 논밭을 경작하는 일에도 동원되었다. 게다가 영주가 여행이라도 가게 되면 그 짐을 운반하는 일까지 묘슈가 떠맡았다. 묘슈는 이러한 부담을 다시 소작인에게 떠넘겼으므로, 농촌에서 이를 모두 감당하는 사람은 바로 힘없는 소작농이었다. 농민의 삶은 갈수록 궁핍해졌고, 심지어 처자식을 팔아넘기는 일까지 벌어졌다.

백성들 사이에 집단의식이 싹트다

전쟁으로 나라가 어수선해지자 농민들 사이에 집단을 형성하려는 움직임이 일었다. 농민의 집단적 움직임은 이전에도 있었지만 본격적인 조직화의 움직임이 나타난 것은 남북조 시대 이후다. 그 중심에는 '소(惣)'라는 농민 조직이 있었는데, '일치단결'의 의미가 담겨 있었다. 농민들은 소를 중심으로 농사에 필요한 공동 용지를 확보하고, 농사에 필요한 물을 공동 관리하면서 외부의 압력에 대항했다. 특히 농사에서 절대적인 위치를 차지하는 물을 얻기 위해 저수지나 보를 확보하는 등 영주의 횡포에 맞서 관개용수를 얻는 데 힘썼다. 이처럼 소는 영주의 부당한 압력에 대항하면서 세력을 키워 나갔다. 처음에는 개별적으로 운영되던 소들이 시간이 지나면서 연합을 해서 요구사항을

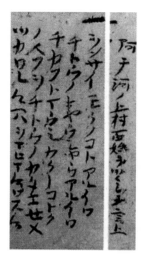

농민의 고소장 지토의 부당한 대우에 항의하며 1275년 작성된 아테가와 장원 농민의 고소장이다. 일본에서는 농민봉기를 '잇키(一揆)'라고 한다. 잇키는 '방식을 같이 한다'는 것으로 하나의 목적을 위해 일치단결한다는 뜻이다. 한 촌락뿐만 아니라 몇몇 촌락이 연합하여 잇키를 일으키는 경우가 많았는데, 봉기의 중심은 각 촌락의 지도자인 오토나(大人)들이었다.

강력하게 전달했다. 소의 구성원들은 영주에게 세금의 감면을 요구하거나 농업 시설 보수비 등을 청구하며 단결했다. 요구가 받아들여지지 않을 경우 토지를 내팽개쳐 두고 다른 지역이나 산으로 도망치기도 했다.

소를 구성하는 15~60세의 남자들은 회의를 소집해 주요 사항을 의논하고, 한마음을 이룬다는 의미로 술을 나눠 마시면서 화합을 다졌다. 또한 토지나 절을 지켜 주는 신에게 제사를 올리는 의식을 통해 공동체 의식을 키워 나갔다.

도시의 사정도 농촌과 별반 다르지 않았다. 행정 구역상 우리의 동(洞)에 해당하는 '마찌(町)'의 주민이 소의 구성원이 되었다. 이들은 회의와 연중행사를 통해 단합을 강조하는 한편, 소의 규칙을 어긴 사람은 엄벌에 처했다. 소를 배신하거나 분위기를 어지럽힌 사람은 모든 가옥과 재산을 몰수당하고 처자식과 함께 소에서 추방당했다. 흉년으로 대기근에 빠진 어느 마을에서는 공동 식량을 훔친 가족이 소의 결정에 따라 사형을 당하기도 했다. 이처럼 소는 강한 결속력과 연대 의식을 바탕으로 성장해 나갔다.

무사들의 조직인 무사단의 성격도 이와 비슷했다. 집단의 규율을 어겨 따돌림을 당하는 사람에게는 말조차 걸지 않았기 때문에, 구성원들은 동료들의 눈 밖에 나지 않으려고 노력했다. 오늘날까지 이어지는 일본인 특유의 집단의식은 이 시기에 형성되었다고 할 수 있다.

일본인의 집단의식을 보여 주는 마츠리 일본인들의 협동 정신의 원천은 어려서부터 일생에 걸쳐 수차례 경험하는 마츠리라고 해도 과언이 아니다. 마츠리는 놀이를 통해 주민 간의 집단의식을 고양하는 가장 일본다운 행사이다.

● 무사의 신앙

일본은 6세기 초의 게이타이 덴노부터 지금의 아키히토 덴노까지, 황실이 약 1500년 동안 하나의 혈통으로 이어져 왔다고 믿고 있다. 이처럼 긴 시간 동안 대가 끊기지 않고 내려올 수 있었던 것은, 덴노에게 실권이 없었기 때문이다.

무사는 전투나 중요한 일에 나설 때 조상신(수호신)에게 제사를 지냈는데, 이것은 종교 의식이면서 일상생활이었다. 아마테라스 오미카미와 하치만 신은 대표적인 조상신이었다. 무사들은 특히 전쟁의 신 하치만과 '고료(御靈)'를 숭배했다. 일본 사람들은 원한을 품고 죽은 사람의 영혼이 자신을 불행하게 만든 상대는 물론이고 관계가 없는 사람에게도 해를 끼친다고 믿었다. 따라서 죽은 사람들의 원령을 위로하기 위해 신으로 받들었는데, 이를 고료 신앙이라 한다. 사람의 영혼을 두려워하는 마음이 고료 신앙의 출발이었다. 이러한 고료 신앙은 전쟁 때 죽은 적군도 아군과 동시에 모시도록 했다.

덴노가 긴 세월 동안 대를 이어 갈 수 있었던 것도 이러한 신앙과 관계가 있다. 제아무리 쇼군이라도 최고신 아마테라스 오미카미의 후손인 덴노를 함부로 대할 수는 없었다. 700년간 지속된 강력한 무사 정권 아래에서 힘없이 상징적으로만 존재하던 덴노는 신의 아들임을 전면에 내세워 자신을 보호할 수 있었다.

4 | 무사들이 가꾼 새로운 문화

킨카쿠지와 긴카쿠지가 세워지다

북조의 주도하에 남북조가 통일되면서, 무로마치 바쿠후가 바야흐로 안정을 찾아가고 있었다. 1397년, 봄 햇살이 가득한 어느 날 교토 북쪽에 화려한 저택이 한 채 완성되었다. 강력한 권력을 행사했던 3대 쇼군 아시카가 요시미쓰의 저택이었다. 이 저택은 바쿠후의 풍요와 여유를 보여 주듯 전국 각지에서 수집한 진귀한 돌과 나무로 화려하게 장식되었다.

요시미쓰는 새로 지은 저택을 한참 동안 흐뭇하게 바라보았다. 남쪽으로 낸 대문을 통해 안으로 들어가면 큰 연못 입구에 아치형 다리가 놓여 있고, 연못 중간에는 작은 섬을 만들어 불당으로 들어가는 길이 이어지도록 했다. 요시미쓰는 이곳을 '사슴이 노는 정원'이라는 의미의 로쿠온지(鹿苑寺)라 불렀다.

요시미쓰가 죽은 뒤, 저택은 그의 유언에 따라 사찰로 바뀌었다. 그 후 이곳은 연못에 세워진 금으로 장식된 누각 때문에 킨카쿠지(金閣 寺)라는 이름으로 널리 알려졌다. 3층으로 이루어진 킨카쿠지는 1층 은 후지와라 시대의 귀족풍, 2층은 가마쿠라 시대의 주택 양식, 3층은 당나라의 불교 양식으로 꾸며졌다. 시대를 대표하는 세 가지 주요 건 축 양식을 조화롭게 배치해 다양한 문화의 융합을 보여 주었다. 건물 에 금박을 입히는 데만 약 100만 냥의 돈이 들어갔다. 지금의 화폐 가 치로 따지면 수천억 엔에 해당하는 엄청난 금액이었다.

1482년, 킨카쿠지에 비견되는 또 하나의 건축물이 교토에 지어졌 다. 8대 쇼군 아시카가 요시마사가 지은 별장이었다. 정치에 관심이 없던 요시마사는 어지러운 현실과 거리를 두려고 했다. 이러한 그가 심혈을 기울여 완성한 긴카쿠지(銀閣寺)는 은은하고 소박한 분위기를 풍겼다. 긴카쿠지는 실제로 은을 입힌 것이 아니라 겨울 눈 속에 비친 누각의 모습이 은을 칠한 것처럼 보인다 하여 붙은 이름이다.

무로마치 바쿠후 시대에 유행한 불교는 선종이었다. 선종은 설법보 다 참선과 정신 수양을 중요시했기 때문에 화려한 색채나 장식을 멀 리했다. 무사들도 순간의 화려함보다 영원히 변하지 않는 자연의 아 름다움을 더 귀하게 여겼다. 이끼 긴 돌과 흰모래만으로 장식한 긴카 쿠지의 정원은 은은한 정취를 자아낸다.

어느 날 요시마사를 가까이에서 모시던 고케닌이 물었다.

"쇼군, 저 가하학적 형태의 모래 기둥은 무엇을 표현한 것입니까?"

"달을 바라보는 누각이다."

"그럼 평평하게 갈퀴질이 된 모래 마당은 무엇입니까?"

킨카쿠지 원래의 킨카쿠지는 1950년에 불타 버렸고, 지금의 건물은 1955년에 재건한 것이다. 과거에는 오른쪽에 2층으로 이어지는 긴 회랑이 있었다. 1994년에 유네스코 세계 문화유산으로 등록되었다.

긴카쿠지 칙칙한 빛을 띤 목조 건물로, 화려한 킨카쿠지에 비해 수수해 보인다. 1층은 서원 양식, 2층은 불전 양식으로 되어 있다. 은빛 모래 마당은 긴카쿠지의 진정한 매력을 볼 수 있는 곳이다.

"은빛 모래의 파도이니라."

킨카쿠지를 지은 요시미쓰가 덴노의 자리까지 노릴 정도로 권력욕이 강했던 반면, 요시마사는 끊임없이 쇼군의 책임에서 벗어나고자 했다. 두 사람의 상반된 성격이 건축물에도 그대로 드러나 있다. 킨카쿠지가 권력을 향해 치닫는 욕망을 표현한 화려함의 절정이라면, 긴카쿠지는 권력과 세상으로부터 멀리 떨어진 은둔의 공간이었다.

다도, 생활 속에 널리 퍼지다

거듭되는 전란 속에서 마음의 평정은 무엇보다 중요했다. 마음의 평정을 찾는 데에는 참선과 다도만 한 것이 없었다. 무로마치 바쿠후 시대에는 이 같은 분위기에 따라 다도가 널리 퍼졌다.

다도는 주로 다실에서 이루어졌다. 다실의 규모는 대부분 다다미°4.5장을 깔 수 있는 정도로 조촐하고 아담했다. 다실에는 '도코노마(床の間)'라는 공간이 있었다. 도코노마는 방바닥보다 한 층 높게 만들어진 곳으로, 벽에는 족자를 걸고 바닥에는 화병 등을 올려놓았다. 여기에는 보통 화려하지 않은 장식을 하거나 계절에 어울리는 꽃꽂이를 해 두었다. 도코노마야말로 다실의 한적하고 소박한 아름다움을 돋보이게 하는 곳이라 할 수 있다.

무사들은 차를 마시며 이야기를 나누는 모임인 다회를 통해 품위를

● **다다미** | 방바닥에 까는 왕골이나 부들로 만든 돗자리다. 다다미 1장 크기는 180×90센티미터다. 오늘날까지도 일본은 방의 크기를 다다미 개수로 표현하기도 한다.

도코노마 교토의 텐류지에 있는 도코노마이다. 18세기 중엽부터는 서민의 집에서도 도코노마가 만들어졌다. 에도 시대의 소박했던 주택에서 도코노마는 유일한 장식 공간으로서 높은 상징성을 가졌다.

유지하고 친목을 다졌다. 특히 영주는 다회를 주관하면서 자신의 권위를 확인했다. 다회를 주관하는 영주에게 다기는 중요한 품목이었다. 특히 사람들이 최고로 치던 조선의 다기는 영주의 위신을 세우기에 안성맞춤이었다. 특히 막사발 모양의 조선 다기는 대단히 비싼 가격에 거래되었는데, 어떤 영주는 이런 조선 다기와 성(城)을 바꾸기도 했다고 한다. 임진왜란 때 일본이 수많은 조선 도공을 포로로 끌고 갔던 이유 중 하나도 다기를 선호했던 시대적 분위기와 관계가 깊었다.

　다회는 엄격한 절차에 따라 진행되었다. 다회가 열리면 손님들은 먼저 정원 입구의 대기실에 모인다. 손님들이 정원으로 들어가 준비되어 있는 자리에 앉아 잠시 기다리면 집사가 물통을 들고 와서 손 씻

차를 마시는 무사의 모습 무사들은 조용한 다실에서 화로에 올려둔 찻물이 끓는 소리를 들으면서 세상의 번뇌를 잊을 수 있었다.

는 그릇에 물을 채운다. 손을 다 씻으면 몸을 움츠려야 겨우 들어갈 수 있는 작은 문으로 집사가 사람들을 안내한다. 이때 영주는 안쪽에 있는 출입구를 통해 다실에 먼저 들어가 손님이 들어오기를 기다린다.

다회에서는 자리가 곧 신분의 상징이었다. 신분이 높은 사람은 앞쪽에, 신분이 낮은 사람은 뒤쪽에 앉았다. 손님이 모두 자리에 앉으면 영주는 '이로리(囲炉裏)'라는 실내용 화덕에 숯불을 피운다. 다 함께 숯불을 한동안 감상하고 있으면 집사가 가이세키(懷石) 요리를 내온다. 가이세키 요리란 허기를 달래 주는 간단한 요리로, 밥 한 주먹, 반찬 두 가지, 국 한 그릇의 조촐한 상차림으로 구성된다. 이 명칭은 수행 중인 젊은 승려들이 긴긴 겨울밤 배고플 때면 따뜻하게 데운 돌을 품속에 넣어 허기를 잊으려 했던 풍습에서 유래했다. 가이세키 요리로 요기를 한 뒤에는 다과가 나오고, 이어서 집사가 중간 휴식을 위해 손님들을 정원으로 안내한다. 손님들이 자리를 비운 사이에 영주는 다실에 꽃을 장식하고 차를 준비한다. 차 준비가 끝나면 영주는 종을 울려 손님들에게 신호를 보내고, 손님들은 집사가 준비한 그릇에 다시 한 번 손을 씻고 안으로 들어간다.

이제 본격적으로 다 함께 차를 음미하는 시간이다. 영주가 처음으로 내놓는 차는 맛이 옅은 우스차다. 차를 받은 손님은 차에 절을 하고, 찻잔을 오른손으로 들어 왼손에 올려놓는다. 그러고는 찻잔을 앞으로 가져와 시계 방향으로 두세 번 돌린 다음 세 번 반 정도로 나누어 차를 마시는데, 마지막에는 소리를 내어 마신다. 우스차를 다 마시면 영주는 다시 맛이 진한 고이차를 내놓는다. 고이차는 손님들이 나누어 마신다. 이는 마음을 서로 합한다는 의미다. 차를 다 마시면 주인은 다기와 다실에 대해 설명하고 다회를 마무리한다.

본래 차 문화는 덴노와 귀족들 사이에서 일찍이 유행했으나 무로마치 바쿠후 시대에 이르러 널리 보급되었다. 서민들 사이에서는 여러 종류의 차를 나누어 마시고 그 품종과 산지를 알아맞히는 투차(鬪茶)가 유행하기도 했다. 차의 재배 지역이 교토, 나라, 규슈의 하카다로 확대되고, 투차가 귀족에서 서민까지 골고루 즐기는 놀이로 널리 퍼지면서 다도는 하나의 문화로 생활 속에 깊숙이 자리 잡게 되었다.

5 | 전국 시대가 시작되다

무로마치 바쿠후가 무너지다

아시카가 요시미쓰가 무로마치 바쿠후를 안정시켜 전국 지배를 이룩하기 전까지, 지난 60년 동안 계속된 남북조 시대의 혼란은 슈고가 힘을 키우는 데 계기가 되었다.

"장원에서 거두어들이는 세금의 절반을 가져갈 수 있는 권한을 슈고에게 주겠다!"

바쿠후는 전란 중에 지방 무사를 자신의 편으로 끌어들이고, 그들에 대한 통제를 강화하려고

아시카가 요시미쓰 남북조 내란으로 바닥난 재정을 확보해야 하는 바쿠후와 명의 해금 정책으로 해외 무역이 어려워진 상인들의 요구로 아시카가 요시미쓰는 명에 사신을 보냈다. 이로써 9세기 후반 견당사 폐지 이후 단절되었던 공식 외교가 조공 무역으로 부활했고, 일본은 명 중심의 국제 질서에 편입됐다.

슈고 다이묘의 저택 일부 유력 슈고들은 강화된 권한을 바탕으로 바쿠후에 도전하기 시작했다. 이 무렵부터 슈고에 지방 유력자라는 뜻의 '다이묘'가 붙어 '슈고 다이묘'라는 말이 생겼다. 바쿠후는 이들의 영향력이 커지는 것을 두려워하여 교토에 거주하도록 강제했다. 〈낙중낙외도 병풍(洛中洛外 圖屛風)〉에 있는 슈고 다이묘 호소카와씨 저택의 모습이다.

전국의 슈고에게 세금의 절반을 군량미 명목으로 걷을 수 있는 권한을 주었다. 게다가 무사들을 통솔하는 사실상의 지방 군사권까지 부여했다. 바쿠후가 슈고에게 많은 것을 양보한 것처럼 보이지만, 슈고들은 바쿠후의 발표 전부터 이미 세금의 절반을 자신의 몫으로 가져가고 있었다. 이 무렵의 지방 정치는 슈고가 없으면 통제조차 안 되는 상황이었다. 슈고는 강력해진 권력을 바탕으로 지방의 감시자 역할을 벗어던지고 장원을 잠식했고 지토를 가신으로 삼아 영주로 변신했다. 이처럼 누구의 간섭 없이 한 지역을 다스리는 슈고를 이전의 슈고와 구분 지어 '슈고 다이묘(守護大名)' 라 불렀다.

슈고 다이묘는 바쿠후의 제지에도 불구하고 지배 지역에서 절대적인 힘을 굳혀 나갔다. 슈고의 자리가 오랫동안 세습되어 온 터라 바쿠후가 그들을 파면하기도 어려운 상황이었다. 바쿠후의 명령은 일부 지역에서나 영향력을 갖는 반면, 슈고 다이묘는 자신의 영지와 주변 지역으로 점점 세력을 확대해 갔다. 따라서 무로마치 바쿠후 시대에는 가마쿠라 바쿠후 시대와 달리 지방 자치적인 힘이 더욱 커졌다.

바쿠후의 권위가 추락하게 된 데에는 쇼군의 후사 문제가 결정적인 역할을 했다. 8대 쇼군인 아시카가 요시마사는 아들도 없는 데다 정치에도 관심이 없어서, 자신이 죽은 뒤 쇼군 자리를 동생인 아시카가 요시미에게 넘겨주기로 했다. 그러나 동생이 후계자 자리에 오른 지 이듬해, 요시마사의 부인이 아들을 낳았다.

"자기 핏줄에게 쇼군을 물려주는 것이 당연하지 않아요?"

부인은 어린 아들을 쇼군으로 만들기 위해 갖은 노력을 다했다. 아내의 집요함에 두 손 든 요시마사는 결국 아들에게 쇼군 자리를 물려주기로 했다. 후계자 문제를 둘러싼 요시마사의 어정쩡한 태도는 처가와 동생 간의 권력 다툼에 불씨가 되었다. 게다가 요시마사가 골치 아픈 정치 문제들을 뒤로 미루고 현실에서 도피해 버리는 사이에 눈덩이처럼 불어난 처가의 부정부패는 무사들의 신망을 잃게 했다. 후계자 문제를 둘러싸고 쇼군의 무능함이 만천하에 드러난 것이다.

1467년, 드디어 정치적 주도권을 잡으려는 두 세력 사이에서 전쟁이 벌어졌다. 지방의 병력들이 교토로 속속 집결하기 시작했다. 요시

● **슈고 다이묘** | 다이묘는 '크다'는 뜻의 '다이(大)'와 '소유자의 이름을 붙인 개인땅'이라는 뜻의 '묘(名)'를 합해서 만든 말로, '대토지를 소유한 사람'을 뜻한다. 따라서 슈고 다이묘는 '지방에 있는 대토지를 소유한 행정관'을 일컬었다.

오닌의 난 쇼군 가의 후계 문제를 둘러싸고 바쿠후의 실력자 호소카와 가문과 야마나 가문이 충돌하면서 전국 규모의 내란으로 번졌다. 호소카와의 동군은 24개국에서 16만 명의 군사를 모았고, 야마나의 서군은 20개국에서 9만 명의 군사를 모아 교토를 무대로 격렬한 싸움을 벌였다.

마사의 동생을 지지하는 자들은 16만 명의 병력을 동원해 교토 무로마치의 쇼군 저택에 진을 쳤고, 요시마사의 아들을 지지하는 자들은 9만 명의 군대로 평야에 진을 쳤다. 전국의 내로라하는 장수들을 비롯해 수많은 병사가 이 싸움에 참가하면서 교토는 전쟁터가 되어 버렸다. 두 군대의 전력이 비슷해 쉽게 승패가 나지 않다 보니 전쟁은 11년이나 지속되었다. 이 싸움을 '오닌의 난'이라 한다.

　오닌의 난으로 인해 쇼군의 권위는 회복하기 어려울 만큼 추락했다. 쇼군의 영향력이 미치는 지역은 교토 일대에 불과해졌다. 교토의 주택과 절이 불타고 귀족의 생활 기반도 완전히 무너졌다. 쇼군뿐만이 아니라 덴노의 권위도 땅바닥으로 떨어져서, 덴노가 20년 동안 즉위하지 못한 경우도 있었다. 덴노의 경제생활은 상상할 수 없을 만큼 궁핍해져서, 어떤 때는 비용을 마련하지 못해 덴노 즉위식이 10년이나 거행되지 못하기도 했다. 남북조 시대의 내란으로 커다란 타격을 입은 장원 제도 역시 이 시점에서 거의 무너졌다.

슈고 다이묘에서 센고쿠 다이묘로

오닌의 난 이후 무로마치 바쿠후는 슈고와 지방 무사를 통제하는 최고 권력 기관으로서의 역할을 하지 못하며 붕괴의 길로 접어들었다. 바쿠후의 권위가 곤두박질치면서 슈고 다이묘의 영향력은 더 커졌다.

하지만 전란을 거치면서 슈고 다이묘의 대리인이나 지방 토착 세력들이 슈고 다이묘를 몰아내는 경우가 많아졌다. 그중에는 슈고 다이묘를 뛰어넘는 실력자도 있었다. 이 시기에는 부하가 주군의 자리를 빼앗고 그 자리를 차지하는 하극상 풍조가 유행했다. 그들은 슈고 다이묘의 땅을 자기 것으로 만들고, 영주에게 세금도 납부하지 않았다. 전국에 퍼져 있는 쇼군의 토지도 그 지방의 실력자들이 자기 몫으로 챙겨 세금을 걷을 수 없게 만들었다.

바야흐로 중앙의 영향력에서 벗어나 강력한 무력을 갖추고 독자적으로 토지와 농민을 지배하는 실력자가 나타났다. 바로 '센고쿠 다이묘(戰國大名)'들이었다. 센고쿠 다이묘들이 영지를 확장하려는 전쟁이 끊이지 않았던 이 시기를 '전국(戰國) 시대'라고 부른다.

센고쿠 다이묘는 보호를 원하는 무사나 농민들과 주종 관계를 맺으며 점차 한 지역의 지배자가 되었다. 독자적 힘을 갖춘 센고쿠 다이묘들은 무사단을 이끌며 점차 독립 국가 형태를 완성하고 바쿠후와 쇼군의 권위를 부정했다. 센고쿠 다이묘는 평상시에는 힘을 바탕으로 신하들을 관리하고, 전쟁 중에는 백성과 영토를 보호했다.

그들은 분국(독립국가)의 중심에 신도시를 건설하여 거기에 가신들을 살게 하고 상공업을 진흥시켰다. 또한 토지 조사를 실시하여 재정을 튼튼히 했으며, 분국법을 제정했다. 분국법은 센고쿠 다이묘가 가신단을 통제하고, 자신의 영지 내에 있는 백성을 지배하기 위해 마련한 법이었다. 여기에는 농민의 도망 금지, 토지의 자유 매매 금지, 장자의 단독 상속, 조세 미납자나 도망자가 생기면 마을 전체가 연대 책임을 지는 연좌제 조항이 들어 있었다. 오로지 실력만이 센고쿠 다이묘를 지탱해 주었던 전국 시대의 모습이다. 시간이 지나면서 그들 중에서는 전국 통일을 꿈꾸는 자들도 생겨났다.

명예를 최고의 덕으로 여겼던 무사도

일본 역사에서 무사는 단순한 칼잡이가 아니라 문무를 겸비해 나랏일을 꾸리는 조선의 양반과 같은 존재였다. 이들은 사회 지도층으로서 일반 백성과는 다른 나름의 생활 원칙이 있었다. 이름하여 '무사도(武士道)'라는 것이었다. 무사 정권 초기부터 형성됐던 무사도는 에도 바쿠후 시대에 이르러 대체로 완성되었다.

"무사가 일반인과 다른 점이 무엇이냐?"

"기리스테고멘, 다이토, 묘지입니다."

무사는 아들에게 항상 이 세 가지를 묻고 가슴속에 담아 두게 했다. 기리스테고멘은 평민이 무사에게 무례를 범했을 때 무사가 그를 살해해도 처벌받지 않는다는 특권이며, 다이토는 허리에 칼을 차고 다닐 수 있는 특권, 그리고 묘지는 성을 가질 수 있는 특권을 뜻했다. 그러나 이 같은 특권이 부여된 만큼 특권을 누리는 자로서 지켜야 할 생활 규범 또한 엄격했다. 그들은 무사도에 어긋나지 않는 무사로서의 생활 규범을 엄격히 지켜야 했으며 사치스러운 생활을 해서도 안 되었다. 그렇다면 어떤 길을 걷는 무사가 진정한 무사였을까?

무사도의 첫째가는 덕목은 충성이었다. 1702년, 에도의 여관에 47명의 무사들이 모여 결의했다.

"주군의 원수를 갚아야 하지 않겠는가?"

"오늘밤 그놈을 칩시다."

중앙의 어느 고위 관리가 자신과 다툰 적이 있는 지방의 다이묘를 괘씸하게 여겨 죄를 덮어씌운 뒤 땅을 빼앗고 할복 자살을 강요한 일이 있었다. 이 소식은 다이묘의 부하 무사들에게 전해졌고, 무사들은 억울하게 죽은 주군의 명예를 회복하기 위해 복수하기로 계획했다. 일이 끝난 후에는 모두가 할복자살할 것을 맹세했다. 자신의 행동이 순수하게 주군을 위한 것이었음을 증명하기 위해서였다. 얼마 후 47명의 무사들은 고위 관리의 집에 침입해 그의 목숨을 거두었다. 그들은 시신을 주군의 묘 앞에 바친 후, 모두 약속대로 할복자살을 했다. 이 소식을 들은 많은 에도 사람들은 그들의 충성과 의리를 높이 칭송했다. 지금도 일본인들에게 사랑받는 가부키(歌舞伎, 일본 전통극) 〈주신구라(忠臣藏)〉는 그들을 모델로 삼고 있다.

'명예' 역시 무사도의 중요한 덕목 가운데 하나였다. 무사의 명예란 죽는 순간까지 자신의 이름을 더럽히지 않는 것이었다. 이것은 복수나 자결 등 여러 형태로 나타났다. 다음 이야기는 무사들이 명예를 얼마나 소중하게 여겼는지를 잘 보여 준다.

가부키 〈주신구라〉 1702년에 아코 번의 번주 아사노가 바쿠후 관리 기라의 모함으로 할복자살했다. 아코 번의 무사들은 오랫동안 원수를 갚을 기회를 엿보다 마침내 기라를 살해하고 자신들 역시 할복자살했다. 주군이나 부모의 원수를 갚는 것이 미덕이었던 봉건 사회에서 이들의 복수는 인형극과 가부키로 상연되며 사람들의 사랑을 받았다.

떡 장수의 이웃집에 가난한 홀아비 무사가 아들과 함께 살고 있었다. 어느 날, 무사의 아들이 떡집에서 놀다 간 뒤 떡 장수는 떡 한 접시가 없어진 것을 알게 되었다. 떡 장수는 무사의 아들을 의심해 무사에게 떡 값을 요구했다. 이 말을 듣고 무사는 "아무리 가난할지언정 내 아들은 무사의 자식이다. 남의 가게에서 떡을 훔쳐 먹을 리가 없다."라고 해명했다. 그럼에도 막무가내로 졸라 대는 떡 장수의 행동을 참다못한 무사는 그 자리에서 칼을 빼 아들의 배를 갈라 떡을 먹지 않았음을 보인 뒤, 그를 죽이고 자신도 할복자살을 했다.

다소 섬뜩한 이야기이지만 당시 명예는 무사에게 목숨 그 자체였다. 지금도 일본인이 생활 속에서 높은 가치로 여기는 충성과 명예는 무사 시대를 통해 형성됐다고 볼 수 있다.

4장

전국 통일을 향한 세 영웅

무로마치 바쿠후 말기에 이르러 바쿠후의 권위가 땅에 떨어지자 전국의 유력 다이묘들은 자기 지역을 통치하며 주변 다이묘들과 항쟁을 거듭했다. 지역별로 신구 세력이 교체되고 다이묘 사이의 우열이 가려지는 동안 오다 노부나가가 최초로 전국 통일의 기초를 닦고 뒤를 이어 도요토미 히데요시가 전국을 통일했다. 조선 정벌의 후유증으로 도요토미 정권이 몰락하자, 도쿠가와 이에야스가 경쟁자를 물리치고 새로운 바쿠후를 열었다.

1 오다 노부나가, 전국 통일의 초석을 닦다

전국 통일에 앞장선 3인

전국 시대에는 새로운 세상을 꿈꾸는 세 명의 영웅이 등장한다. 오다 노부나가, 도요토미 히데요시, 도쿠가와 이에야스가 바로 그들이다. 이 셋의 차이를 보여 주는 상징적인 이야기가 있다.

좀처럼 울지 않는 새가 있었다. 세 사람에게 이 새를 울려 보라고 했더니 노부나가는 새에게 울라고 명령한 다음, 새가 울지 않자 "울지 않는 새는 새가 아니다!"라며 그 자리에서 칼로 베어 버렸다. 히데요시는 새 앞에서 재롱을 부리고, 새를 놀라게 하는 등 갖은 꾀를 써서 기어이 울게 했다. 이에야스는 "네가 언젠가는 울겠지." 하며 새장 밑에 드러누워 새가 스스로 울 때까지 기다렸다.

이처럼 세 사람은 각기 다른 개성을 지녔다. 노부나가는 다혈질에 성미가 급한 반면 결단력이 있었고, 히데요시는 대단히 꾀가 많고 자

오다 노부나가, 도요토미 히데요시, 도쿠가와 이에야스(왼쪽부터) 오다 노부나가가 기존의 일본이라는 집을 부수고 통일된 일본이라는 집을 지을 자리를 마련했다면 도요토미 히데요시는 집터를 실제로 닦았다. 도쿠가와 이에야스는 그 위에 일본 통일이라는 집을 완성한 인물로 평가받고 있다.

존심이 강했다. 여섯 살 때부터 13년간이나 인질 생활을 한 이에야스는 야망을 위해 자기를 통제할 줄 아는 인물이었다. 세 사람은 성격은 물론 각자가 맡은 시대적 역할도 달라서 지금까지도 많은 사람의 입에 오르내리고 있다.

　세 사람을 장수에 비유하자면, 노부나가는 용맹스러운 용장(勇將), 히데요시는 지혜로운 지장(智將), 이에야스는 어질고 너그러운 덕장(德將)이라 할 수 있다. 이들 가운데 뒤엉킨 전국 시대를 통일할 수 있도록 가닥을 잡은 인물은 불같은 성격에 결단력을 갖춘 노부나가였다. 하지만 그 성격 탓에 노부나가는 부하에게 배신당하고 패권을 히데요시에게 넘겨야 했다. 갖은 고생을 참으며 기회를 기다리던 이에야스는 임진왜란 중에 히데요시가 병으로 죽자 칼을 빼들어 천하를 차지했다.

통일 과정에서 세 사람의 자취를 묘사한 유명한 글이 있다.

오다 노부나가가 쌀을 씻고, 도요토미 히데요시가 불을 지펴 익힌 천하라는 밥, 힘 안 들이고 먹은 것은 도쿠가와 이에야스라네.

오다 노부나가, 조총으로 승기를 잡다

1543년 8월, 포르투갈인을 태운 배 한 척이 규슈 남쪽의 다네가 섬에 도착했다. 포르투갈인은 철로 만든 조총을 가지고 있었다. 호기심 많은 다네가 섬의 영주는 포르투갈인이 가지고 온 조총을 발사해 보게 했다. 그러자 총자루 끝의 구멍에서 불이 뿜어져 나오고 엄청난 굉음이 울리면서 목표물을 명중시켰다. 그 위력에 감탄한 영주는 많은 돈을 지불하고 조총 두 자루를 손에 넣었다. 이어서 그는 기술자들에게 조총과 화약 만드는 법을 배우게 했다. 그 소식을 전해 들은 오사카 상인까지 다네가 섬에 와서 총 만드는 기술을 배워 갔다.

조총은 별다른 훈련 없이 누구나 사용할 수 있었다. 당시에는 농민들을 모아 군대를 구성했는데, 전투 경험이 거의 없던 이들에게 조총은 매우 알맞은 무기였다. 노부나가도 조총을 대량으로 구입한 다음, 조총으로 무장한 군대에 신식 훈련을 시켰다. 노부나가가 전국 시대의 주도권을 장악할 수 있었던 것도 조총의 효과를 누구보다 먼저 깨닫고 이용했기 때문이다.

조총에도 몇 가지 단점이 있었다. 한번 쏘고 나면 다음 발사까지 시

포르투갈 상선 1543년부터 포르투갈의 배가 해마다 규슈의 항구들을 찾아왔다. 1584년에는 에스파냐의 배도 히젠(지금의 사가 현과 나가사키 현)의 히라도에 나타났다. 일본과 이들 사이에 활발히 전개된 무역을 '남만무역'이라고 한다. 남만은 원래 화이사상에서 남아시아의 이민족을 부르던 말이었으나 일본에서는 동남아시아, 포르투갈, 에스파냐 등지에 사는 사람들을 가리키는 말로 쓰였다.

조총 포르투갈인이 전해준 총은 길이 70센티미터, 구경 17밀리미터로, 동남아시아에서 사용하던 화승총과 구조가 비슷했다.

간이 걸리고, 비가 오면 화약이 젖어 사용할 수 없다는 점이었다. 조총의 단점을 보완하기 위해 노력하던 노부나가는 마침내 그 해결책을 찾아냈다. 조총 부대를 3열로 배치한 다음 각 열이 차례대로 사격을 가함으로써 연발 사격의 효과를 노리는 것이었다. 이른바 '3열 횡대 기법'이라 불리는 이 전투 기술은 총을 발사한 열이 맨 뒤로 돌아가 총을 장전하는 사이 나머지 두 열이 한 발씩 전진하여 번갈아서 총을 발사하는 식이었다.

나가시노 전투 오다 노부나가와 도쿠가와 이에야스의 연합군이 마방책과 3열 횡대 기법을 사용해 전쟁을 벌이고 있다.

1575년의 나가시노 전투는 조총의 성능을 유감없이 발휘한 최고의 전투였다. 노부나가는 도쿠가와 이에야스와 힘을 합쳐 3만 8,000명의 군사로 미카와(지금의 아이치 현)의 나가시노에서 강력한 다케다 군과 결전을 벌이기로 했다. 1만 8,000명의 다케다 군은 여느 전투와 마찬가지로 불같이 노부나가 군대를 몰아붙였다. 기마대를 이용한 속전속결은 다케다 군의 장기였다. 그러나 이번 전투는 상황이 달랐다. 다케다 군의 선봉대가 질풍처럼 상대에게 가까이 다가갔을 때, 그들을 기다리고 있던 것은 말이 뛰어넘지 못하도록 높게 쳐 놓은 마방책과 엄청난 수의 조총 부대였다. 끝을 날카롭게 깎은 나무기둥들을 단단하게 연결해서 만든 마방책 때문에 3,000여 기의 말들이 동요하자, 기다렸다는 듯이 노부나가 군의 조총이 불을 뿜기 시작했다. 다케다 군의 기마대는 손쓸 새 없이 들판에 쓰러졌다. 가까스로 노부나가 군에 접근한 군인들마저도 마방책에 찔려 죽고 말았다. 이 전투에서 일본의 최강 기마대라 자부하던 다케다 군은 거의 전멸했다.

나가시노 전투는 전투 방법과 성을 쌓는 기술에 큰 변화를 가져왔다. 기마대를 주력으로 하는 전법에서 조총을 가진 보병대 중심의 전법으로 바뀌게 된 것이다. 조총은 무엇보다도 대포에 비해 가볍기 때문에 들고 다니기에 편하다는 장점이 있다. 그래서 조총을 가지고 다니는 부대에 '발이 가볍다'는 뜻의 아시가루라는 이름이 붙기도 했다. 이후 새로 축조된 성의 바깥벽은 총과 대포의 공격에도 잘 견딜 수 있도록 만들어졌고, 성안 역시 총과 대포를 효율적으로 사용할 수 있는 구조로 설계되었다. 노부나가는 나가시노 전투를 거치며 전국 통일에 한발 앞서게 되었다.

사원 세력을 굴복시키다

전국 시대라 하면 대개 폭력적이고 무자비한 분위기가 떠오르지만, 꼭 그렇지만은 않았다. 전쟁을 유리하게 이끌기 위해 다이묘는 누구보다 농민들의 지지와 협조를 얻어야 했다. 전국 시대 초기에 농민들은 세금 감면 요구를 영주가 들어주지 않으면 토지를 버리고 도망갔다. 15세기에 이르러서는 농민이 직접 실력을 행사하는 무장 봉기가 일어나기도 했다. 다이묘들은 자기 지역에서 일어나는 농민 봉기에 세금 감면, 개간, 치수 등의 유화책으로 대응했다.

농민보다 더 골치 아픈 상대는 사원이었다. 촌락을 단위로 한 작은 사원은 문제가 없었으나, 규모가 큰 사원은 승병을 거느리고 있어 세력이 만만찮았다. 승병들은 국가에서 사원의 토지를 몰수하는 것과 국가에 헌납금을 내는 것에 반대하며 봉기를 일으켰다. 승병들은 사원 간의 세력 다툼에서 활약했을 뿐만 아니라 자신들의 요구를 관철하기 위해 때때로 다이묘에 맞서 집단적인 시위도 서슴지 않았다. 대표적인 사원이 '이시야마 혼간지(石山本願寺)'였다. 이시야마 혼간지에 속한 농민과 승병 들은 무장 봉기를 일으켜 상당한 힘을 발휘했다.

천하의 노부나가 역시 한동안 이시야마 혼간지를 어쩌지 못했다. 이시야마 혼간지는 강으로 둘러싸인 데다 돌산 위에 위치한 요새였다. 노부나가는 계속해서 그들을 회유하는 동시에 협박했다. 이시야마 혼간지도 전국 통일을 코앞에 둔 막강한 세력을 상대로 무한정 버틸 수는 없는 노릇이었다. 노부나가가 사원을 비우고 떠나면 처벌하지 않겠다고 약속하자, 결국 이시야마 혼간지는 저항의 깃발을 내리고 노부나가에게 사원을 내줬다. 승려들이 떠나자 노부나가는 눈엣가시였던 이시야마 혼간지를 불태워 폐허로 만들어 버렸다.

적은 혼노지에 있다

1576년, 노부나가는 교통의 요지인 오미 지역에 커다란 아즈치 성을 쌓고 일본 통일의 거점으로 삼았다. 노부나가는 경제를 활성화하기 위해 상인들에게 자유로운 영업을 보장해 주었다. 먼저, 통행세를 없애고 도로를 정비하여 물자의 운반이나 사람의 이동을 편리하게 했다. 통행세가 없어진 이후 일본의 경제 활동은 눈에 띄게 활발해졌다.

수도권의 경제가 노부나가의 손에 들어오자 통일의 깃발이 그의 앞으로 성큼 다가온 듯했다. 그러나 전국 통일의 주인공은 노부나가가 아니었다. 노부나가는 주고쿠 지역을 손에 넣기 위해 그곳의 강자 모리씨를 제거하기로 하고 부하인 히데요시를 먼저 출병시켰다. 모리씨의 저항이 예상 밖으로 강해 기다리던 승전 소식이 늦어지자, 노부나가는 직접 군대를 움직이기로 했다. 이때 노부나가는 전쟁터로 향하는 도중에 교토의 혼노지에서 하룻밤을 지내게 되었는데, 그날 밤 그를 배신한 한 부하가 혼노지를 포위하고 공격해 왔다. 천하의 노부나

아즈치 성 오다 노부나가는 전국 통일의 거점으로 오미의 아즈치 산에 새로 성을 쌓았다. 1576년부터 짓기 시작하여 약 3년 만에 완공됐다. 천수각이 있는 아즈치 성의 근대적 성곽은 일본 성곽사에 한 획을 그었다.

혼노지의 변 1582년 6월, 아케치 미쓰히데는 교토의 혼노지에 머무르고 있던 오다 노부나가 일행을 습격하여 노부나가를 죽음으로 몰아넣었다. 아케치 미쓰히데의 경쟁자인 도요토미 히데요시가 전쟁에서 공적을 쌓아가고 있는 데 비해 자신은 뒤쳐져 있다는 조바심에서 사건을 일으켰다는 설이 유력하다.

가도 수없이 몰려드는 적의 공격을 당해 낼 수는 없었다. 온 힘을 다해 공격을 막아 내던 노부나가의 몸은 점점 피로 물들었다. 결국 그는 결심을 한 듯 단호한 목소리로 명령을 내렸다.

"가이샤쿠(介錯)!"

명령이 떨어지기 무섭게 부하가 노부나가의 등 뒤에서 그의 목을 벴다.

일본의 무사들이 명예를 지키며 자살하는 방법으로 배를 가른다는 의미의 할복(割腹)이 유명하다. 하지만 할복은 형식적으로 이루어졌을 뿐이고 실제로는 고통을 덜어 주기 위해 다른 무사가 등 뒤에서 목

을 베어 주는 가이샤쿠가 널리 행해졌다. 부하
에게 배신당한 노부나가는 비통함을 간직한 채 불
타는 절 속에서 자결로 생을 마쳤다. 적은 내부에
있다는 뜻의 '적은 혼노지에 있다.'라는 일본 속담은
여기에서 유래했다.

　노부나가의 심복이었던 히데요시는 소식을 듣고 재빨리
모리씨와 화친을 맺고 돌아와 반란군을 진압했다. 히데
요시는 주군의 갑작스러운 죽음을 원통해 했지만, 이는 히
데요시에게 전국 통일의 새 주인공이 될 기회이기도 했다.

오다 노부나가의 통일 과정 1575년, 노부나가는 최강의 기마 군
단을 이끌던 다케다 가쓰요리를 물리친 뒤 전국 통일의 기반을
마련했다. 1576년에는 아즈치 성 건설에 착수하여 3년 뒤에 완
성했다. 1580년에는 이시야마 혼간지를 정점으로 하여 10여 년
간 계속돼 왔던 잇키 세력을 평정했고, 1582년 주고쿠 지역으로
향하던 중 아케치 미쓰히데의 반역으로 죽임을 당했다.

동해

오다 노부나가의 최대 영토

아즈치 성 축성(1576)

나가시노 전투(1575)

혼노지의 변(1582)

이시야마 혼간지 전투(1570~1580)

주고쿠 지역 공격(1577~)

태평양

2 | 전국을 통일하다

히데요시, 주군의 마음을 얻다

추운 겨울, 하늘에서 눈발이 날리고 있었다. 오다 노부나가는 가신들과 회의를 마친 뒤 외출을 하려고 신에 발을 넣은 순간, 신에서 느껴지는 온기에 깜짝 놀랐다.

"누구냐? 내 신을 이렇게 따뜻하게 해 놓은 자가?"

"접니다, 주군."

노부나가는 자신의 신발을 품속에 넣어 따뜻하게 데운 부하를 흐뭇하게 바라보았다. 이 일을 계기로 노부나가의 신임을 얻은 주인공은 바로 도요토미 히데요시였다. 노부나가는 히데요시를 가까이에 두고 그의 부지런함과 충성심을 칭찬하곤 했다.

사실 노부나가는 대범하면서도 시기심이 많은 사람이었다. 히데요시는 주군의 이러한 성격을 잘 알기도 하거니와 판단력이 빨라서 주군의 눈 밖에 벗어나는 행동을 하지 않았다. 히데요시가 여러 성을 함락시키고 아즈치 성으로 돌아왔을 때의 일이다. 전리품이 너무 많아서 운반 행렬의 선두와 후미가 산 하나를 넘어 걸쳐 있을 정도였다. 히데요시는 이처럼 방대한 양의 전리품을 모두 노부나가에게 바쳤다.

"히데요시는 일본 제일의 도량을 지닌 사내로다."

노부나가는 히데요시에게 흡족해 했고, 그에 대한 신뢰는 더욱 깊어져 갔다. 이처럼 히데요시는 노부나가의 성격을 완벽하게 파악하고 있었다. 그는 자신의 주군이 자존심이 세다는 것도 잘 알고 있었다. 1582년, 다카마쓰 성을 칠 때의 일이다.

"적은 독 안에 든 쥐다. 성을 철저히 에워싸고, 노부나가 님이 오실 때까지 절대 성을 점령하지 마라!"

성을 점령하려고 마음먹으면 얼마든지 가능했는데도 히데요시는 일부러 시간을 끌어 노부나가에게 승전의 공을 돌림으로써 주군의 권위를 세워 주었다. 노부나가에게 히데요시는 둘도 없는 부하인 동시에 가장 경계해야 할 사람이었다. 히데요시도 긴장을 늦추지 않았다. 히데요시는 노부나가의 넷째 아들을 양자로 맞아들였다. 몇 년 사이에 두각을 나타내며 성주까지 된 자신을 노부나가가 경계하고 의심할 것이란 사실을 잘 알고 있었기 때문이다.

미천한 농민 출신인 히데요시는 이처럼 노부나가에게 절대적으로 충성하며 그의 신임을 얻기 위해 궂은일도 마다하지 않았다. 히데요시의 천하 통일은 운만이 아니라 노력의 결실이기도 했다.

상인과 기술자를 전투에 동원하다

히데요시는 노부나가의 전투 기술을 더욱 발전시켰다. 히데요시 군대는 노부나가 군대와 마찬가지로 조총 부대를 앞세워 적을 포위하는 전투 방식을 쓰는 한편, 상인과 토목 기술자까지 전쟁에 동원했다.

히데요시는 전쟁이 시작되기 전에 상인들을 적의 진영으로 침투시켜 유언비어를 퍼트리게 했다. 히데요시 군대가 최근에 무찌른 적군의 수가 불과 2,000명이었어도 상인들의 입에서 입으로 불어난 숫자는 그 열 배에 이르렀다. 이는 적에게 공포심을 심어 주는 데 더없이 효과적인 방법이었다. 그뿐만이 아니었다. 1581년, 히데요시는 돗토리 성 포위 작전을 펴기 전에 상인들을 시켜서 그 지역의 쌀을 비싼 값에 사들였다. 적이 식량을 확보하지 못하게 하기 위해서였다. 그다음에는 조총 부대를 전면에 배치하여 성을 포위했다. 시간이 지날수록 돗토리 성의 식량 창고는 바닥을 보였고, 적은 항복할 수밖에 없었다.

토목 기술자는 제방을 쌓는 데 동원됐다. 다카마쓰 성을 포위하면서 성의 주변이 늪으로 둘러싸여 있다는 것을 눈여겨본 히데요시는 물을 끌어들여 성을 고립시키는 작전을 펼치기로 마음먹었다. 그리하여 2만 5,000여 명의 병사가 밤낮으로 제방 공사에 매달린 지 20여 일만에 높이 7미터의 제방을 완성했다. 히데요시는 물을 끌어와 다카마쓰 성 외곽을 포위하고, 성주가 항복하길 기다렸다. 다카마쓰 성에 물이 차오르자 결국 성주는 문을 열고 백기를 들었다.

히데요시는 경제력과 기술력도 중요한 전투 요소라는 사실을 알고 있었다. 그 뒤 히데요시는 참가하는 전쟁마다 연전연승을 거두었고,

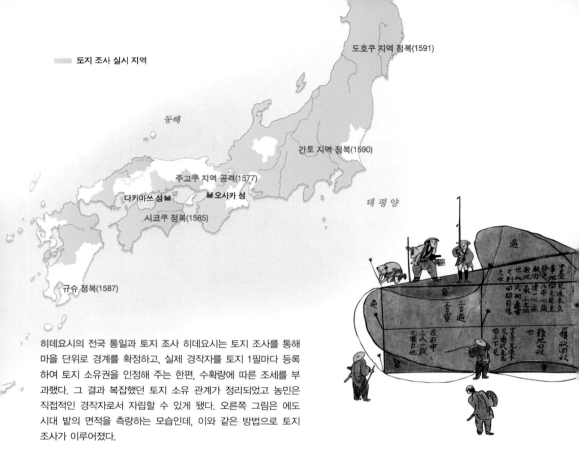

토지 조사 실시 지역

도호쿠 지역 점복(1591)

동해

간토 지역 정복(1590)

주고쿠 지역 공격(1577)

다카마쓰 성　오사카 성

시코쿠 정복(1585)

태평양

규슈 정복(1587)

히데요시의 전국 통일과 토지 조사 히데요시는 토지 조사를 통해 마을 단위로 경계를 확정하고, 실제 경작자를 토지 1필마다 등록 하여 토지 소유권을 인정해 주는 한편, 수확량에 따른 조세를 부 과했다. 그 결과 복잡했던 토지 소유 관계가 정리되었고 농민은 직접적인 경작자로서 자립할 수 있게 됐다. 오른쪽 그림은 에도 시대 밭의 면적을 측량하는 모습인데, 이와 같은 방법으로 토지 조사가 이루어졌다.

지역의 다이묘들은 하나둘씩 그에게 무릎을 꿇었다. 히데요시는 1585 년에는 시코쿠, 1587년에는 규슈 지역의 다이묘를 차례로 항복시켰고 1590년에 간토 지역과 도호쿠 지역의 다이묘들을 평정하며 마침내 전 국을 통일했다.

토지를 조사하고 신분을 고정하다

히데요시는 전국 통일 직후 대대적인 개혁에 나섰다. 그가 가장 먼저

신분 차별 신분에 따른 의복과 식사 장면을 상징적으로 그렸다. 토지 조사 이후, 무사 계급을 정점으로 하는 사농공상의 구분을 엄격히 함으로써 사회 질서를 유지하려 했다. 그림을 보면 신분에 따라 옷차림과 상차림이 다르다는 것을 알 수 있다.

한 일은 검지(檢地), 즉 토지 조사였다. 히데요시의 토지 조사는 하나의 토지에 얽혀 있던 여러 단계의 중간착취◉를 개선하여 경작자와 납세자를 일치시켰다는 점에서 이전과 달랐다. 그 결과 복잡한 소유와 세금 체계로 유지됐던 다층의 토지 소유 관계가 사라지고 중세 장원 제도가 붕괴했다. 히데요시는 전국에 조사관을 파견하여 토지를 측량한 뒤 토지마다 등급을 매겼다. 이렇게 매긴 등급을 토대로 표준 수확량이 나오면, 여기에다 측정된 면적을 곱하여 토지마다 생산량을 확정했다. 이로써 여러 다이묘의 토지를 수치를 가지고 평가하는 것이

◉ **여러 단계의 중간착취** | 일부 장원은 여전히 농민–장관(실제 영주)–영가–본가의 단계로 소유 관계가 복잡하게 얽혀 있는 곳이 있었다.

가능해졌다. 히데요시는 토지 조사를 통해 재정적 여유를 갖게 된 한편, 다이묘가 어느 정도의 경제력을 가지고 있는지 파악함으로써 그들을 견제할 수 있게 됐다.

토지 조사가 이뤄진 다음부터 다이묘들은 측정된 생산량만큼 군사 의무를 부담하고, 농민들 역시 생산량에 따라 세금을 냈다. 히데요시는 무사, 농민, 수공업자, 상인으로 신분을 철저하게 구분하여 직업 간의 이동을 금지했다. 무사는 상인이 될 수 없고, 농민은 장사꾼이 될 수 없도록 신분을 고정한 것이다. 특히 농민이 장사에 손을 못 대게 하려고 상인을 가장 천한 계급으로 분류했다. 이로써 사농공상(士農工商)의 차별적 신분제가 성립됐다. 이는 지난날 농민들이 전국 시대를 틈타 전쟁에 뛰어들어 무사가 되고, 다이묘로 성장했던 전철을 또 한 번 밟지 못하도록 하기 위해서였다. 이후 일본의 무사 계급은 생산에 종사하지 않는 지배 계급으로 굳어져 갔다. 히데요시는 농민의 무기를 몰수했고, 무사만이 칼과 그밖의 무기를 소유할 수 있도록 한정했다.

◉ 아즈치 모모야마 문화

약 한 세기 동안 지속된 전국 시대에는 오다 노부나가와 도요토미 히데요시가 사원 세력을 약화시킴으로써 불교 색채가 옅어지고 현세적인 경향이 나타났다. 또한 유럽과의 접촉을 통해 문화가 더욱 다양해졌고, 전쟁과 교역을 통해 부를 축적한 대상인이

〈당사자도〉병풍 아즈치 모모야마 문화의 대표적인 회화 작품으로, 가노 에이토쿠가 그린 암수 당사자의 모습이다. 전국 통일을 염원하는 무사의 기개가 느껴진다.

출현했다.

문화적 경향도 현실적이고 실용적으로 변했다. 이 시대를 두고 오다 노부나가의 아즈치 성과 도요토미 히데요시의 성이 있던 모모야마의 이름을 따서 아즈치 모모야마 문화라고 부른다.

3 | 히데요시, 조선을 침략하다

임진년, 바다를 건너다

전국 통일로 기세가 등등해진 히데요시는 군대를 동원해 조선과 명을 침략하려는 계획을 세웠다. 전쟁이 끝나면서 할 일이 없어진 무사들과 토지를 넓히려는 다이묘들의 욕구를 충족시키기 위해서였다. 전쟁을 틈타 총과 화약을 팔아 떼돈을 벌려는 상인들의 부추김도 한몫했다.

1592년 4월 13일 새벽, 일본의 16만 대군이 조선을 침략했다. 일본군은 부산을 점령한 후 곧바로 북쪽으로 향하여 수도 한성을 20일 만에 함락시켰다. 하지만 일본군의 진격은 여기에 그치지 않았다. 그들은 함경도까지 진출하면서 조선의 대부분을 점령했다. 당시 조선의 왕이었던 선조는 조선과 명의 경계에 위치한 평안북도 의주까지 피난을 가기에 이르렀다. 거듭되는 전쟁으로 전투력을 강화하고 조총이라는 신형 무기까지 동원한 일본군에게 조선군은 적수가 되지 못했다.

동래부순절도 동래성을 일본군이 겹겹이 에워싸고 있다. 성곽 아래에서는 조선군이 일본군과 결전을 벌이고 있고, 성곽 안 가운데에는 붉은 조복을 입고 북쪽을 향해 앉아 있는 부사 송상현이 순절하는 모습이 보인다. 북문 밖으로는 성을 버리고 달아나는 경상좌변사 이각의 무리가 대조적으로 그려져 있다.

귀 무덤 히데요시는 조선인들의 귀와 코를 묻은 귀 무덤을 만들면서 교토의 승려 4만 명을 불러 재를 올렸다. 이때 귀 무덤에 매장된 귀와 코만 해도 3만~5만 개에 이르렀다. 임진왜란이 끝난 뒤에도 조선인 중에는 귀 또는 코가 사라진 흉측한 얼굴로 남은 생을 살아가야 했던 사람들이 많았다. 교토에는 히데요시와 그 아들을 모신 도요쿠니 신사와 히데요시가 창건한 호코지(方廣寺)가 나란히 서 있는데, 두 건물 건너편에 고요하게 서 있는 귀 무덤은 당시의 아픔을 그대로 전해 준다.

계속되는 승전 소식에 들뜬 히데요시는 명을 넘어 인도까지 점령하겠다고 큰소리쳤다. 하지만 육지에서 승전보를 올리던 일본군은 해상에서 연전연패했다. 이순신이 지휘하는 조선 수군이 일본군의 해상 활동을 봉쇄했기 때문이다. 또한 조선 각지에서 의병이 들고일어나면서 일본군은 지루한 전쟁의 늪에 빠졌다.

전쟁은 말할 수 없을 정도로 잔혹했다. 히데요시는 일본군에게 "한 사람당 조선인 세 명의 코를 베어 와라. 많으면 많을수록 너희에게 돌아가는 포상은 커질 것이다."라고 약속했다. 처음에는 그 증거로 머리를 가져오게 했지만, 머리는 무겁고 부피가 크다는 이유로 귀로 바뀌었다. 하지만 양쪽 귀를 모두 잘라 와서 전과(戰果)를 두 배로 늘리는 경우가 발생하자, 이를 방지할 목적으로 귀 대신 하나밖에 없는 코를 베어 오게 한 것이다. 히데요시는 전과를 홍보할 목적으로 코를 담은 독을 수레에 싣고 교토를 순회했다.

도공을 잡아 오고 포로를 노예로 팔다

임진왜란에 참전한 다이묘들은 많은 조선인을 포로로 잡아갔다. 일본으로 끌려온 조선인들은 일본인의 노예가 되어 농사를 짓거나 허드렛일을 했다. 군대의 식량을 운반하거나 성을 쌓는 일에 동원되기도 했다. 기술을 가진 사람들은 관청 노예로 일했다. 임진왜란을 '노예 전쟁'이라고도 부르는 이유가 여기에 있다.

포로로 끌려온 기술자 가운데는 특히 도공이 많았다. 이들은 일본의 서쪽 지방인 아리타, 가라츠, 사쓰마, 우에노 등지에서 가마를 열었다.

일본에 희고 단단한 자기가 등장하게 된 데에는 조선인 도공들의 공이 컸다. 일본이 자랑하는 아리타 자기 역시 조선인 도공 이삼평에 의해 발전했다. 아리타 자기는 근처 이마리 항에서 수출된다 해서 이마리 자기라고도 불렸는데, 에도 바쿠후 시대에는 일본의 주요 수출품으로 유럽에까지 명성이 자자했다. 임진왜란의 또 다른 이름인 '도자기 전쟁'은 당시에 끌려간 수많은 조선인 도공들에게서 비롯된 것이다.

아리타 마을과 아리타 자기 1597년 정유재란 때 150여 명의 조선인 도공과 함께 일본으로 끌려간 이삼평이 아리타에서 자기를 만들던 중 백자의 원료가 되는 백자광(白磁鑛)을 발견하면서 아리타 자기가 탄생했다. 아리타에서 생산했지만, 기술 유출을 막기 위해 근처에 있는 이마리 항에서만 수출했기 때문에 이마리 자기라고도 불렀다

일본으로 잡혀간 포로들 중에서 외국에 다시 노예로 팔려 간 사람도 있었다. 포르투갈 상인들은 유럽과 인도, 중국에서 가져온 조총과 비단, 담배 등을 일본에 팔고, 그 대신 조선에서 온 포로들을 노예로 사 갔다. 일본에 남아 있던 조선인들은 그나마 고향으로 돌아갈 수 있다는 희망이라도 품고 살 수 있었지만, 포르투갈 상인에 의해 인도와 동남아시아 일대로 팔려 간 조선인들은 평생 고향을 그리다 이국땅에서 눈을 감아야 했다.

도요토미 히데요시의 죽음

전쟁이 끝나 갈 무렵 히데요시의 건강이 크게 악화됐다. 죽음을 앞둔 그에게 가장 큰 고민은 바로 53세의 늦은 나이에 얻은 아들 히데요리의 장래였다. 최고 권력자인 히데요시 역시 어린 아들 앞에서는 자식을 걱정하는 아버지였다.

'내가 죽으면 히데요리는 어떻게 될까?'

'다이묘들이 배신하여 도요토미 가문이 끝장나진 않을까?'

아들이 태어나자 히데요시는 자신의 자리를 물려주려고 양자로 삼았던 조카를 할복시키고, 그의 가족까지 몰살했다. 훗날 아들의 앞날에 장애물이 될 만한 사람을 모두 제거하여 히데요리에게 힘을 실어 주기 위해서였다.

"어린 히데요리를 부탁하네."

1598년 여름, 히데요시는 다섯 명의 다이로(大老)에게 후사를 부탁하며 눈을 감았다. 다이로는 비상시 국가의 주요 정책을 결정하던 최고 직책이었다. 과연 다이로들은 히데요리를 보필하여 도요토미 가문의 천하를 이어 갔을까?

히데요시가 죽자 조선에 있던 일본군에게 철수 명령이 떨어졌다. 7년간을 끌어오던 전쟁이 마침내 막을 내린 것이다. 임진왜란에 참여했던 군대와 다이묘에게 나눠 줄 전리품이 거의 없는 상태로 전쟁이 끝나자, 무사의 불만이 커지고 도요토미 가문에 대한 충성심도 약해졌다.

이런 상황을 틈타 다섯 명의 다이묘 가운데 도쿠가와 이에야스가 권력의 핵심으로 떠올랐다. 이에야스는 간토 지역에서 250만 석을 소유한 히데요시 다음가는 다이묘였다. 내로라하는 다이묘들도 보통 30만 석이었음을 생각해 보면 이에야스가 만만찮은 세력이었다는 것을 알 수 있다. 일찍이 이에야스는 전국 시대를 통일하고 권력을 장악한 히데요시에 의해 오랜 세력 기반인 미카와에서 에도(지금의 도쿄)를 중심으로 하는 간토 지방으로 영지가 옮아갔다. 당시 에도의 평원은 갈대로 가득 찬 갯벌에 불과했으며, 일본의 수도권은 교토와 오사카가 위치한 간사이 지역이었다. 이에야스는 훗날 쇼군의 자리에 오르겠다는 다짐을 하고서 에도 평원을 일구고 백성을 모으며 묵묵히 자신의 세력을 키워 나갔다.

이에야스는 에도 만 어귀의 얕은 바다를 메워 강의 흐름을 바꾸고 직선 도로를 건설하는 등 자연 지형을 크게 바꾸어 에도에 상수도를 만들었다. 그리고 에도 지역을 무사가 사는 곳, 상인이 사는 곳, 사원이나 신사가 있는 곳의 세 구역으로 나누었다. 그의 충직한 가신들도 기대에 부응하여 맡은 일을 성실히 해냈고, 부정부패는 찾아볼 수 없었다. 에도의 명성이 높아지면서 백성들이 하나둘 모여들었고, 도시는 빠르게 개발되었다.

조선 침략에 가담하지 않아 세력을 그대로 유지할 수 있었던 것이 이에야스에게는 매우 다행스러운 일이었다. 특히 히데요시의 죽음은 이에야스에게 대권을 움켜쥘 절호의 기회였다. 히데요시의 죽음 이후 조선에서 군대를 철수하면서 이에야스는 군사권의 주요 부분을 장악했다. 또한 자신의 지위를 이용하여 외교를 장악하고, 다이묘들과의 관계를 강화해 갔다.

4 | 최후의 승자, 도쿠가와 이에야스

천하를 건 한 판 싸움, 세키가하라 전투

도요토미 히데요시가 죽자, 무사들은 임진왜란에 참여했던 '무단파'와 일본에 남아 전쟁 물자 보급 등을 담당했던 '문치파'로 나뉘어 대립했다. 무단파는 무력으로 나라를 통치해야 한다고 목소리를 높인 반면, 문치파는 학문과 법령으로 세상을 다스려야 한다고 주장했다. 이에야스는 어느 편도 들지 않으면서 상황을 지켜보았다. 그러면서도 손녀딸을 히데요리에게 시집보내 도요토미 가문과 돈독한 친분을 쌓아 갔다. 얼마 후, 무단파와 문치파 사이에 전쟁이 일어나자 그때까지 중립을 지키던 이에야스는 무단파의 선두로 나서 전쟁을 지휘했다.

"도쿠가와 이에야스를 무너뜨려 도요토미 가문을 지키자!"

문치파의 지도자 이시다 미쓰나리가 선두에 서서 전투를 지휘했다.

"나라를 혼란에 빠트리는 자는 누구도 용서할 수 없다!"

이에야스는 아직까지 건재한 도요토미 가문의 영향력을 고려하여, 이 싸움을 자신과 미쓰나리의 싸움으로 몰고 갔다.

1600년, 마침내 미노의 세키가하라(지금의 기후 현) 평원에서 전투가 벌어졌다. 이에야스가 이끄는 9만의 군대는 동쪽에 있었으므로 동군, 이시다가 이끄는 12만의 군대는 서쪽에 있었으므로 서군이라 불렸다. 세키가하라 평원은 이른 아침부터 짙은 안개가 끼어 한 치 앞도 식별하기 힘들 정도였다. 서군은 이 점을 이용하여 학이 날개를 편 듯이 적을 포위하는 학익진 전법을 폈다. 이 전법은 동군을 상당히 압박했다.

하지만 서군의 우세는 그리 오래가지 않았다. 정오가 지날 무렵, 서군의 중심 세력인 고바야카와 히데아키와 그의 군대가 서군을 배신하고 동군에 합류해 버린 것이다. 또한 일부 군대가 배신하거나 방관하

세키가하라 전투(기록화) 세키가하라 전투가 동군의 승리로 끝나면서 서군에 가담했던 다이묘들은 영지를 몰수당했고 천하는 도쿠가와 이에야스의 것이 되었다. 이런 이유로 세키가하라 전투를 '천하를 판가름한 싸움'이라고 한다.

는 자세로 전쟁을 치르면서 상황은 더욱 나빠졌다. 서군은 순식간에 붕괴하기 시작했다. 이에야스는 이 틈을 놓치지 않고 총공격을 감행하여 서군을 괴멸시켰다. 동군의 완전한 승리였다.

에도 바쿠후의 성립

1603년, 이에야스는 마침내 자신의 근거지인 에도에 바쿠후를 세우고 쇼군의 자리에 올랐다. 일본 역사상 세 번째 바쿠후의 출범이었다. 이에야스는 이전의 정권과 달리 강력한 바쿠후를 세우기로 결심했다.

그는 먼저 전국의 다이묘를 새롭게 임명했다. 이에야스는 세키가하라 전투에서 자신에게 맞서 싸웠던 자들을 죽이거나 그들의 영지를 몰수했고, 그 자리에 다이묘를 세 등급으로 나누어 차별적으로 배치했다. 첫째 등급은 신판(親藩) 다이묘라 하여 도쿠가와 가문의 친족들이, 둘째 등급은 후다이(譜代) 다이묘라 하여 세키가하라 전투가 일어나기 전부터 이에야스를 따르던 가신들이, 셋째 등급은 도자마(外樣) 다이묘라 하여 세키가하라 전투 이후 이에야스에게 충성을 맹세한 다이묘들이 차지했다. 첫째 등급의 다이묘들은 에도를 중심으로 하는 주요 지역에, 둘째 등급의 다이묘들은 외곽의 주요 지역에, 셋째 등급의 다이묘들은 수도에서 멀리 떨어진 변두리 지역에 배치되었다.

2년 후, 이에야스는 아들에게 쇼군 자리를 물려주고, 자신은 은퇴하여 오고쇼(大御所)라 불리는 자리에 올랐다. 오고쇼는 전(前) 쇼군이란 뜻으로, 권력을 아들에게 넘긴 것처럼 보여도 정치적인 결정은 모두 이에야스가 직접 내렸다. 이는 오래전에 텐노가 아들에게 지위를 물려주고 자신은 뒤에서 상황(上皇)으로서 실력을 행사하던 것과 비슷했다.

한편, 이에야스가 쇼군 자리를 아들에게 물려주었다는 소식을 들은 히데요리는 울분을 삼켰다. 이에야스에게도 히데요시의 아들 히데요리가 여전히 살아 있다는 사실은 늘 마음의 걸림돌이었다. 아직도 도요토미 가문을 마음속에 품은 무사가 적지 않다는 것을 알고 있었기 때문이다.

히데요시의 근거지, 오사카 성을 함락시키다

히데요리는 아버지 히데요시가 지은 오사카 성에 머무르고 있었다. 이에야스는 성인으로 성장한 히데요리 주위에 무사들이 모여들지도 모른다고 생각했다. 히데요리를 제거하기 위해 고심하던 이에야스는 마침내 하나의 묘수를 생각해 냈다. 도요토미 가문의 상징인 호코지를 이용하기로 한 것이다. 먼저, 이에야스는 히데요리에게 호코지 재건을 제안했다. 그렇지 않아도 절을 다시 세울 참이던 히데요리는 이에야스의 속셈을 모른 채 그 제안을 기쁘게 받아들였다. 하지만 얼마 지나지 않아 히데요리는 자신이 이에야스가 쳐 놓은 덫에 걸렸다는 사실을 깨달았다. 호코지의 종에 새겨진 문구가 자신의 이름을 저주하는 내용이라며 이에야스가 트집을 잡았기 때문이다.

"이건 말도 안 돼. 처음부터 계획된 음모야."

히데요리는 이에야스의 음모를 알아차리지 못한 것을 뼈저리게 후회했다. 그러나 이미 엎지른 물이었다.

"앉아서 당할 수만은 없지. 전투를 준비하라!"

1614년에 바쿠후 군이 오사카 성을 공격했다. 하지만 오사카 성의 방어력은 완벽에 가까웠다. 일 년이 다 가도록 바쿠후 군은 성벽을 넘을 수조차 없었다. 높다란 성벽보다 바쿠후 군을 괴롭힌 것은 적의 공격을 막기 위해 파 놓은 두 개의 못이었다. 못을 건너는 과정에서 많은 군사가 물에 빠져 죽었다. 게다가 세키가하라 전투에서 주인을 잃고 전국을 떠돌던 무사들까지 히데요리 편에 합류하는 바람에 성안의 병력은 무려 10만 명에 이르렀다.

쉽사리 무너질 것 같지 않은 오사카 성을 함락시키기 위해 이에야스는 묘수를 생각해 냈다. 그는 히데요리에게 평화 협상을 제안했다. 물론 이 평화 협상에는 함정이 숨어 있었다.

"내 체면을 봐서 화해의 표시로 바깥의 못 하나를 메우게 해 주면 전쟁

오사카 성 전경 1583년, 도요토미 히데요시는 혼간지가 있었던 자리에 오사카 성을 쌓기 시작했다. 히데요시가 처음에 오사카 성을 만들 당시 성의 상징인 천수각(天守閣)의 꼭대기는 금으로 장식됐었다. 오사카 성을 완성하기까지 15년이란 세월이 걸렸다.

오사카 전투에 나서는 이에야스와 그의 갑옷 1603년에 에도 바쿠후를 연 이에야스는, 1605년에 쇼군 자리를 아들 히데타다에게 물려주고 두 차례의 오사카 전투를 직접 지휘하여 도요토미 일가를 멸족시키고 천하 통일에 성공했다.

을 중단하겠다."

　이에야스는 히데요리에게 평화 협정이 체결되면 곧 군대를 철수할 것처럼 말했다. 이에야스의 제안을 두고 성안에서는 전쟁을 계속하자는 쪽과 우선 화해하자는 쪽으로 의견이 갈렸다. 열띤 토론 끝에 전쟁을 계속하기보다는 일단 화해하자는 쪽으로 의견이 모아졌다. 결국 히데요리는 이에야스에게 바깥 못 하나를 메워도 좋다고 통보했다. 그러나 이는 히데요리의 실수였다. 이에야스는 약속과 달리 밤새 안팎의 못을 모두 메워 버렸던 것이다.

　이중의 못이 사라진 오사카 성은 더는 난공불락의 요새가 아니었다. 이에야스 군이 성 꼭대기의 천수각을 점령하는 데는 한나절이 채 걸리지 않았다. 이에야스의 계략에 속았다는 사실을 뒤늦게 깨달은 히데요리는 불타는 오사카 성을 바라보며 스스로 목숨을 끊었다.

전투 후 포로로 잡힌 장수가 이에야스에게 "어찌 무사가 속임수를 쓰는가?"라고 항변했다. 이에야스의 답변은 어지러운 세상을 헤쳐 온, 딱 그다운 말이었다.

"적장의 말을 믿는 어리석은 장수는 죽어 마땅하다."

● 난공불락의 요새 오사카 성

오다 노부나가가 오와리와 미노(지금의 아이치 현과 기후 현)를 거점으로 삼았다면, 그의 뒤를 이은 도요토미 히데요시는 가와치(지금의 오사카)에 근거지를 마련했다. 그는 노부나가가 폐허로 만들어 버린 이시야마 혼간지의 가치를 알아보고 돌산으로 이루어진 난공불락의 요새인 이 자리에 오사카 성을 세웠다.

이곳이 주목받는 이유는 수운이 발달하고 사방으로 통하는 교통의 요지였기 때문이다. 축성 공사는 1583년에 시작하여 2년이 걸렸으며, 전국에서 수만 명의 인력이 동원됐다. 성벽은 이중으로 둘러지고, 성 바깥에는 도시민들이 정착했고 상가가 들어섰다. 거주지는 직업과 신분에 따라 구분되었다. 집과 가게 들이 빽빽이 들어서 화재의 위험에 노출되고 불편한 점도 있었지만, 히데요시가 집권하는 동안 오사카는 활발한 물자 교류와 상공업의 발달로 일본 제일의 도시가 되었다.

성은 무사의 세상이다

"감사합니다. 주군!"

성(城)을 하사받은 혼다 다다토키의 얼굴에 환한 미소가 번졌다. 도쿠가와 이에야스는 다다토키의 어깨에 얹은 손에 힘을 주며 말했다.

"이제 이곳은 너의 성이다. 누구도 침범할 수 없는 천하무적의 성으로 만들어라."

그 옆에서 말없이 두 사람을 바라보던 이에야스의 손녀딸 센 히메는 입가에 미소를 띠었다. 센 히메는 일곱 살에 히데요시의 외아들 히데요리와 정략결혼을 했지만, 이후 외할아버지에 의해 오사카 성이 함락되고 남편이 죽자 다다토키와 재혼했다. 결혼한 여자는 시댁 문밖을 나서기 힘들었던 조선과 달리 일본에서는 결혼했더라도 여전히 친정에 소속되어 있었다. 따라서 센 히메는 적의 아내이기 이전에 이에야스의 소중한 손녀딸이었다.

다다토키와 센 히메는 성을 둘러보았다. 못으로 둘러싸인 히메지 성의 내부에는 관청, 창고, 마구간, 다이묘의 저택 등이 있었다. 성을 중심으로 못의 안쪽에는 가신과 상급 무사 들이 살았고, 못 바깥 구역에는 상인과 기술자 들이 살았다. 가장 바깥에는 하급 무사들이 살았으며, 신사와 사원이 자리 잡았다. 특히 적을 막기 위한 방어 시설로 사용되던 사원은 띠 형태로 모여 있었다. 이처럼 성을 중심으로 형성된 도시인 조카마치(城下町)는 어림잡아 2만 명이 넘는 인구가 모여 살 수 있을 정도의 규모였다.

다다토키가 이에야스에게 성안 곳곳을 안내하기 시작했다. 못 위에 세워진 좁고 기다란 다리를 건너 정문에 들어서자 영주의 집, 부속 건물, 신하와 무사들의 거주지 그리고 각종 방어 장치가 보였다. 무엇보다도 눈에 띄는 것은 건물의 꼭대기에 있는 천수각이었다.

정문을 통과하자 길이 세 갈래로 나뉘었다. 정면의 좁은 길은 천수각으로 올라가는 중앙 통로였고, 왼쪽은 니시노마루로 향하는 길, 오른쪽은 천수각으로 돌아서 가는 길이었다. 니시노마루는 서쪽의 못을 따라 쌓은 성벽이었다. 성벽에는 삼각형, 사각형, 원형의 구멍들이 뚫려 있었는데, 삼각형은 총을, 사각형은 활을, 원형은 포를 사용하기 위해 만들어졌다. 또한 모퉁이에는 긴 홈을 뚫어 놓고 바깥에 끓는 물이나 기름을 퍼부어 공격했다. 여기에다 위에서 봤을 때 부채꼴 형태로 안쪽이 움푹 들어간 성벽은 기어오르기가 어려워서 성안으로 진입하기가 쉽지 않았다.

성의 내부는 긴 마루 형태로 되어 있었는데 오른쪽으로는 각종 창고, 무사와 방문객의 대기실, 숙박 시설 그리고 비상 출입구 들이 이어졌고, 왼쪽으로는 창과 총 등의 각종 무기가 배치되어 있었다. 정문을 통과한 적은 이곳을 지나가야 했기 때문에 전투가 자주 일어나는 곳이기도 했다. 회랑은 끝이 보이지 않을 정도로 길게 이어져 있었다. 천수각으로 들어가기 바로 전에는 '고시쿠루와'가 있었다. 소금과 쌀을 저장하는 창고였다. 그 안에는 우물까지 만들어 두어서 장기전에도 대비할 수 있었다.

이 모든 곳을 지나면 천수각에 이르렀다. 천수각으로 향하는 길은 미로같이 구불구불하고, 넓어졌다 좁아졌다 하여 건물을 다 통과해서 천수각에 이르기까지 시간이 꽤 걸렸다.

히메지 성 대 천수각을 중심으로 세 개의 소 천수각이 이어져 있다. 성벽이 새하얘서 시라사기(白鷺) 성이라는 별칭으로 불리기도 한다.

여러 개의 문도 한 사람이 겨우 드나들 수 있을 정도로 좁았다. 전쟁 시 좁은 문을 통해 들어오는 적을 한 명씩 격파하기 위해서였다. 성을 함락시키기 위한 마지막 관문은 천수각 꼭대기에 있었다. 천수각 꼭대기에 올라가려면 작은 사다리를 이용해야 했다. 하지만 싸움의 승패가 기울어지면 대부분 항복해서 새로운 주군을 맞이했다. 무사 세계에서 힘센 자에게 복종하는 것은 하나의 순리이기 때문이었다.

성의 내부 구조를 다 보고 내려온 센 히메가 남편에게 물었다.

"저 천수각 꼭대기에 있는 동물은 무엇인가요?"

"머리는 호랑이와 비슷하고 몸은 가시가 돋친 물고기인 사치호코(金魚虎)란 상상의 동물이라오."

"저 동물을 천수각의 꼭대기에 둔 이유가 뭐죠?"

"수호신인 이 상상의 동물이 화재를 예방해 줄 것이라 믿기 때문이오."

빈틈없이 세워진 성을 바라보며 다다토키와 센 히메, 이에야스는 흡족한 미소를 띠었다.

5장

에도 시대와 상인의 번영

에도 바쿠후는 무사, 농민, 수공업자, 상인의 신분 질서를 엄격히 하고 크리스트교 전파에 따른 사회 동요를 막기 위해 쇄국 정책을 실시하는 등 바쿠후 체제의 안정을 위해 노력했다. 하지만 18세기에 접어들면서 상업의 발달과 화폐 경제의 농촌 침투로 농촌 사회가 흔들리면서 사정이 더욱 어려워졌다. 토지를 내다 팔거나 저당 잡혀 소작인으로 전락하는 자와 이와 반대로 지주로 성장하는 자가 나타나는 등의 계층 분화가 일어났다. 여러 차례의 개혁이 실패하고 농민을 비롯한 하층민의 봉기가 빈번해지는 가운데 서양 세력마저 밀려오자 에도 바쿠후는 심각한 위기에 빠졌다.

1603년	도쿠가와 이에야스, 에도 바쿠후 수립
1635년	산킨고타이 제도 확립
1657년	메이레키 대화재 발생
1680년	도쿠가와 쓰나요시, 5대 쇼군에 취임
1688~1703년	겐로쿠 문화를 꽃피움
1716년	교호 개혁 실시
1787년	간세이 개혁 실시
1841년	덴포 개혁 실시

1600년	영국, 동인도 회사 설립
1642년	영국, 청교도 혁명
1668년	영국, 명예 혁명
1760년경	산업 혁명 시작
1832년	영국, 선거법 개정

1675년	필립 왕 전쟁
1776년	미국, 독립 선언

1618년	독일, 30년 전쟁(~1648)

1636년	병자호란
1725년	탕평책 실시
1801년	신유박해
1811년	홍경래의 난

1789년	프랑스 혁명·인권 선언
1804년	나폴레옹 황제 즉위

1644년	명 멸망, 청의 중국 지배
1840년	아편 전쟁

바쿠후, 안정의 열쇠를 찾다

바쿠후와 번으로 나누어 통치하다

당시에 덴노가 머무는 교토는 허울뿐인 수도였다. 실제로 정치와 경제의 중심지는 쇼군이 있는 에도였다. 에도 바쿠후는 덴노 중심의 정치가 부활하는 메이지 유신이 일어날 때까지 250여 년간 지속되었다.

에도 시대의 정치 체제를 '막번 체제'라고도 한다. 이는 쇼군의 통치 기구인 바쿠후와 다이묘의 영지인 번을 합쳐 부르는 말이다. 바쿠후는 직할령만 직접적으로 통치했고, 번에 대해서는 다이묘의 자치에 맡기고 간섭하지 않았다. 바쿠후 재정은 조세에 해당하는 연공(年貢) 수입이 기본 바탕이 되었다. 도호쿠 지역을 중심으로 전국에 널리 퍼져 있는 직할령에서 생산하는 쌀만 해도 400만 석이었고, 가신들에게 나누어 준 영지의 생산량도 300만 석에 이르렀다. 이렇게 에도 바쿠후가 1년 동안 거둬들인 약 700만 석의 수입은 국가 전체 생산량의 4

분의 1에 해당했다. 성인 한 사람이 1년간 먹는 쌀의 양이 약 1석이라고 치면, 실로 바쿠후의 경제력은 상당했다고 할 수 있다.

바쿠후는 나가사키를 직접 지배함으로써 무역에서 생기는 이익을 독점하고 주요 지역의 광산 독점권도 차지했다. 게다가 오사카, 교토 등 주요 상공업 도시를 직접 다스리며 상인에게 받는 상납금 또한 상당했다. 이처럼 막강한 경제력을 바탕으로 하는 바쿠후의 군대는 수십 개 지역의 다이묘들이 연합해 반란을 일으켜도 쉽게 제압할 수 있을 정도로 강대했다.

한편, 번을 다스리는 다이묘는 쇼군을 주군으로 섬기면서 자신을 따르는 가신을 따로 거느렸다. 일반적으로 1만 석 이상의 연공을 거둬들일 수 있는 다이묘는 전국적으로 250명 정도가 있었다. 번과 바쿠후의 지배 조직은 기본적으로 유사한 구조였다. 다이묘들은 영지 내에서 자체적으로 법률을 만들고, 조세를 걷고, 재판을 하는 등 거의 '작은 쇼군'과 마찬가지였다. 다이묘들은 쇼군이 군사 지원을 요청할 때에는 즉시 군대를 동원해야 했다. 하지만 다이묘는 상황이 바뀌면 언제든지 바쿠후에게 등을 돌릴 수 있는 내부의 적이기도 했다. 훗날 일본의 가장 변방 지역에 해당하는 조슈 번과 사쓰마 번이 다른 번들과 연합하여 바쿠후를 무너뜨린 사실이 이를 뒷받침한다.

다이묘를 제압하다

에도 바쿠후는 막번 체제를 유지하기 위해 다이묘들을 신판, 후다이, 도자마의 세 등급으로 나누어 전국에 배치했다. 하지만 그것만으로 안심할 수 없었던 바쿠후는 혼인 정책을 활발히 추진했다. 쇼군은 유력한 다이묘 가문에 딸을 시집보내 관계를 돈독히 했다. 친딸이 없으면 양녀를 들여와서라도 결혼을 시킬 정도였다. 아무리 강력한 다이묘라도 사돈 관계를 맺은 바쿠후에게 등을 돌리지 않을 것이란 계산이었다. 다이묘들의 결혼은 바쿠후의 허락하에 이루어졌다.

이에야스의 아들 히데타다는 2대 쇼군으로서 무사들이 지켜야 하는 법인 '무가법'을 발표하여 무사들을 통제했다. 무가법은 다이묘들이 새로 성을 쌓는 것을 막고, 성을 보수할 경우에도 반드시 바쿠후의 허락을 받도록 했다. 이는 도요토미 가문의 오사카 성처럼 강력한 성이 반란군의 근거지가 될 가능성을 사전에 차단하기 위해서였다. 무가법

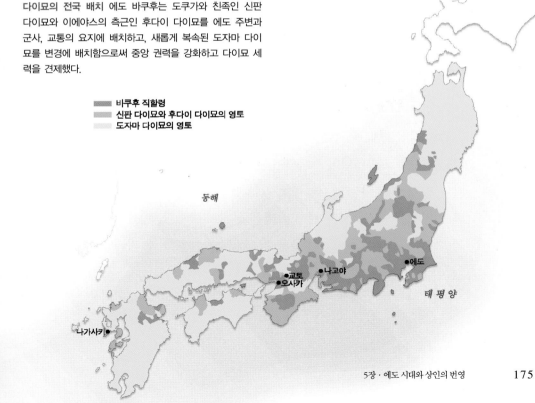

다이묘의 전국 배치 에도 바쿠후는 도쿠가와 친족인 신판 다이묘와 이에야스의 측근인 후다이 다이묘를 에도 주변과 군사, 교통의 요지에 배치하고, 새롭게 복속된 도자마 다이묘를 변경에 배치함으로써 중앙 권력을 강화하고 다이묘 세력을 견제했다.

■ 바쿠후 직할령
■ 신판 다이묘와 후다이 다이묘의 영토
□ 도자마 다이묘의 영토

동해

●에도
●나고야
●교토
●오사카

태평양

●나가사키

산킨고타이 행렬 산킨고타이 제도의 영향으로 도로가 발달하여 에도를 중심으로 다섯 개의 길[五街道]이 생겼다. 이곳에는 여행자와 말이 머물 수 있는 역참이 있었다.

을 무시하고 사전 허락 없이 성을 보수한 다이묘들의 영지는 단호히 몰수하여 바쿠후의 권위를 천하에 과시하는 계기로 삼기도 했다.

다이묘 세력을 통제하기 위해 산킨고타이(參勤交代, 참근교대)를 제도화했다. 산킨고타이란 지방의 다이묘들을 격년으로 에도로 불러들여 강제적으로 머물도록 한 제도였다. 에도로 향하는 다이묘의 행렬이 지나갈 때면 거리의 분위기마저 삼엄했다.

"물렀거라! 사쓰마 다이묘 나가신다."

행렬의 선두에 선 사내가 큰 소리로 외치면 행인들은 길 양옆으로 엎드려 다이묘의 행렬이 지나가기만을 기다렸다. 다이묘 행렬이 지나가는 길 주위에 사는 사람들에게 이는 매우 귀찮은 일이었다. 그렇다고 행렬을 가로질렀다가는 어떤 변을 당할지 몰랐다. 아들이 아프다는 소리를 듣고 허겁지겁 행렬을 가로지르던 노인이 그 자리에서 목이 날아간 경우도 있었다.

한편, 다이묘 입장에서도 1년 간격으로 에도에 올라와 생활하는 일

이 여간 성가시고 번거로운 게 아니었다. 그의 부인과 자식들은 에도에서 계속 거주해야 했다. 또한 1년마다 영지와 에도를 오가야 했기 때문에 다이묘들의 경제적 어려움도 점점 커져 갔다.

"1년 수입의 대부분을 에도에서 쓰는데도 살림이 항상 빠듯해!"

"말도 말게! 내가 사는 사쓰마(지금의 가고시마 현)는 에도까지 육로와 해로를 합해 4,000여 리나 되니 해마다 오가는 일이 장난이 아닐세."

다이묘들은 자신의 가족과 많은 부하를 수용하기 위해서 에도에 큰 집을 지어야 함은 물론, 에도에 머무는 동안에도 많은 돈을 지출해야 했다. 게다가 자신의 세력을 과시하기 위해 화려한 행렬을 갖추어야 했기 때문에 에도에서 멀리 떨어진 번의 다이묘일수록 들어가는 돈이 더 많았다. 다이묘들의 불만은 점점 높아 갔지만 바쿠후의 방침이 워낙 강경하다 보니 별 뾰족한 수가 없었다. 산킨고타이 제도는 다이묘들의 정치적, 경제적 기반을 약화시키고 바쿠후의 권력을 강화하려는 목적을 가장 효과적으로 달성하고 있었기 때문이다.

신분 간의 이동을 막다

무사는 쇼군과 다이묘를 호위하고 성을 비롯한 각종 군사 요새를 지키는 일을 맡았다. 또한 무사는 문관의 성격도 띠어서 바쿠후 또는 번의 행정을 맡기도 했다. 그 대가로 상급 무사는 영지를 받아 농민에게서 세금을 거둬들였고, 중하급 무사는 봉록으로 쌀이나 돈을 받았다.

무사들은 전쟁이 터지면 말, 활, 창, 투구, 갑옷 등을 스스로 준비하고 영지의 규모에 따라 적당한 인원을 전투 대원으로 보내야 했다. 보통 1,000석의 영지를 가진 무사는 20명 정도의 군사를 데리고 전쟁에 나갔다.

에도 바쿠후는 무사와 농민을 철저하게 분리해 놓았다. 농민은 무기를 갖지 못했고 오로지 농사만 지을 수 있었다. 그들이 무사 계급으로 올라가는 것을 막기 위해서였다. 또한 무사를 성안에서 살게 해 농민과 섞이지 않게 함으로써, 그들이 농민들을 데리고 반란을 일으키는 일이 없도록 주시했다. 다만 상공업자를 일컫는 조닌(町人)은 다이묘와 무사 들에게 필요한 물건을 대주는 일을 했으므로 성안에 살 수 있었다. 조닌은 마치(町), 즉 도시에 사는 사람이라는 뜻에서 유래했다. 무사와 조닌의 거주 지역은 다이묘가 사는 성 아래에 있어서 '성아래 도시'라는 뜻의 조카마치(城下町)라 불렸다. 상업과 교통이 발달하면서 조카마치는 점차 대도시로 발전했다.

이처럼 바쿠후는 농민은 농촌에, 무사와 조닌은 도시에 거주하도록 하여 각자의 위치와 역할을 명확히 하고 신분 질서가 흔들리지 않도록 했다.

2 │ 바쿠후의 번영과 그늘

번영의 삼두마차 에도, 오사카, 교토

에도 시대에는 도시가 눈에 띄게 발전했다. 산킨고타이 제도 때문에 전국의 다이묘들이 에도에 자주 드나들면서 각 지역과 에도를 잇는 도로가 발달했고 전국적으로 화폐가 통일되어 일본 전역이 하나의 상권으로 묶였다. 전국 단위의 거대 시장이 형성된 것이다.

그중에서도 '정치의 중심지'인 에도는 바쿠후 관료 외에도 산킨고타이를 위한 다이묘와 그 가족들, 그리고 그들에게 물품을 조달하는 조닌들이 모여들면서 나날이 번창했다. 당시 에도의 인구는 100만 명에 육박했다. 비슷한 시기 유럽의 중심 도시였던 런던과 파리의 인구가 50만 명 정도였다는 사실과 비교하면 에도의 도시 규모를 짐작할 수 있다.

상품이 들어오고 나가는 '유통의 중심지'인 오사카는 최대의 경제

도지마 쌀 시장 1730년, 오사카에 쌀을 거래하는 도지마 쌀 시장과 함께 그 주변에 많은 창고가
들어섰다. 오사카에 모인 물자는 해상 운송선을 통해 일본 각지로 유통되었기 때문에 오사카 시내
곳곳에 운하가 정비되었다. 이것들은 모두 상인들의 자치 조직에서 관리했다.

도시로 발전했다. 오사카의 중심에는 쌀을 거래하는 '도지마 쌀 시장'
이 있었다. 각 지역의 다이묘가 보낸 쌀을 보관하기 위해 곳곳에 세운
100여 개의 창고와 전국에서 몰려든 상인들로 늘 북적거리는 도지마
쌀 시장은 전국 쌀 시세의 기준이 되었다. 이곳에서 거래된 상품은 해
상 운송선을 통해 일본 각지로 유통되었기 때문에 오사카 시내 곳곳
의 운하가 정비되었다. '물의 도시', '상인의 거리'라는 오사카의 명성
은 이때 만들어진 것이다.

교토에서는 전통 산업이 발달했다. 특히 직물업, 염색업, 공예업 등
의 수공업이 발달했다. 사원과 신사를 참배하기 위해 전국 각지에서
모여든 사람들은 교토의 특산품을 기념품으로 사서 돌아갔다. 덴노의

궁이 위치하고 절과 신사가 많은 교토에는 35만 명의 인구가 모여 살았다. 에도, 오사카, 교토는 '3도(都)'라 불리며 에도 시대의 삼두마차로서 번영했다. 3도에는 미치지 못했지만 각 지방의 조카마치 역시 상업과 교통이 발달하며 대도시로 성장해 나갔다.

상업의 규모가 커지면서 각종 도매상도 늘어났다. 기모노로 돈을 번 미쓰이(三井) 같은 대상인이 등장한 것도 이 무렵이었다. 대상인들은 안전한 거래와 영업의 독점을 위해 동업 조합을 결성하기도 했다. 또한 상업이 활발해지고 화폐 사용이 빈번해지자 은행 역할을 하는 상인들이 생겨났다. 바쿠후와 다이묘들까지 대상인에게 돈을 빌리기 시작하며, 경제력을 갖춘 대상인 중심으로 세상이 변해 가고 있었다.

'에도 백만'의 풍경

에도에서는 다이묘의 가족과 부하들을 상대로 한 건축업과 상업이 성행했다. 목조 건물이 즐비했고 사람들로 붐볐기 때문에 '화재와 싸움은 에도의 꽃'이라고 할 정도였다.

농한기가 되면 돈을 벌기 위해 다른 지역의 농민들까지 몰려들어 '에도 백만'이라는 말이 생겨났다. 실제로 1721년 실시된 인구 조사에 따르면 에도 인구는 100만 명을 넘었다. 당시 조선의 수도였던 한성의 인구는 20만 명이었다.

에도에 거주하는 도시 노동자와 하급 무사 들은 토지를 소유하지 못했기 때문에 모든 식료품을 구입해야 했다. 여기에 가부키, 스모를 구경하러 온 사람들까지 거리로 몰려들어서 이들을 상대로 한 주점,

찻집, 식당, 포장마차 등의 외식 문화가 발달했다. 골목마다 식료품을 어깨에 메고 팔러 다니는 행상인을 쉽게 볼 수 있었다. 야타이(포장마차)에서 판매하는 음식에는 메밀 국수, 우동, 튀김, 어묵, 단팥죽, 장어구이 등이 있었는데, 특히 초밥이 인기를 끌었다. 빠른 시간 안에 간편하게 먹을 수 있다는 장점 때문에 번화가에는 초밥을 파는 야타

번화한 에도 에도의 경제적 중심지였던 니혼바시 다리와 그 주변의 모습을 담은 그림이다. 에도는 에도 성을 중심으로 쇼군과 고케닌, 산킨고타이 때문에 에도에 머무르는 다이묘 일행 등을 합쳐 무사와 그 가족이 60만 명, 조닌 40만 명이 거주하는 거대 소비 도시였다.

이가 즐비하게 들어섰다. 입맛대로 골라먹을 수 있도록 다양한 메뉴를 갖춘 야타이는 '노천의 밥상'이라고도 불렸다.

한편, 서민들 사이에서는 신사와 사원을 참배하는 여행이 유행했다. 농민들이나 조닌들도 성지 순례와 관광을 다닐 수 있는 여유가 생기면서 전국 각지를 왕래하는 사람들이 늘었다. 지방 사람들에게 에도는 동경의 도시였다. 에도에 들른 사람들은 가부키를 구경하고, 풍속화 우키요에(목판화)를 선물로 사서 고향으로 돌아가곤 했다.

바쿠후의 쇄국 정책과 네덜란드의 해외 무역 독점

전국 시대 무렵부터 서양의 몇몇 나라는 크리스트교 포교와 무역을 목적으로 일본의 문을 두드렸다. 해외 무역은 무역선의 입항지가 선교사의 의사에 좌우될 정도로 크리스트교 포교와의 밀접한 관계 속에서 전개됐다. 포교와 무역 이익을 노리는 포르투갈, 에스파냐, 이탈리아 선교사와 무역상, 천하통일의 향방을 좌우할 조총과 화약을 수입하려는 다이묘의 이해관계가 맞아떨어지면서 크리스트교의 교세가 빠르게 확산됐다. 여기에 불안감을 느낀 에도 바쿠후는 경제와 사회 질서를 안정시키기 위해 외부 세계와의 접촉을 차단했다. 다이묘들은 바쿠후의 허락 없이 중국, 조선, 류큐 왕국*, 네덜란드를 제외한 다른 나라와 교역할 수 없었다. 이를 어긴 다이묘는 사형에 처해졌다.

에도 바쿠후가 외국과의 교류를 엄격하게 금지한 이유는 평등 사상을 담은 크리스트교의 확산과 다이묘들이 경제적, 군사적으로 성장하는 것을 염려했기 때문이다. 에도 바쿠후는 성립 초기부터 크리스트교를 탄압했는데, 1622년에는 55명에 이르는 선교사와 신자가 나가사키에서 처형되기도 했다. 일본인과 유럽인의 접촉 기회는 줄어들었고, 일본인이 해외로 가는 일 역시 엄격하게 제한됐다. 네덜란드 상인은 이러한 상황을 정확하게 간파하고, 크리스트교의 확산을 막기 위

● **류큐 왕국** | 지금의 오키나와 현 자리에 있던 왕국이다. 동북아시아와 동남아시아를 연결하는 중계 무역으로 번영했다. 명과 청의 조공국으로서 일본과는 또 다른 독특한 문화를 발전시켜 오다가 1879년에 오키나와 현으로 편입됐다.

해서는 외국과의 무역을 금지해야 한다고 바쿠후를 설득했다. 결국 종교를 전파하는 데는 별 관심이 없던 네덜란드가 해외 무역을 독점하게 되었다.

네덜란드인은 나가사키의 데지마(出島)에 거주했다. 데지마는 나가사키 항구 내에 만들어진 부채꼴 모양의 인공 섬으로, 육지와 분리된 1만 3,000여 제곱미터의 매립지에 40동 정도의 건물이 있었다. 네덜란드인은 데지마에서 내륙으로 나올 수 없었으며, 일본인도 관리, 상인, 접대부 외에는 데지마에 들어갈 수 없었다. 데지마는 조선 시대 동래에 세워진 왜관과 같은 성격의 외국인 거주 지역이었던 셈이다.

그러나 바쿠후는 서양 문물을 수입하는 데 어느 정도 관대함을 보였다. 서양 문물의 수입은 보통 나가사키의 네덜란드 상관을 통해 이루어졌다. 《하멜 표류기》로 유명한 네덜란드인 하멜이 항해 도중 표류

나가사키의 데지마 나가사키는 푸치니가 오페라 〈나비부인〉의 배경으로 삼을 정도로 아름답고 외국인의 왕래가 많았던 곳이다. 일본에서 서양 문물이 가장 먼저 도입된 곳이기도 했다.

하여 조선에 13년 동안 억류되었다가 탈출한 곳이 나가사키라는 점도 동서 교역로로서 이곳의 성격을 잘 보여 준다.

네덜란드의 다른 이름인 홀란드는 일본에서 화란(和蘭)으로 번역되었다. 일본에서 화란의 학문, 즉 난학(蘭學)은 서양 학문을 뜻했다. 난학을 다루는 사람들은 네덜란드어 통역사나 의사인 경우가 대부분이어서 언어와 의학이 난학의 중심이 되었다. 일본의 지식인들은 네덜란드어를 배워 비교적 자유롭게 국제 정세를 접하고 최신 학문을 연구할 수 있었다. 당시 청이나 조선의 상황과는 대조적이었다.

중국인 역시 나가사키 주변 지역에 위치한 중국인 전용 거주지에 살았으며, 자유롭게 일본인들과 접촉할 수 없었다. 2만 6,000여 제곱미터 규모의 중국인 거주지에 출입할 수 있는 일본인은 관리와 상인뿐이었다. 중국인은 관청에 갈 때, 봄가을에 사원에 참배하러 갈 때를 제외하고는 거주지를 벗어날 수 없었다.

로닌의 불만이 커지고 재정이 악화되다

에도 바쿠후의 번영이 계속된 것은 아니었다. 세키가하라 전투에서 이에야스의 반대편에 섰던 다이묘들이 대거 몰락하면서, 자신이 섬기던 다이묘를 잃은 무사들 또한 할 일 없이 이리저리 떠도는 로닌(浪人, 낭인)이 되었다. 그들 중에는 전쟁이 일어나기를 은근히 바라는 자들이 많았다. 다이묘에 대한 통제와 쇄국 정책 등의 무단 통치로 사회가 불안한 가운데 1651년, 약 3,000명의 로닌들이 바쿠후 타도를 외치며 반란을 일으켰다. 사태의 심각성을 깨달은 바쿠후는 다이묘들이

로닌의 반란 1650년대 들어 바쿠후가 다이묘에 대해 강경책을 펴면서 몰락하는 다이묘들이 생겼다. 이에 따라 주군을 잃고 로닌이 된 무사들이 떠돌아다니며 소요를 일으키자, 바쿠후는 대책 마련이 시급해졌다.

더는 몰락하지 않도록 관심을 기울였다. 또한 로닌들에게는 일자리를 소개해 주며 그 수가 더 늘어나지 않도록 신경 썼다.

　로닌들의 문제가 해결되었다고 해서 바쿠후의 근심이 완전히 사라진 것은 아니었다. 바쿠후의 수입이 점차 줄어들고 있었기 때문이다. 5대 쇼군 도쿠가와 쓰나요시 무렵 바쿠후 관할지의 광산 생산량이 5분의 1로 줄어든 것이 가장 큰 몫을 했다. 그럼에도 바쿠후 살림이 방만하게 운영되면서 지출은 자꾸만 늘어 갔다. 특히 1657년에 발생한 메이레키 대화재는 바쿠후의 재정을 위협할 정도로 치명적이었다. 바로 전 해부터 비가 한 방울도 내리지 않아 우물이 말라 있는 상태여서 바쿠후 관리들은 3일 밤낮으로 계속되는 대화재를 손 놓고 지켜볼 수밖에 없었다. 이 화재로 에도에 있는 가옥의 70퍼센트가 불에 탔고 8명 중 1명이 죽었으며, 피해를 복구하는 데 약 100만 냥이 들어갔다. 당시 바쿠후의 전 재산이 300만 냥이었던 것을 생각하면 상당한 금액이었다. 이 밖에도 사원과 신사의 수리비로 많은 돈이 흘러나가면서 바쿠후의 금고는 차츰 바닥을 드러냈다.

각 번의 재정 상태 역시 좋지 않기는 마찬가지였다. 산킨고타이 제도에 따른 왕복 교통비와 에도 거주비는 매년 번의 살림을 압박했다. 또한 무사의 수가 늘어나고 물가가 오르면서 무사들에게 지급하는 녹봉 지출이 증가했기 때문에 재정 상태는 갈수록 악화됐다.

◉ 미쓰이 재벌

1673년 에도의 니혼바시 근처에 '미쓰이' 포목점이 문을 열었다. 이 포목점이 훗날 일본 최고의 기업으로 성장한 미쓰이의 출발점이었다. 가게는 '현금, 염가 판매, 바가지 없음'이라는 문구를 내걸고, 손님이 원하는 만큼 옷감을 잘라서 싸게 파는 파격적인 판매 전략을 선보였다. 이 같은 판매 전략은 손님들의 요구와 맞아떨어져 크게 성공했다.

미쓰이 포목점은 화폐와 어음을 교환해 주는 환전, 환어음전도 열었는데, 이것 또한 성공이었다. 그 후 미쓰이는 바쿠후와 번의 직속 상인이 되면서 에도 시대의 대표적인 부자로 성장했다. 미

미쓰이 포목점 1673년 교토와 에도에 문을 연 미쓰이 포목점은 파격적으로 정찰제와 현금 거래(주황색 동그라미)를 내세웠다. 비가 오면 고객들에게 회사 이름이 새겨진 우산을 빌려주는 등 현대적 영업을 통해 성장을 거듭했다.

쓰이의 결정적 도약기는 에도 바쿠후 말기였다. 메이지 신(新)정부군은 교토, 오사카의 상인들에게 바쿠후 군과 싸우는 데 필요한 식량과 돈을 대라고 요구했다. 바쿠후의 그늘 아래서 온갖 특혜를 받으며 성장해 온 상인들은 세력이 어느 쪽으로 기울지 모르는 상황에서 신정부에 돈을 대기를 꺼렸다. 그때 미쓰이는 신정부에 가장 먼저 금 1,000냥을 냈다. 이제 바쿠후의 시대는 끝났다고 판단한 것이다. 미쓰이의 예측대로 메이지 정부가 바쿠후를 몰아내고 자리를 잡자 미쓰이에 엄청난 특혜가 주어졌다. 정부 소유의 공장 설립 공사, 광산 채굴권은 당연히 미쓰이의 몫이었다.

3 │ 조닌 문화가 꽃피다

조닌의 시대

에도 시대 초기에는 모든 가치를 쌀로 환산했다. 그런데 쌀은 부피가 커서 불편했으므로 점차 금화, 은화와 같은 화폐로 거래를 하기 시작했다. 화폐가 본격적으로 통용되자 돈을 빌려 주고 그에 대한 이자를 챙기는 고리대금업, 금과 은의 가치를 따진 뒤 화폐로 바꿔 주는 환전업, 바쿠후나 번의 돈을 맡아서 관리하거나 이들에게 대출해 주는 은행업이 발달했다.

한편, 농업 기술의 발달로 수확량이 늘자 농산물을 사고팔기 위한 유통업도 발달했다. 특히 많은 이윤을 남기는 면화와 담배는 인기가 높은 상품이었다. 시장이 발달하고 소매상과 도매상 등이 늘어나면서 막대한 이익이 조닌에게로 흘러들어 갔고, 큰돈을 번 조닌은 다이묘와 무사에게 돈을 빌려 주면서 자신의 영향력을 키워 나갔다.

조닌의 학교 데라코야 에도 시대의 서민 교육 기관으로 절이나 민간의 방 하나를 교실로 사용해 '데라코야'라 불렀다. 데라코야는 도시에 이어 농촌에서도 점차 증가하여, 18세기 이후에는 약 1만 5,000개 이상이 설치되었다. 주산이나 사서오경의 읽기, 쓰기를 가르쳤으며 1872년 소학교 제도 가 생기면서 점차 사라졌다.

산킨고타이 제도로 인해 다이묘와 부하 무사들은 에도에서 돈을 쓸 수밖에 없었다. 그리고 이 소비는 또 다른 소비를 불렀다. 에도로 향 하는 도로가 닦이고 전국적으로 화폐가 통일되면서 일본 전체가 하나 의 상권으로 묶였다.

조닌은 전국의 거대한 시장을 무대로 누구도 무시할 수 없는 세력 으로 성장해 나갔다. 조닌의 영향력이 커지고 사회적 지위가 올라가 자, 이들에게 글과 예절 등을 가르치는 학교가 전국에서 문을 열었다.

무사의 자식들을 가르치는 번교처럼 조닌들에게는 데라코야(寺子屋)라는 민간 학교가 있었다. 데라코야는 조선의 서당과 비슷했다. 조닌은 장남에게는 신분 상승을 위해 교육의 기회를 주었고 장남 아래로는 상업을 가르쳐 가문을 유지했다.

신분 상승의 욕구만큼 조닌의 문화 수준도 점점 높아졌다. 하지만 사회는 여전히 엄격한 신분제가 자리 잡고 있었기 때문에 조닌이 즐기는 문화는 제한적일 수밖에 없었다. 조닌 문화의 중심에는 서민적인 가부키와 우키요에가 있었다.

조닌은 가부키를 좋아해

1780년 어느 극장에 세 사람이 모여 열띤 토론을 벌이고 있었다. 극장 주인, 돈을 대는 전주, 배우들의 대표였다. 그들은 어떤 가부키를 무대에 올릴지 한창 회의를 하는 중이었다. 세 사람이 머리를 맞대자 눈오는 장면을 표현하기 위해 무대 위에 바구니를 매달아 종잇조각을 날리자는 둥, 악사들을 무대 좌우에 배치해 효과음을 더 실감나게 전달하자는 둥 기발한 아이디어들이 쏟아져 나왔다.

가부키가 성공하느냐, 실패하느냐는 세 사람의 손에 달린 것이나 마찬가지였다. 세 사람은 이번에 무사의 복수극인 〈주신구라(忠臣藏)〉를 무대에 올리기로 결정했다. 공연 아이디어가 한창 오고 갈 무렵, 공연 허가를 받기 위해 바쿠후에 찾아갔던 심부름꾼이 돌아왔다.

"요즘 들어 흥행 허가권을 얻는 게 보통 힘든 일이 아니에요. 바쿠후는 가부키가 세상을 어지럽힌다고 불만이 많습니다."

가부키란 문자 그대로 배우가 관객들 앞에서 가(歌), 무(舞), 기(伎), 즉 노래, 춤, 재주를 선보이는 공연 예술을 말한다. 사람들이 북적대는 도시에서 상연되는 가부키 공연은 늘 인기를 끌었다.

가부키는 서민들의 문화 욕구를 채워 주고, 신분적 한계로 인한 한을 어루만져 주었다. 경제의 중심이 된 조닌들은 지배층만이 누리던 문화생활과 예술을 서민도 향유하기를 희망했다. 하지만 사치와 향락의 근거지가 극장이라고 생각했던 바쿠후는 공식적인 허가를 받은 극장에서만 가부키 공연을 올릴 수 있게 했다.

당시 에도에는 나카무라, 모리타 등 유명한 극장이 있었다. 극장 앞은 가부키를 보기 위해 모인 사람들로 아침부터 북새통을 이뤘다. 좌석을 메운 사람들 대부분은 조닌이었다. 과거에는 문화를 이해하고 소비하는 계층이 귀족들이었지만, 이제는 돈만 있으면 누구나 문화생활을 즐길 수 있는 시대가 온 것이다. 극장 좌석은 1등석과 2등석으로 나누어졌는데, 1등석은 2등석의 두 배가 넘는 가격을 지불해야 앉을 수 있었다. 서민들이 주로 이용하는 2등석은 지붕이 없는 데다 변변한 자리마저 제대로 준비되지 않은 값싼 대중석이었다. 이에 비해 지상보다 좀 더 높은 곳에 위치한 1등석에서는 귀족과 무사, 부유한 조닌이 편안하게 가부키를 관람했다. 부유한 조닌은 귀족, 무사와 어깨를 나란히 하고 공연을 즐겼다.

가부키는 다양한 볼거리로 공연 내내 관객들의 시선을 사로잡았다. 가부키 배우들의 분장과 머리 모양, 그리고 화려한 의상은 서민들 사이에서 유행처럼 번져 나가기도 했다. 조닌은 이 같은 유행을 앞장서서 이끌었다. 유행은 무사들에게까지 퍼져 그렇지 않아도 어려운 바

가부키 극장 가부키 극장의 건축과 내부 양식이 확립된 것은 1660년경이다. 좌석에 앉은 관객의 왼쪽으로 길게 나 있는 통로는 하나미치, 즉 꽃길이라 부르는데, 배우들은 이곳을 통해 등장한다.

쿠후 살림을 위기로 몰아넣었다. 바쿠후가 화려한 의상을 금지하는 명령을 내렸지만, 경제적으로 풍족한 조닌들에게 이러한 명령은 전혀 귀에 들어오지 않았다. 조닌은 끊임없이 새로운 디자인의 옷과 머리 모양을 개발하여 유행시켰다.

조닌에게 가부키는 단순히 재밌는 공연이 아니었다. 경제적으로는 풍요롭지만 신분적으로 차별받던 조닌에게 신분의 한계를 잊게 해 주는 탈출구였다.

우키요에의 유행

1794년 에도 시내의 어느 중심가에 모인 군중은 한 장의 그림에 넋이 나가 있었다.

"언제 봐도 샤라쿠의 작품은 대단해! 순간적인 동작이나 표정이 깜짝 놀랄 만큼 강렬하다니까."

"얼굴 표정이 우스꽝스러울 정도로 과장되었어도 심리 묘사가 뛰어나거든."

서민들이 즐기는 문화 예술에는 가부키 말고도 우키요에가 있었다. 우키요에는 목판에 새겨 찍어 낸 풍속화였다. 먼저 목판에 밑그림을 그린 뒤 조심스레 새기고, 목

가부키 배우 도슈사이 샤라쿠가 그린 우키요에로, 가부키 배우의 얼굴 표정에서부터 손가락까지 작가의 개성이 뚜렷하게 드러나 있다.

〈가나가와의 파도〉 가츠시카 호쿠사이는 19세기 후반 유럽의 표현주의 화가들 사이에서 불었던 일본 열풍인 자포니즘(Japonism)의 중심에 있던 화가이다. 〈가나가와의 파도〉는 단순하면서도 힘차고, 파도의 역동적인 모습을 잘 표현했다.

판에 물감을 칠하여 여러 장을 찍어 냈다. 주로 조닌들이 돈을 대고 그림의 유통을 책임졌는데, 상업이 발달하면서 우키요에를 감상하는 사람의 수가 늘어났다.

　우키요에는 대량으로 인쇄되어 서민도 부담 없이 살 수 있었다. 색깔도 소비자의 기호에 따라 바꿀 수 있고, 그림의 주제도 누구나 좋아하는 가부키 배우, 미인의 자태, 자연 풍경이 대부분이었다.

바쿠후는 사치를 조장하고 풍속을 문란하게 한다는 이유로 우키요에를 제작하는 상인과 기술자 들을 규제했다. 금지된 우키요에를 팔다가 바쿠후의 눈에 띄어 재산의 절반을 몰수당한 사람도 있었다. 게다가 바쿠후는 화려한 의복을 금지한 것과 마찬가지로 우키요에 한 작품당 여덟 가지 색 이내로 사용하도록 한정했다. 이러한 제약에도 불구하고 우키요에는 인기에 힘입어 서민들의 생활 깊숙이 뿌리내렸다. 우키요에는 네덜란드 상인에 의해 유럽에 전해지면서 서양에서도 주목을 받았다. 인상파 화가로 유명한 고갱이나 고흐, 모네 등의 그림에서 우키요에의 흔적을 찾아볼 수 있다.

● 우키요에 마니아 고흐

유럽의 인상파 화가 고갱은 주문했던 일본 도자기를 받아 든 순간 깜짝 놀랐다. 그의 눈길을 사로잡은 것은 도자기가 아니라 포장지에 그려진 그림이었다. 간결하면서도 강렬한 색상, 자유로운 구도는 그의 얼을 쏙 빼 놓았다. 인상파 화가들은 상상해 보지도 못한 독특한 기법이었다.

그의 친구인 고흐 역시 그 색채와 양식에 커다란 감동을 받아 우키요에 마니아가 되었다. 고흐는 〈탕기 영감의 초상〉의 배경에 후지 산, 벚꽃나무, 게이샤의 모습 등을 그려 넣어 일본 문화에 대한 애정을 드러냈다. 또한 〈꽃이 핀 자두나무〉와 〈비 내리는 다리〉는 우키요에를 모방해서 그린 작품이었다. 이 그림들에 한자

고흐의 〈탕기 영감의 초상〉과 〈비 내리는 다리〉 〈탕기 영감의 초상〉은 게이사이 에이센의 작품인 듯한 기모노를 입은 일본 여인, 안도 히로시게의 작품인 듯한 풍경 판화, 가츠시카 호쿠사이의 작품으로 보이는 후지 산 등 여러 점의 우키요에가 배경을 이루고 있다. 〈비 내리는 다리〉는 우타가와 히로시게의 〈아타케 다리에 내리는 소나기〉의 모사작이다. 고흐는 자포니즘의 영향을 강하게 받으면서도 자신만의 개성으로 독특한 작품들을 남겼다.

까지 애써 '그려' 넣은 것을 보면 고흐가 얼마나 우키요에에 열광했는지 짐작이 간다. 이처럼 우키요에는 해외 문화를 수용하기만 했던 일본 문화가 세계로 뻗어 나가는 계기를 만들어 주었다.

4 | 바쿠후에 위기가 닥치다

이에야스 시대여 다시 한번

에도 바쿠후는 3대 쇼군인 이에미쓰가 정권을 잡은 시기에 이르러 확실하게 자리 잡았다. 그러나 평화가 지속되고 생활에 여유가 생기자 정치는 차츰 문란해졌다. 정치의 문란은 무사들의 낭비로 이어졌고, 그렇지 않아도 빠듯한 바쿠후 살림을 더욱 어렵게 했다.

안팎으로 어지러웠던 시절, '이에야스 시대여 다시 한 번'을 외치며 어지러운 재정을 바로잡으려는 이가 등장했다. 에도 바쿠후의 쇼군 중에서 가장 칭송받는 8대 쇼군 도쿠가와 요시무네였다. 오늘날에도 일본 사극의 주인공으로 자주 등장하는 그는 인정 많은 쇼군으로 백성들의 신임을 한 몸에 받았다. 그와 관련된 일화가 있다.

어느 여름날, 요시무네가 길을 가다 한 마부가 창문에 종이로 짠 모기장을 바르고 있는 모습을 보았다. 그는 "얼마나 덥겠는가."라며 신하에게 실로 짠 모기장을 만들어 주라고 명했다. 종이에 비해 값은 비싸지만 바람이 잘 통하는 실로 짠 모기장을 창에 단 마부는 그날 밤 단잠을 이루었을 것이다. 이처럼 서민을 위하는 쇼군이 등장하자 백성들은 모두 새로운 정치를 기대하며 기뻐했다.

요시무네는 바쿠후 살림이 가난한 이유가 농업 생산량이 계속 늘어남에도 불구하고 그것이 세금으로 연결되지 못하는 데 있다고 보았다. 그래서 다이묘에게 산킨고타이 기간을 반년으로 줄여 주는 대신 매년 세금을 더 내도록 했다. 이렇게 해서 추가로 거둬들인 세금이 바쿠후 전체 수입의 10분의 1에 해당했다. 또한 요시무네는 토지를 철저히 조사하여 농민들에게서 매년 징수해야 할 세금을 빠짐없이 거둬들이도록 했다. 그 결과 요시무네가 쇼군으로 있던 시절의 바쿠후 수입은 에도 바쿠후에서 최고 기록으로 남을 정도로 안정되었다.

쌀 쇼군, 요시무네

칭찬이 자자한 요시무네에게도 쉽게 풀지 못하던 문제가 하나 있었다. 그것은 당시 일본에 널리 퍼진 사치 풍조였다. 그는 바쿠후의 재정 지출을 줄이고 무사의 낭비를 막기 위해 전국에 사치를 금지하는 명령을 내렸다.

"속옷을 화려하게 입으면 아무도 모를걸?"

"새것도 헌것처럼 보이게 하면 되지."

사치 금지령이 발표된 뒤에도 사람들은 법에 걸리지 않는 범위 내에서 계속 사치를 부렸다. 사람들은 겉옷보다 안감에 화려한 옷감을 사용하고, 금은 세공품을 그을려 헌 물건처럼 보이게 하면서 사치스러운 소비 생활을 이어 갔다. 바쿠후 곳간이 소리 없이 새고 있었다.

재정 개혁 이후 바쿠후 살림은 어느 정도 안정됐지만 쌀값 변동이 심했던 탓에 물가 불안은 여전했다. 1721년부터 다음 해까지 계속된 흉작으로 쌀값이 급등하자, 바쿠후는 쌀로 술을 빚는 것을 금지했고 쌀 시장을 폐쇄했다. 그러나 얼마 후 개간 사업이 효과를 거둬 쌀 생산량이 증가하자 이번에는 쌀값이 하락하기 시작했다. 바쿠후는 오사카의 도지마 쌀 시장을 다시 공인하고 상인에게 쌀을 비축하도록 했다. 1732년, 흉작으로 쌀값이 다시 급등하면서 이듬해 에도에서는 3,000여 명의 빈민들이 폭동을 일으켜 쌀가게를 습격하는 사태까지 벌어졌다. 당시 에도 바쿠후의 경제 구조는 쌀로 거둔 연공을 화폐로 교환한 뒤 그것으로 생활 물자를 구입하는 식이

도쿠가와 요시무네 에도 바쿠후의 중흥에 힘쓴 8대 쇼군이다. 쌀값 안정을 위해 애를 써서 서민들 사이에서는 쌀 쇼군이라는 별명으로 불렸다.

었다. 쌀값이 하락하면 다이묘와 무사들이 곤궁해졌고, 쌀값이 급등하면 도시 빈민들이 폭동을 일으켰기 때문에 요시무네는 쌀값 안정에 온힘을 기울일 수밖에 없었다. '쌀 쇼군'이라는 별명이 괜히 붙은 것이 아니었다.

다누마 시대의 풍경

1784년 이른 봄, 바쿠후의 집무실에 따사로운 햇볕이 드리웠다. 로주(老中)●인 다누마 오키쓰구는 여느 날과 마찬가지로 아들과 함께 정사를 돌보는 데 여념이 없었다. 로주는 쇼군 다음가는 직책으로, 다누마는 무능한 쇼군을 대신하여 정치를 주도하고 있었다. 그런데 일에 열중한 다누마의 등 뒤로 어두운 그림자가 덮쳤다.

"다누마, 우리 무사들을 이따위로 대접해도 무사할 줄 알았는가!"

미처 상대를 확인할 틈도 없이 단칼에 다누마 아들의 목이 날아갔다.

다누마는 기울어 가는 바쿠후 살림을 개선하기 위해 두 가지에 역점을 두고 있었다. 하나는 상업을 적극적으로 지원하여 조닌으로부터 많은 세금을 거두는 것이고, 다른 하나는 해외 무역을 통해 금은을 수입하여 재정의 안정화를 꾀하는 것이었다. 하지만 이러한 조치의 효과는 그리 크지 않았다. 근본적인 이유는 전국적인 대기근과 만연했던 뇌물 때문이었다. 바쿠후 관리에게 선물을 보내는 풍조는 에도 시

● 로주 | 쇼군을 보좌하는 최고 관직으로 다이로(大老)가 있었지만 비상근직이었다. 실질적으로 바쿠후 사무를 총괄하는 직책은 로주였다.

덴메이 대기근 1782~1787년에 닥친 전국적인 기근을 덴메이(天明) 대기근이라고 부른다. 굶어 죽은 시체가 여기저기 뒹굴고 있는 아이즈 지방의 참상을 그린 그림이다.

대에 흔히 있는 일이었지만, 다누마 시대에는 더욱 극심했다.

당시의 상황이 어느 정도였는지는 다음의 일화가 잘 말해 준다. 다누마의 집 앞은 승진과 이득을 노리는 무사, 조닌 들로 매일같이 문전성시를 이루었다. 다누마의 집에 '인형'이라는 글자가 적힌 커다란 상자가 도착했다. 인형이려니 생각하고 상자를 연 순간 다누마는 깜짝 놀랐다. 상자 안에 아름다운 여인이 앉아 있었기 때문이다. 이처럼 당시는 사람을 뇌물로 바칠 정도로 부정부패가 만연한 시대였다. 하지만 무사들에게는 시련의 시기였다. 자연재해와 사치 등으로 바쿠후와 번의 살림이 곤궁해지자 무사들은 생활 기반인 봉급조차 제대로 지급받지 못했다. 무사들은 먹고살기 위해 조닌에게 높은 이자로 돈을 빌리거나 부업을 했다. 삶이 막다른 곳에 다다르면 무사의 신분을 팔아넘기는 자들도 있었다. 자신을 지지해 줬던 쇼군 이에하루가 죽자 다누마도 로주의 자리에서 물러났으나 바쿠후의 앞날은 어둡기만 했다.

쇄국 정책이 흔들리다

에도 바쿠후가 쇄국 정책을 시행하기 전에는 동남아시아에 일본 마을이 생길 정도로 해외 무역이 활발했다. 그러나 크리스트교가 빠르게 확산되면서 사회 질서가 흔들릴 수 있다는 우려의 목소리가 높아지자 바쿠후는 크리스트교를 금지하고, 일본인의 해외 무역도 제한했다. 1635년에 이르러서는 일본인이 해외로 나가는 것뿐만 아니라 해외에서 돌아오는 것도 금지하는 등 대외 교류를 엄격하게 통제했다. 바쿠후는 일본적 화이관, 즉 일본 중심의 국제 질서에 입각하여 특정 번이 특정 국가를 담당하도록 했다. 그 결과 조선과의 무역 창구는 쓰시마 번이 담당하고, 에조치(지금의 홋카이도)는 마쓰마에 번, 류큐 왕국(지금의 오키나와)은 사쓰마 번이 각각 교역 창구가 되었다. 이런 통제 무역의 이면에는 바쿠후의 무역 독점이 자리 잡고 있었다.

하지만 바쿠후의 쇄국 정책이 계속된 것은 아니었다. 시베리아를 횡단하여 일본 근해에까지 도달한 러시아가 일본과의 접촉을 시도하면서 굳게 닫힌 일본의 문도 흔들리기 시작했다. 이어서 산업 혁명에 성공한 영국과 프랑스, 미국이 원료 공급지와 상품 시장을 찾아 아시아로 몰려들었다. 어느 번에서는 근처를 지나는 흑선을 봤다는 소문도 들렸다.

1830년대 들어 극심한 흉작이 매년 지속됐고, 수확량은 평년의 반도 되지 않았다. 전국 곳곳에서 굶어 죽는 사람이 무더기로 나오자 일부 농민은 농기구를 무기 삼아 봉기를 일으켰다. 이런 참상이 농촌에만 있었던 것은 아니다. 상업의 중심지라 할 수 있는 오사카에서도 하

동남아시아 일본촌 일본인들은 타이완, 안남(베트남), 루손(필리핀), 샴(태국) 등과 활발하게 무역을 하며 현지에 진출했다. 동남아시아에는 일본인들의 거리라는 뜻의 '니혼마치(日本町)'가 만들어졌을 정도였다.

루에 100명이 넘는 사람이 굶어 죽었다. 이 같은 상황에서 1837년에 관리 오시오 헤이하치로가 바쿠후의 안일한 대처에 분노하며 난을 일으켰다. 금세 진압되기는 했지만 다른 사람도 아닌 바쿠후의 관리가 대도시 오사카에서 난을 일으켰다는 점은 바쿠후에게 큰 충격을 주었다. 그리고 이를 모방한 반란이 전국 곳곳에서 발생하면서 바쿠후는 적극적인 대책을 세워야 했다.

에도 시대의 대외 관계 조선과는 쓰시마를 통해 공식적으로 외교·무역 관계를 맺었고, 네덜란드와는 나가사키의 데지마에서 공식적인 통상 관계를 맺었다. 청과는 나가사키의 도진야시키에서 비공식적이고 제한적인 통상 관계를 가졌다. 에조치는 마쓰마에 번을 통해 아이누인을 통제하고 북방과 교역했다. 류큐 왕국은 사쓰마 번에 의해 무력으로 점령당한 후 청과 일본 양국에 조공 무역하는 것을 허락 받았다. 류큐 왕국의 청에 대한 조공 무역을 허락한 것은 경제적 이득을 위해서였다.

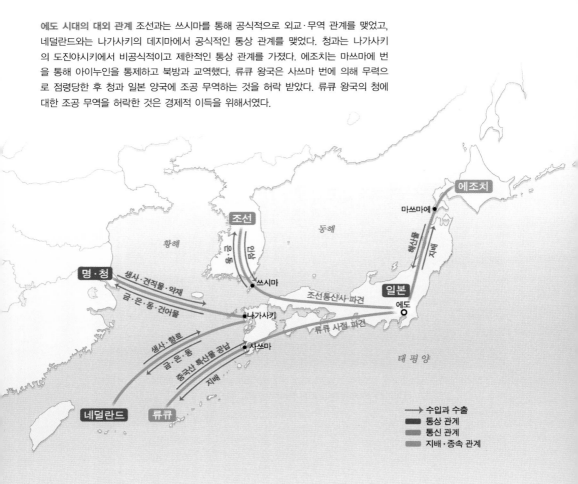

오시오의 난 1833년에서 1839년에 걸친 덴포의 대기근으로 오사카에서도 참상이 이어졌으나 빈민 구제책이 마련되지 않자 오시오 헤이하치로가 난을 일으켰다. 그림에 구민(救民)이라고 쓴 깃발이 보인다.

바쿠후는 대대적인 개혁을 추진했다. 우선 사람들에게 근검절약을 강조했다. 또한 농촌을 살리기 위해 사람들이 에도로 이주하는 것을 금지했고, 이미 에도로 이사 온 농민들 중에서도 가정을 이룬 사람을 제외한 나머지는 고향으로 돌아갈 것을 명령했다. 이런 무리한 개혁에 농민층이 반발한 것은 뻔한 결과였다. 에도 바쿠후가 등장한 지 250년 만에 위기가 닥쳐오고 있었다.

교류와 평화의 사절,
조선통신사

　도쿠가와 이에야스는 임진왜란이 끝난 후 10년 만에 쓰시마 번을 통해 조선과의 국교 재개를 요청해 왔다. 조선은 바쿠후의 사정도 알아보고, 왜란 때 끌려간 포로들을 데려오기 위해 일본의 요청을 받아들여 사신을 파견했다. 이렇게 국교가 성립된 후 처음 파견된 1636년부터 마지막이었던 1811년까지 아홉 차례에 걸쳐 통신사가 파견됐다. 통신사는 새 쇼군이 취임할 때마다 그 권위를 국제적으로 보장받고 싶어 하는 바쿠후의 요청으로 이루어졌다.

　조선통신사의 여정은 왕복 6개월에서 9개월, 길게는 1년이 걸리는 대장정이었다. 사람을 실은 세 척의 배와 예물과 식량 등 짐을 실은 세 척, 총 여섯 척의 배가 출발했다. 책임자인 정3품 정사와 부책임자인 정4품 부사 그리고 정5품의 종사관을 선두로 여러 분야의 수행원들이 통신사 길에 올랐다. 화공, 통역관, 군인, 문사(文士), 악공 등 각 분야를 대표하는 다양한 인물을 포함하여 총 500명이었는데 그중 뱃사공이 150명 정도 되었다. 통신사 일행은 쓰시마, 오사카 등을 거쳐 교토에 도착했다.

조선통신사 내조도 조신통신사에 대한 영접과 접대는 매우 호화로웠다. 그러나 그만큼 재정적 부담이 컸기 때문에 에도에서의 사신 접대는 1764년에 끝났고, 조선통신사 자체도 1811년에 쓰시마에서 접대한 이후로 계속 연기되다가 결국 중단되었다.

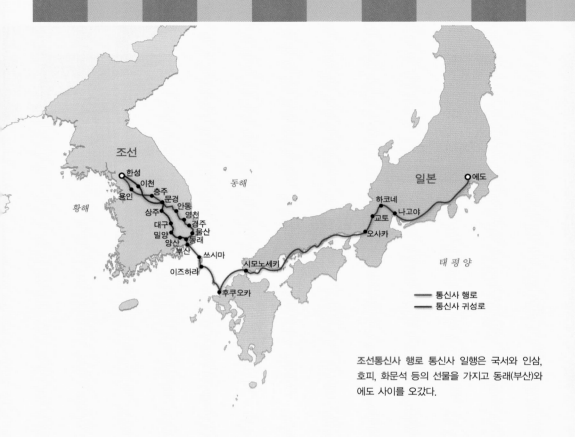

조선통신사 행로 통신사 일행은 국서와 인삼, 호피, 화문석 등의 선물을 가지고 동래(부산)와 에도 사이를 오갔다.

　일본인들은 시와 그림에 대한 관심이 유별나, 저녁이 되면 통신사로부터 시와 회화 작품들을 얻으려고 숙소 앞이 문전성시를 이루었다. 당시 일본 유학자의 글씨와 문장 실력은 상대적으로 형편없었는데 그것은 사회구조와 밀접한 관련이 있었다. 조선은 유교 국가로 과거 시험을 봐야 관리가 될 수 있었고, 고급 관리가 되려면 글솜씨가 뛰어나야 했다. 반면에 일본은 고급 관리 자리에 유학자 대신 무를 중시하는 사무라이들을 채용했고 글에 능숙한 유학자나 승려는 권력자의 조언자 역할에 머물렀다. 여기에는 일본이 유학의 본고장인 중국과 멀었을 뿐만 아니라 쇼군을 비롯한 번주, 그리고 고급 관리들이 세습직이라는 점도 한몫을 했다.

　교토부터 에도까지는 육로로 이어졌다. 에도에 가까워질수록 전국에서 모여든 구경꾼들 때문에 통신사 행렬이 한 지점을 통과하려면 길게는 다섯 시간이나 걸렸다. 하루 이동 거리가 40~50리(약 15~20킬로미터)인 점과 대개 3~4개 지점을 하루에 거쳐 간다는 점을 고려한다면 구경꾼들로 인해 통신사의 이동이 꽤나 지체되었음을 짐작해 볼 수 있다. 통신사 행렬은 당시 커다란 볼거리였다.

바쿠후는 통신사 일행을 맞이하는 데 1,400여 척의 배와 1만여 명의 인원을 동원했다. 접대비는 약 100만 냥 정도로 바쿠후의 1년 예산에 해당했다. 단지 쇼군의 취임을 축하하러 온 사절을 위해 바쿠후는 이렇게 많은 비용을 지불했을까? 사실은 일본의 지배자로서 쇼군의 권위를 백성들에게 과시하기 위한 측면이 컸다. 바쿠후의 이런 의도로 인해, 거리에 구경나온 사람들 모두가 통신사를 우러러보았던 것이 아니라 상당수가 그저 쇼군에게 조공을 하러 온 외국인 정도로 여겼다.

도카이도(東海道, 간토와 간사이를 잇는 주요 도로)를 따라 마침내 에도에 도착한 통신사 일행은 쇼군이 직접 나와 맞이했다. 이윽고 통신사의 책임관인 정사는 가장 중요한 '국서 전달' 의식을 거쳤다. 의식이 끝나면 바쿠후가 베푸는 최고의 대우를 받고 문화 교류의 시간을 보내면서 보름 이상을 에도에 머물렀다. 그리고 쇼군이 조선 국왕에게 보내는 국서와 예물을 받으면 통신사 임무를 완수하고 왔던 길로 다시 귀국길에 올랐다.

조선통신사를 두고 한국은 우리 선진 문화를 일본에 전파했던 문화 사절이었다고 주장하는 반면, 일본은 일본 중심의 국제 질서 속에서 바쿠후에게 조공을 바치는 사신이었다고 주장한다. 그러나 조선통신사가 쇼군의 취임을 축하한 일만을 가지고 조공으로 평가하는 시각은 잘못된 것이다. 이는 1636년 이후 쓰시마 번에서 전담하여 조선에 사신을 파견한 횟수가 총 700회인 데 비해, 조선은 통신사 9회를 제외하고 쓰시마 번주에게 보냈던 사신이 총 50회에 불과했다는 사실에서 확인할 수 있다.

비록 일본이 최고 통치권자였던 쇼군의 권위를 높이기 위한 목적으로 통신사의 파견을 요청했지만, 조선이 문화 교류를 통해 우호 관계를 유지하고자 했던 의지가 컸으므로 300년 전 조선과 일본 사이를 오갔던 조선통신사는 '평화의 사절'이었다고 할 수 있다.

6장

메이지 유신과 문명개화

페리의 위협으로 에도 바쿠후는 그동안 체제 안정을 위해 유지했던 쇄국 정책이라는 빗장을 풀었다. 그 여파로 에도 바쿠후가 무너진 뒤, 일본은 메이지 유신을 통해 근대 사회로 나아갔다. 일본의 개화는 메이지 정부뿐만 아니라 민간에서도 적극 참여하는 가운데 진행됐다. 헌법을 만들어 근대 국가로서 제도적 토대를 마련하고, 경제 부문의 급속한 근대화로 산업 사회의 면모를 갖추게 됐다. 하지만 부국강병의 기치를 내걸고 근대화에 주력하던 일본은 그동안 축적한 힘을 제국주의적 침략에 이용했고, 일청 전쟁과 일러 전쟁에서 승리하면서 한국을 강제로 병합했다.

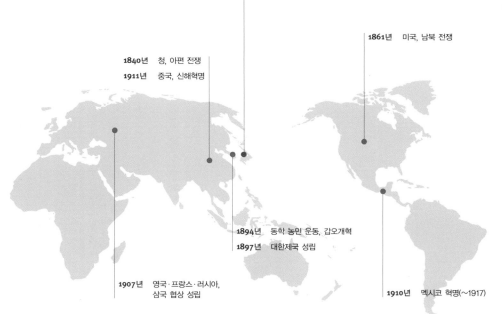

1871년	페번치현, 이와쿠라 사절단 출발
1873년	정한논쟁
1874년	자유 민권 운동
1876년	조일 수호 조규
1877년	세이난 전쟁
1879년	류큐 복속, 오키나와 현으로 편입
1889년	대일본제국헌법 제정
1890년	제1회 제국의회 개회
1894년	일청 전쟁(~1895)
1895년	시모노세키 조약 체결, 삼국 간섭
1902년	제1차 일영 동맹
1904년	일러 전쟁
1905년	제2차 일영 동맹, 포츠머스 조약, 을사조약
1910년	한국 병합

1861년   미국, 남북 전쟁

1840년   청, 아편 전쟁
1911년   중국, 신해혁명

1894년   동학 농민 운동, 갑오개혁
1897년   대한제국 성립

1907년   영국·프랑스·러시아,
        삼국 협상 성립

1910년   멕시코 혁명(~1917)

1 개국, 그리고 덴노 중심의 정부를 세우다

아편 전쟁, 대륙과 열도를 들썩이다

1840년, 청과 영국 사이에 아편 전쟁이 일어났다. 청 정부는 아편 흡연자들이 늘면서 대량의 은이 국외로 빠져나가자, 아편의 흡입과 수입을 금지했지만 별 효과를 거두지 못했다. 이에 1839년 린쩌쉬가 광둥에서 영국 상점에 남아 있던 아편을 몰수하고 아편 매매를 철저히 단속했는데, 영국이 무력행사로 맞서면서 전쟁이 일어났다.

영국군의 공격으로 난징까지 위험에 처하자, 청 정부는 1842년 영국과 난징 조약을 체결하고 아편 전쟁을 끝냈다. 난징 조약에 따라 중국은 영국에 아편의 몰수로 인한 손해를 배상하고 홍콩을 할양하며, 광저우와 상하이 등 5개 항을 개항하고 개항장에 영국인이 머무르는 것을 인정해야 했다. 다음 해에 추가로 맺은 후먼 조약에서는 5개 항구에서 영국의 치외법권˙을 인정하고, 수입품에 대해 영국이 5퍼센트

아편 전쟁 일본은 영국의 식민지였던 싱가포르의 영자 신문을 인용한 네덜란드 서적과, 전투 지역과 가까운 동남아시아에 있던 중국 상인들의 보고서를 종합해 사태를 파악했기 때문에, 아편 전쟁의 실체를 비교적 정확하게 알고 있었다.

의 관세를 납부하기로 결정했다. 난징 조약과 후먼 조약은 중국의 입장에서 볼 때 일방적으로 강요된 패전 조약이었다. 이후 중국은 다른 서구 열강으로부터도 비슷한 형태의 불평등 조약을 강요받았다.

아편 전쟁 소식은 곧바로 일본에 전해졌다. 긴장한 바쿠후는 1842년, 외국 선박에 무조건 대포를 쏘아서 쫓아 버렸던 기존의 추방령을 폐지했고, 외국 선박에 필요한 물자를 제공하고 안전하게 귀국시키라는 새로운 법령을 제정했다. 또한 영국의 침략에 대비해 각 번에 에도 만을 중심으로 방위 태세를 취하도록 명령했다. 1844년 청과 통상 조

● **치외법권** | 다른 나라의 영토 안에 있으면서도 그 나라 법의 지배를 받지 않을 수 있는 권리를 말한다.

약을 맺은 미국은 1846년 해군 제독 비들을 일본에 파견해 바쿠후와 통상 교섭을 시도했으나 아무 성과 없이 돌아갔다. 1852년, 나가사키 항에 들어온 네덜란드 선박이 바쿠후에 전달한 오란다(네덜란드) 풍설 서에는 미국의 사절 페리가 내항할 것이라는 소식이 적혀 있었다.

흑선에 항구를 열어 주다

1853년, 에도 만의 우라가 항에 신형 대포를 장착한 네 척의 검은 증기선이 나타났다. 미국의 페리 제독이 타고 있던 이 배는 별과 줄무늬가 그려진 성조기를 달고 있었다. 바쿠후 코앞까지 나타난 흑선*의 출현으로 일본은 충격에 휩싸였다.

아직 파나마 운하가 만들어지기 전이라 페리 제독은 미국의 노퍽 항을 떠나 대서양, 케이프타운, 인도양 그리고 중국을 거쳐 일본으로 들어왔다. 미국은 다른 나라보다 일본 진출에 적극적이었다. 이 무렵 서양에서는 과학 기술의 발전으로 상품 생산량이 크게 늘어나면서 판로를 찾아 해외에 활발하게 진출하고 있었다. 미국 역시 중국과의 활발한 무역을 위해 중간 기점으로 일본이 꼭 필요했다. 또한 세계 최대의 포경 국가였던 미국은 일본 근해에까지 와서 고래를 잡았기 때문에 배의 수리와 선원의 휴식을 위해서도 머물 곳이 필요했다. 이런 이유로 미국은 이제껏 일본에 여러 차례 통상을 요구했지만 번번이 거

● **흑선** | 당시 일본은 도료를 바르지 않고 나무 그대로 배를 만들었으나, 서구의 배들은 부패를 막고 방수를 위해 검고 끈적거리는 타르를 칠했다. 그 때문에 서구의 배를 구로후네(흑선) 또는 흑룡이라 불렀다.

절당했던 터였다.

페리 제독은 일본에 관한 방대한 자료를 읽고 연구한 끝에 대포를 앞세운 무력시위가 일본의 문을 여는 데 가장 효과적인 방법이라고 결론지었다. 그는 '우호 통상, 석탄과 식료품의 공급, 난파선의 보호'를 요구하는 미국 대통령의 국서를 쇼군에게 전하면서, 미국과의 통상을 수락하지 않으면 전쟁을 각오해야 할 것이라고 위협했다. 페리의 거침없는 태도에, 바쿠후는 일단 국서를 접수한 뒤 이듬해 봄까지 답변을 주기로 했다. 페리는 다음 방문 때는 더 많은 군함을 보게 될 것이라면서 돌아갔다.

페리의 내항에 대해 사전에 알고 있던 바쿠후는 아편 전쟁과 같은 전쟁만은 피하고 싶었다. 사태의 심각성을 감안하여 바쿠후는 관례를 깨고 미국 대통령의 편지를 번역하여 덴노와 다이묘들에게 회람시키며 의견을 구했다. 그러는 사이 러시아도 함대를 이끌고 나가사키에 내항해 개항을 요구했다.

다음 해, 페리는 일곱 척의 군함을 거느리고 일본 앞바다에 나타났다. 결국 바쿠후는 미국과 화친 조약을 체결하기로 했다. 외국 군함이 바쿠후의 허락 없이 에도 만 안으로 들어온 일이나 고위 관리가 페리의 배에 직접 올라 그를 맞이한 일에서 보듯 미국은 일본의 관례를 무시하고 위협적으로 자신의 주장을 관철했다. 바쿠후는 병사 1,600여 명, 포 100여 문을 갖춘 페리의 군함 앞에서 자신의 군사력으로는 이들을 상대할 수 없음을 절감했다.

1854년, 시모다 항과 하코다테 항을 개방하여 미국 선박의 기항(寄港)을 허용하고 이들에게 식량과 연료를 제공한다는 일미 화친 조약

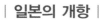

| 일본의 개항 |

일미 화친 조약은 최혜국 조항 외에도 개항장에 머무르는 미국인이 일본 법률을 지켜야 한다는 의무 규정이 없었다는 점에서 불평등 조약이었다. 뒤이어 바쿠후는 영국, 러시아, 네덜란드와 같은 내용의 조약을 맺음으로써 200년 이상 지속된 쇄국 정책에 종지부를 찍었다.

■ 하코다테(1855, 1859)

오키나와

● 나하

■ 니가타(1869)

동해

일미 수호 통상 조약 체결(1858) ─■에도
일미 화친 조약 체결(1854) ─■요코하마(1859)
●우라가

■ 시모다(1854~1859)

고베(1868)■ ■오사카(1868)

태평양

■ 일미 화친 조약에 따른 개항장
■ 일미 수호 통상 조약에 따른 개항장

■ 나가사키(1859)

페리의 내항 1848년, 캘리포니아에서 금광이 발견되고 태평양 연안 지대가 빠르게 개발됐다. 이런 배경 속에서 미국은 태평양 횡단 항로를 따라 중국과 교역하기 위해 중간 기착지 역할을 할 일본을 개항시키는 일이 급선무였다. 이에 따라 동인도 함대 사령관 페리가 미국의 특사로 일본에 파견됐다. 오른쪽 그림은 1853년 무렵에 일본인이 그린 페리의 모습이다.

이 맺어졌다. 미국은 청과 같이 광범위한 통상 조약을 원했지만, 실제 체결된 조약에는 최혜국 대우● 조항을 빼고 만족할 만한 내용이 없었다. 미국은 개국에 반대하는 일본 내 사정을 고려하여 일단 물러난 뒤 다시 교섭하기로 했다.

미국 측의 조약 초안에는 류큐 왕국의 나하 항도 개항 예정지로 포함되어 있었다. 바쿠후는 류큐 왕국이 멀리 떨어져 있어 통제할 수 없다는 이유를 들어 미국의 요구를 거부했지만, 이를 계기로 류큐 왕국의 소속을 중요한 외교 문제로 인식하게 되었다. 페리 제독은 일미 화친 조약 뒤 류큐 왕국과도 교섭을 진행하여 같은 해에 통상 조약을 맺었다. 일본이 미국에 문을 열었다는 소식이 퍼지면서 그동안 기회를 노리고 있던 열강이 일본으로 밀고 들어왔다. 1854년 영국, 1855년 러시아, 1856년 네덜란드가 미국과 비슷한 내용으로 각각 조약을 맺었다.

개국파와 반개국파로 나뉘다

개국은 단순히 개항에 그치지 않고 막번 체제에도 변화를 가져왔다. 개국 이후를 고민하던 바쿠후는 그동안 정치에서 배제돼 왔던 덴노와 각 번의 다이묘에게도 의견을 물었다. 외교에 관한 일은 바쿠후가 전담해 왔던 관례에 비춰 봤을 때 파격적인 조치였다. 바쿠후는 초유의 사태에 직면해 외세에 함께 대항하자는 명분을 내세웠지만, 이는 바

● **최혜국 대우** | 어떤 나라와 통상 조약을 맺은 나라들 중에 가장 유리한 혜택을 받는 나라와 동등하게 대우 받는 일이다.

쿠후의 힘이 약해지고 있다는 증거이기도 했다. 덴노의 측근들은 지금껏 정치에 대해 입도 뻥긋 못하게 하더니 이제 와서 개국에 대한 의견을 묻는다며 불만을 드러냈다. 예전부터 바쿠후에 불만을 품어 온 몇몇 번은 이 틈을 타 목소리를 높이려 했다.

1858년, 미국 총영사 해리스는 애로 호 사건●으로 영국과 프랑스가 베이징을 점령한 사실을 상기시키며 바쿠후를 위협해 일미 수호 통상 조약을 체결했다. 일미 수호 통상 조약에는 요코하마, 나가사키, 니가타, 고베, 하코다테의 개항과 협정 관세권●, 치외법권, 최혜국 대우 등의 조항이 있었다. 서구 열강에 유리한 불평등 조약이었지만, 같은 해 청이 서구 열강과 맺은 톈진 조약●에 비해서는 나은 편이었다.

반바쿠후 세력은 바쿠후가 덴노의 허락 없이 단독으로 이 같은 조약을 체결했다는 점을 문제 삼았다. 덴노가 허수아비 신세로 전락했을지라도 엄연히 쇼군은 덴노의 신하였다. 관례적으로 조약을 체결할 때는 반드시 덴노의 허락을 받는 형식을 취해야 했다. 바쿠후의 힘이 강했다면 이런 상황이 전혀 문제가 아니었겠지만, 쇼군의 권위와 바쿠후의 영향력이 약해진 상태였기 때문에 반바쿠후 세력의 주장은 힘을 얻었다.

● **애로 호 사건** | 청은 광저우에 정박 중이던 애로 호라는 영국 상선을 해적 혐의로 나포했다. 이때 영국은 자국의 국기가 끌어내려지는 모욕을 당했다며 프랑스와 손을 잡고 베이징을 점령했다.
● **협정 관세권** | 자주적으로 관세를 정하는 것이 아니라 타국과의 통상 조약에 의해 관세가 결정되는 것을 말한다.
● **톈진 조약** | 크리스트교 보호, 아편 무역 공인, 외국인의 국내 자유통상권 규정 등이 포함되어 있었다.

바야흐로 일본은 바쿠후를 중심으로 한 개국파와 바쿠후에 불만을 품은 반개국파로 나눠지고 있었다. 급기야 반개국파가 덴노에게 정권을 돌려주어야 한다며 바쿠후를 무너뜨리자고 주장하자, 두 세력 간의 싸움은 피할 수 없게 됐다. 반개국파는 덴노를 중심으로 서양 세력을 물리치자는 존왕양이(尊王攘夷) 운동을 전개했다. 본격적으로 서양과 통상을 시작하면서 대량의 금이 국외로 유출되어 경제가 혼란해지고 하급 무사와 백성들의 생활이 어려워지자, 서양을 배척하는 양이 운동은 더욱 힘을 얻었다.

사쓰마와 조슈, 바쿠후 타도의 한 배를 타다

1859년에 요코하마와 나가사키, 하코다테 세 개의 항구에서 서양과의 무역을 시작했다. 일본은 생사(生絲)●를 가장 많이 수출했고 차(茶)가 그 뒤를 이었다. 수입품은 면직물, 견직물순으로 많았다. 일본은 원료의 수출국인 동시에 공산품의 수입국이 되었다. 서양의 값싼 상품이 대량으로 유통되면서 일본의 산업이 무너졌고, 서양에 대한 일본인의 감정은 갈수록 나빠졌다.

　태양이 뜨겁게 내리쬐던 1862년의 어느 여름 날, 결국 사건이 터지고 말았다. 당시 사쓰마 번주의 아버지였던 시마즈 히사미쓰의 행렬이 요코하마 교외의 한 마을을 지나가고 있었다. 가마를 호위하던 무

●　**생사** | 고치에서 바로 뽑아낸 실이다. 보통 명주실을 만들기 위해서는 고치를 뜨거운 물에 넣어 삶아내는데, 생사는 고치를 삶기 전의 단계를 말한다.

사쓰에이 전쟁 사쓰마 번의 무사들이 영국인을 살해한 데 대한 보복 조치로 1863년 영국의 동양 함대가 사쓰마 번을 포격했다. 전쟁을 치르며 사쓰마 번은 군비를 근대화할 필요성을 절감했고, 영국도 사쓰마 번의 실력을 다시 보는 계기가 됐다. 이후 사쓰마 번과 영국은 양이 대신 개국과 바쿠후 타도라는 새로운 정치 조류를 만들어 냈다.

사가 "길을 비켜라!" 하고 외쳤는데, 마침 말을 타고 지나가던 네 명의 영국인이 이를 알아듣지 못하고 행렬을 가로질러 갔다. 다이묘 행렬이 지나갈 때면 길가에 엎드려야 하는 일본의 풍습을 영국인들이 알 턱이 없었지만, 호위 무사는 그 자리에서 '무례한 서양 오랑캐들'을 단칼에 베어 버렸다.

소식을 들은 영국 정부는 크게 분노했다. 영국은 바쿠후와 사쓰마 번에 그 무사를 처형하고 배상금을 지불할 것을 강력하게 요구했다. 어떻게 대처해야 할지를 두고 바쿠후와 사쓰마 번의 의견이 갈렸는데, 바쿠후는 영국의 요구를 들어주려 했지만 하급 무사들이 번을 장악한 사쓰마 번은 영국의 요구를 단호히 거절했다. 영국은 즉각 일곱 척의 함대를 이끌고 사쓰마 번의 응징에 나섰다(사쓰에이 전쟁). 영국과 사쓰마 번 사이에 치열한 전투가 벌어졌지만 예상은 빗나가지 않았다. 사쓰마 번의 군대는 영국의 신무기 앞에 무릎 꿇을 수밖에 없었다.

전투에서 패했지만 사쓰마 번은 영국과의 대결을 통해 한 가지 중요한 교훈을 얻었다. 서양에 무조건 맞서는 것은 어리석은 행위이며, 서양 문물을 받아들여 일본의 실력을 키우는 게 급선무라는 사실이었다. 사쓰마 번은 무조건 서양을 배척하던 태도에서 벗어나 개국을 통해 필요한 문물은 받아들여야 한다는 입장으로 돌아섰다. 이를 위해 무능한 바쿠후를 몰아내야 한다는 결론에까지 도달했다.

시모노세키 전쟁 영국을 비롯한 4개국이 시모노세키의 포대를 점령한 모습이다. 프랑스군은 이 전쟁에서 시모노세키 포대에 있던 조슈 번의 대포를 자국으로 가져갔다. 가져간 대포는 현재 파리 군사 박물관에 전시돼 있으며, 실제 전투 현장에는 복제한 대포들이 전시되어 있다.

한편, 조슈 번(지금의 야마구치 현)의 주도권을 잡고 있던 존왕양이파는 교토의 구게(公家, 귀족)와 손잡고 바쿠후에게 양이를 실행하도록 압박했다. 이에 대해 바쿠후는 1863년 6월 25일을 양이 실행의 날로 삼을 것을 조정에 약속했다. 조슈 번은 6월 25일이 되자 시모노세키 해협을 통과하는 미국 상선을 포격했다. 그런데 이때 반바쿠후 세력의 구게와 사쓰마 번 무사들이 교토에서 존왕양이파 구게와 조슈 번 무사들을 추방하는 사건이 일어났다. 조슈 번은 이를 진압하기 위해 교토로 출병했지만, 오히려 조슈 번을 공격하라는 덴노의 명령 앞에 무릎 꿇어야 했다.

일본 내 반서양 세력의 움직임을 눈여겨보고 있던 미국과 영국, 프랑스, 네덜란드는 바로 보복에 나섰다(시모노세키 전쟁). 연합 함대를 조직한 4개국은 열일곱 척의 군함과 5,000여 명의 군사를 동원해 시모노세키를 점령했다. 무력시위를 통해 일본의 지배층에게 양이를 단념토록 압박하려는 의도였다. 조슈 번은 연합 함대의 공격을 받고난 뒤에야 비로소 서구 열강의 위력을 깨달았다. 조슈 번도 사쓰마 번과 똑같은 교훈을 얻은 것이다. 사쓰마 번과 조슈 번은 자연스럽게 '양이'의 기치를 버리고, 대신 '바쿠후 타도'라는 한 배를 타게 되었다.

대정봉환, 에도 바쿠후의 종말을 알리다

조슈 번과 사쓰마 번은 먼저 번의 재정을 개혁하는 데 힘을 쏟았다. 당시 많은 번이 재정 적자 문제로 골치를 앓고 있었다. 조슈 번과 사쓰마 번 역시 예외는 아니었다. 사쓰마 번은 서남쪽 끝자락에 위치해 있다는 지리적 이점을 이용하여 류큐 왕국이나 중국과의 무역을 적극적으로 추진했으며, 나가사키를 통해 들여오는 서양 무기의 양도 늘렸다. 또한 사탕수수를 독점하여 재정 적자를 줄여 나갔다. 조슈 번은 전매제(專賣制)를 느슨하게 운영하는 대신 상인들에게서 세금을 거둬들였고, 항만 시설을 정비하여 시모노세키 해협을 통과하는 수많은 선박이 조슈 번의 해안에 머물도록 했다. 조슈 번이 선박 상인들을 상대로 한 금융업을 통해 막대한 이익을 거두었음은 두말할 나위 없었

도쿠가와 요시노부(위)와 대정봉환(아래) 에도 바쿠후의 마지막 쇼군 도쿠가와 요시노부는 1867년 10월 14일, 조정에 대정(大政, 국가 통치권)을 봉환했다. 명목상으로는 쇼군이 국가 통치권을 조정에 반납했지만, 실제로는 반바쿠후 세력의 기선을 제압하여 덴노 아래 다이묘 회의를 설치한 다음 쇼군이 주도권을 장악하기 위한 국가 구상이 숨겨져 있었으나 현실은 그렇게 되지 않았다.

다. 조슈 번과 사쓰마 번은 재정에 어느 정도 여유가 생기자 서양 선박과 무기를 사들여 언제 닥칠지 모르는 전쟁을 준비했다. 또한 비밀 동맹을 맺어 바쿠후의 공격을 받을 경우 서로 도와주기로 하는 등 관계를 돈독히 했다.

이처럼 사쓰마 번과 조슈 번을 비롯하여 도사(지금의 고치 현) 번, 히젠(지금의 사가 현) 번 등 재정 개혁에 어느 정도 성공한 번들은 적극적으로 인재를 등용하고 군사력을 강화하는 데 힘을 쏟았다. '웅번(雄藩)'이라 불렸던 이 번들은 하급 무사들이 중심이 되었으며, 바쿠후의 견제로 홀대받았던 지역이라는 공통점을 가지고 있었다. 따라서 바쿠후 타도에 있어서도 배신이라는 윤리 문제에 얽매이지 않을 수 있었다.

한편, 바쿠후는 급성장한 조슈 번을 굴복시켜 바쿠후의 건재함을 보여 주고자 했다. 마침내 1866년에 바쿠후는 조슈 번을 공격했다. 그러나 바쿠후 군은 조슈 군과 사쓰마 군이 삿쵸 동맹●을 맺은 데다 그들이 가진 우수한 무기 때문에 목적을 이루지 못하고 철수해야만 했다. 바쿠후의 권위는 더욱 추락했으며 조정은 조슈 번과 사쓰마 번의 무사들이 장악했다. 1867년 10월, 에도 바쿠후의 마지막 쇼군 도쿠가와 요시노부●는 조정 대신과 다이묘 들을 불러서 쇼군의 지위를 내놓

● **삿쵸 동맹** | 도사 번의 하급 무사 사카모토 료마의 중재로 삿쵸 동맹이 이뤄졌다. 일본인이 좋아하는 인물 중 하나인 료마는 격변의 시기 일본 근대화의 모델을 제시했다. 내각제, 헌법, 국회 등을 가진 서구식 국가 모델을 바랐던 그의 꿈은 1867년 암살과 함께 좌절되는 듯했으나 훗날 메이지 유신을 통해 이뤄졌다.
● **도쿠가와 요시노부** | 에도 바쿠후의 마지막 쇼군이었던 도쿠가와 요시노부는 훗날 메이지 유신의 공로자로 인정받아 평화로운 말년을 보냈다.

고 권력을 덴노에게 넘기겠다고 발표했다. 바로 다음 날 '대정봉환(大政奉還)'이라 불리는 권력 이양 문서가 덴노에게 제출되었다.

덴노를 중심으로 새로운 정부를 세우다

1867년 12월, 왕정복고가 선언되자 바쿠후 지지 세력은 사쓰마 번, 조슈 번과 전투를 벌였다. 하지만 바쿠후를 지지하는 군대는 곳곳에서 패배했고, 사쓰마 번과 조슈 번의 군대가 에도 성에 들어가면서 덴노 정부가 형식적으로 성립했다. 1869년 5월에 이르러 잔존하던 친바쿠후 세력의 저항이 모두 평정되었다. 서구 열강은 계속해서 일본의 내전을 유심히 지켜봤고, 반바쿠후 세력도 서구 열강의 태도 변화를 주시했다. 바쿠후 타도 후 새로 성립된 신정부는 대외적으로 서양과 맺었던 조약을 이행할 것을 선언함으로써 열강의 지지를 받았다.

1868년 7월, 신정부는 에도를 수도로 정하고 서쪽의 교토에 대응하여 도쿄(東京)로 지명을 고쳤다. 두 달 뒤 연호를 메이지로 정한 덴노의 행렬이 교토 궁성을 뒤로하고 도쿄를 향해 출발했다. 예복을 갖춰 입은 고관과 무사를 포함해 3,000여 명에 이르는 기나긴 행렬이었다. 덴노의 행렬을 보려는 사람들로 거리는 인산인해를 이루었다. 약 한 달간 행렬이 계속되는 가운데, 덴노는 효자, 열녀, 수재·전쟁 희생자 등에게 하사품을 내렸다. 다이묘들이 덴노 앞에 바짝 엎드려 절하는 모습을 본 백성들은 적잖게 놀랐다. 사실 이 모든 것은 조슈 번과 사쓰마 번의 지도자들이 덴노의 권위를 높이려고 준비한 의도적 행사였다. 덴노를 내세워 조정의 권력을 잡은 이들은 700년 가까이 유명무

실했던 덴노를 국가 통치의 중심에 올려놓으려고 했다. 정권의 안정
을 위해 덴노는 절대적 존재가 돼야 했다. 지금까지 바쿠후의 권력을
보증해 주는 권위의 대상으로만 존재했던 덴노가 이제 신정부의 정당
성을 보증해 주는 역할을 하게 되었다. 과거와 달라진 점은 권력의 중
심에 덴노가 서게 되었다는 것이었다.

　　덴노의 도쿄 입성은 성공적이었다. 도쿄는 이미 오랫

덴노의 도쿄 입성 메이지 정부는 서양을 모델로 한 여러 개혁에
돌입하는 한편, 한 명의 덴노 대에는 하나의 연호만 쓴다는 일
세일원제(一世一元制)를 채택해 덴노의 연호로 연도를 표기하
도록 했다. 근대 일본이라는 수레는 덴노제와 서구화라는 두 바
퀴로 굴러갔다.

메이지 덴노 1867년 즉위하여 1912년에
죽을 때까지 일본을 통치했다. 일청 전
쟁과 일러 전쟁, 한국 병합 등을 통해 일
본 제국주의의 침략을 강력히 추진했다.

동안 상업과 정치의 중심지로 자리 잡고 있었지만, 친바쿠후 세력이 주로 간토 지역과 도호쿠 지방에 자리 잡고 있었기 때문에 이들에 대한 지배력을 확고히 하는 데는 멀리 떨어진 교토보다 도쿄가 유리했다. 백성들에게 덴노가 전국 통합의 상징이라는 사실을 알리는 데도 도쿄가 안성맞춤이었다. 이로써 전근대 봉건 사회에서 근대 국민 국가로 넘어가는 일본 역사상 세 번째 전환기가 시작되었다.

◉ 요시다 쇼인과 일본의 침략 사상

조슈 번의 번사●였던 요시다 쇼인은 밀항을 해서 외국의 실태를 살펴보고자 했다. 그는 시모다에 정박한 미국 군함에 밀항을 도와줄 것을 간청했지만 거절당했다. 요시다 쇼인은 이 일로 투옥되었는데, 옥중에서 형에게 보낸 편지에 이렇게 썼다.

"러시아, 미국과 강화 조약을 체결한 이상, 저부터라도 조약을 파기해 서양 국가에 신용을 잃는 일이 있어서는 안 되겠습니다. 조약을 엄격히 준수하고 신의를 두터이 하여 그러한 와중에 국력을 길러야 합니다. 동시에 취하기 쉬운 조선, 만주, 중국을 무너뜨려 복종시키고, 교역에서 러시아와 미국에 빼앗긴 손실을 다시 조선과 만주에서 땅으로 보상 받아야 할 것입니다."

● **번사** | 번의 무사를 가리킨다. 번사는 상급 무사인 가로(家老)와 하급 무사인 고시(鄕土)로 나뉜다.

이 편지에서 요시다 쇼인은 서구 열강을 추종하는 반면, 주변의 아시아 국가들을 침략해야 한다는 사고방식을 보여 주고 있다. 그의 사상은 일본의 제국주의적 침략의 배경이 되는 정한론●과 대동아 공영론● 등의 형성에 큰 영향을 미쳤다.

그는 감옥에서 가석방된 뒤 학교를 세워 바쿠후 말기의 지사(志士)들을 양성했다. 그의 제자였던 다카스기 신사쿠, 구사카 겐즈이, 이토 히로부미 등은 메이지 정부에서 홋카이도를 개척하고 오키나와를 일본에 복속시켰으며, 조선을 식민지로 만들고 만주와 타이완, 필리핀을 침략하는 정책을 추진했다.

요시다 쇼인 신분이나 남녀의 구별 없이 교육을 받을 것을 주장한 요시다 쇼인은 메이지 유신의 정신적 지도자이자 이론가로 추앙 받고 있다.

● **정한론** | 에도 바쿠후 말기, 서구 열강의 압박을 받게 되면서 무사들의 불만을 달래고자 제기된 것으로, 일본이 조선을 정복해야 한다는 주장이다.

● **대동아 공영론** | 서양 제국주의의 침략에 맞서 동아시아 각 민족이 생존과 번영을 위해 일본을 중심으로 연대해야 한다는 정치 슬로건으로, 제2차 세계대전 당시 제기됐다.

2 | 메이지 유신, 일본이 달라지다

메이지 유신, 덴노를 중심으로 헤치고 모이다

사쓰마 번과 조슈 번의 하급 무사들이 중심이 되어 신정부를 세웠지만 아직 안정된 단계는 아니었다. 중앙 집권화를 위해서는 조세의 기본을 이루는 토지를 정부가 장악해야 했지만, 토지는 여전히 각 번의 다이묘들이 소유하고 있었다. 게다가 신정부는 아직 공식적인 군대도 갖지 못하고 있었다. 사쓰마 번과 조슈 번의 군대가 전부였다. 독립적인 군사력을 보유하고 있고 재정적으로도 독립되어 있는 번을 없애지 않는 한 중앙 정부가 힘을 얻을 수 없는 상황이었다. 이런 가운데 서구 열강이 머지않아 일본을 식민지로 삼으려 한다는 위기의식이 백성들 사이에 팽배했다.

이에 신정부는 중앙 집권화를 위한 정책들을 서둘러 시행했다. 1869년, 조슈 번과 사쓰마 번은 번의 영지와 호적, 즉 토지와 백성을

폐번치현 공포 폐번치현 개혁 때 기존의 번 대부분을 그대로 현으로 바꾸면서 302개나 되는 현이 만들어졌다. 그 후 통폐합이 계속되어 1도(都) 1도(道) 2부(府) 43현(縣)이라는 현재의 모습을 갖추게 되었다.

덴노에게 반환한다는 '판적봉환(版籍奉還)'을 발표했다. 다이카 개신 때 세웠던 '모든 토지와 백성은 덴노가 지배한다.'는 원칙이 1000여 년 만에 다시 부활한 것이다. 신정부는 이어서 번을 없애고 현을 설치하는 '폐번치현(廢藩置縣)' 개혁을 신속히 단행했다. 새로운 일본을 건설하는 데 봉건적 제도인 번의 해체는 필수적이었기 때문이다. 그들은 통일된 일본이라는 전국적인 시야를 가지고 행동했다. 56명의 번주 중 반대하는 이는 없었다. 덴노의 군대 1만여 명이 도쿄를 에워싸고 번주들을 위협한 결과였다. 번이 폐지되면서 신정부는 군사와 세금 징수의 권한을 모두 장악하게 되었다.

신정부는 호적법을 시행하여 상층 귀족과 다이묘는 화족(華族), 무사는 사족(士族), 농민과 상인, 수공업자, 천민이었던 에타(穢多)와 히

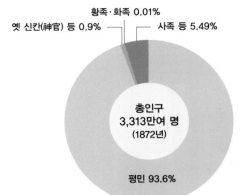

황족·화족 0.01%

옛 신칸(神官) 등 0.9%

사족 등 5.49%

총인구
3,313만여 명
(1872년)

평민 93.6%

호적법 시행 후의 인구 구성 정부는 덴노의 일족을 황족, 상층 귀족과 다이묘를 화족, 무사를 사족, 농민·수공업자·상인·천민을 평민으로 구분하여 사민평등을 내세웠다. 이로 인해 평민도 묘지(苗字, 성씨)를 갖고, 직업과 거주지를 자유롭게 선택할 수 있게 됐다.

닌(非人)은 평민으로 구분했다. 하층민들 간에 평등이 이루어졌지만 사회적 계급은 그대로 존재했다. 1873년, 징병제를 실시하면서 만 20세 이상의 남자는 신분에 관계없이 3년간 군사적 의무를 이행해야 했다. 원래 군사적 의무는 무사만이 누리던 특권이었기에 모든 남자가 군대에 가게 되었다는 사실은 무사에게 큰 충격이었다. 게다가 무사는 더 이상 칼을 가지고 다닐 수 없었다. 평민과 구별되는 무사의 특권이 모두 사라진 셈이었다. 신정부는 다이묘들에게 쓰고 남을 정도로 넉넉하게 생활비를 지급했지만, 무사들에게는 달리 지급되는 것이 없었으므로 그들의 생활은 점차 비참해졌다. 무사들이 주도했던 개혁이 이제 무사들을 개혁하고 있었다.

신정부는 재정의 안정을 위해 조세 제도를 개혁했다. 토지세에 해당하는 연공(年貢)은 신정부의 가장 중요한 수입원이었다. 그런데 연

지조개정 전(에도 시대)		지조개정 후
수확량	과세 기준	토지 가격
수확량의 40~50%	세율	토지 가격의 3%
현물로 납세(촌 단위)	납세 방법	화폐로 납세(개인 단위)
경작자	납세자	토지 소유자

지조개정 전후의 변화 지조개정으로 정부는 재정의 기초를 다졌지만 고율의 세금에 반대하는 폭동도 빈번하게 일어났다. 이를 진압하기 위해 군대까지 동원했던 조세 저항은 세율을 2.5퍼센트로 낮추고서야 겨우 가라앉았다.

공은 생산량과 쌀값의 변동에 영향을 많이 받았으며 각 지역의 세율이 통일되지 않은 탓에 수입이 불안정했다. 이러한 조세 제도를 그대로 뒀다가는 국가 예산을 계획적으로 집행하는 일이 어려울 수밖에 없었다. 이에 신정부는 수확량을 기준으로 세금을 매기던 이전의 방식 대신 토지 가격의 3퍼센트에 해당하는 금액을 일률적으로 화폐로 납부하게 하는 지조개정(地租改正)을 시행했다. 수확량을 기준으로 하던 과거의 방식 대신 토지 가격에 대한 과세로 바꾼 것이다. 그 결과 정부는 해마다 일정한 조세 수입을 안정적으로 확보할 수 있었다. 하지만 각 번들이 진 막대한 빚을 떠안은 탓에 신정부는 시작부터 무거운 재정 부담을 져야 했다.

또한, 정부는 신도(神道)를 국교로 삼았다. 신도를 통해 덴노의 권위를 강화하고 신격화하려는 의도였다. 하지만 이 같은 결정은 신도와 불교가 조화를 이뤄 왔던 일본의 전통적 종교 체계를 부정하는 것이었다. 정부가 신도와 불교의 분리를 명령하자 백성들은 크게 반발했다. 정부는 불교를 배척하는 대신 덴노를 의례적으로 숭배하게끔 방침을 변경했다.

이와쿠라 사절단, 근대화의 청사진을 만들다

메이지 유신을 이끌었던 신정부 지도자들은 서양과 같은 부강한 나라를 만들겠다는 막연한 생각만 있었지, 새로운 일본을 어떻게 만들 것인가에 대한 구체적인 계획은 없었다. 서양의 여러 나라들을 직접 둘

이와쿠라 사절단 샌프란시스코를 방문한 이와쿠라 사절단의 모습이다. 왼쪽부터 기도 다카요시, 야마구치 나오요시, 이와쿠라 도모미, 이토 히로부미, 오쿠보 도시미치다. 사절단의 대표인 이와쿠라는 일본식 옷차림에 구두를 신고 있다. 사절단은 조약의 개정 및 준비 교섭을 목적으로 미국과 유럽을 순회했다.

러보고 그들의 제도와 기술을 배우는 '서구화' 계획은 신정부의 당면 과제였다.

이 무렵, 서양의 역사와 제도, 문화 전반을 소개한 후쿠자와 유키치의《서양사정(西洋事情)》이 출판되었다. 초판이 15만 부 이상 팔린 이 책은 일본을 중심으로 기존의 국제 질서를 파악했던 시각에서 서양을 중심으로 한 문명의 진보와 발전이라는 관점으로 크게 전환되는 계기를 만들었다.《서양사정》이 신정부의 지도자들에게 깊은 감명을 주었음은 두말할 나위 없었다.

1871년, 신정부는 외무경(외무 장관)과 관리 46명, 유학생과 수행원 60여 명 등 총 100여 명의 인원을 유럽과 미국에 사절단으로 파견했다. 이 사절단은 2년 동안 미국을 거쳐 유럽 곳곳을 둘러보고 돌아왔다. 사절단은 프랑스를 격파한 프로이센이 중심이 되어 만든 독일제국이 유럽의 새로운 강국으로 떠올랐고, 세계의 바다를 지배하고 있는 나라는 영국이며, 유럽 각국이 쉴 틈 없이 공장을 가동하고 있다는 사실을 하나도 놓치지 않고 머릿속에 담아 두었다. 귀국 후 사절단은 각 분야에 걸친 구체적인 보고서를 작성하여 정부 주요 부서에 전달했다. 정부는 사절단의 건의를 토대로 부국강병의 밑그림을 그렸다.

식산흥업과 문명개화의 과제가 주어지다

신정부는 산업을 일으키겠다는 의지를 가지고 식산흥업(殖産興業)의 기치를 내걸었다. 당시 서구 열강은 이미 산업 혁명을 끝낸 뒤였고, 서구 사회에서는 기업 간의 경쟁을 통해 거대 기업이 출현하고 있는

군마 현 제사 공장 메이지 정부의 식산흥업 정책에 따라 군마 현 도미오카에 제사(製絲) 공장이 설립됐다. 이 관영 공장은 프랑스의 최신 기계를 도입하고 프랑스인 여성이 작업을 지도했다. 이 공장은 1893년 미쓰이에 불하되면서 민영화됐다.

상황이었다. 국내 시장으로 만족하지 못하고 새로운 시장이 필요했던 서구 열강은 아시아를 식민지화하는 데 열을 올렸다. 서구 열강과 대치하면서 식산흥업이라는 과제를 수행해야 했던 일본은 국가 주도하에 산업 진흥 정책을 추진했다.

서양의 발전을 목격한 신정부는 부국강병의 열쇠가 산업 진흥에 있음을 깨닫고 회사와 공장 설립에 적극적으로 나섰다. 자금은 주로 지조개정으로 얻은 세금을 통해 조달했다. 신정부는 과거 바쿠후와 번에 속해 있던 군수 공장을 관영 공장으로 전환했다. 가장 먼저 군수 공장을 관영화하고 육성한 데에서 신정부가 출발부터 군사적 성격을 강하게 띠고 있었음을 알 수 있다. 신정부는 재정 확보와 기업 운영의 어려움을 이유로 모범적인 공장을 싼값에 민간에 불하했다. 공장을 인수한 민간 기업 중 미쓰이, 미쓰비시 등은 훗날 재벌로 성장했다. 이렇게 일본은 국가 주도로 강력한 산업 육성 정책을 펴 자본주의 발전의 기초를 닦았다.

근대화 정책은 일본 사회의 모습을 변화시켰다. 신정부는 태양력을 채택하고 하루를 24시간, 일주일을 7일로 하는 전국 공통의 시간을 만들었다. 또한 도쿄와 요코하마 사이에 일본 최초의 철도를 개통해 10시간이나 걸리는 거리를 1시간 만에 갈 수 있게 했다. 1880년대 후반에는 정치·군사적으로도 철도의 중요성이 부각되어 일본 각지에 철도가 놓이게 됐다. 철도망의 정비를 통해 산업과 생활의 공간이 크게 확대되었으며, 철로를 따라 군인과 무기가 군항으로 옮겨지고 전장으로 보내졌다.

민간에서는 일간 신문과 다양한 지방 신문이 등장했다. 글을 읽을 수 있고 새로운 정보를 얻고자 하는 사람들이 늘어난 결과였다. 1874년 창간된 〈요미우리 신문〉과 1879년 창간된 〈아사히 신문〉은 당시 2만여 명의 독자들을 확보하고 있었다.

의식주를 비롯한 일상생활의 변화도 컸다. 정부는 단발령을 시행하여 존마게(상투)를 자르도록 했지만, 사람들은 대부분 전통적인 머리 모양을 고수하려 했다. 이에 메이지 덴노가 직접 나서서 존마게를 자르자 그 뒤를 따르는 사람들이 늘어났다. 머리 모양의 변화에 걸맞게 점차 양복을 입고 구두를 신는 사람들도 많아졌다. 쇠고기와 빵을 먹는 사람들도 생겼다. 오래전부터 일본인은 쇠고기를 먹지 않았는데, 살생을 금하는 불교의 영향과 더불어 소가 농업에서 중요했기 때문이

근대화된 고베 항의 모습 오사카와 가까웠던 고베 항에서는 개항 이후 들어온 외국인들뿐만 아니라 그들의 문물을 쉽게 접할 수 있었다. 서구의 최첨단 하이칼라와 일본의 전통이 뒤섞인 당시 고베 항의 모습이다.

다. 하지만 덴노가 앞장서서 '서양인들에 비해 상대적으로 체구가 왜소한 일본인들이 신체 조건을 개선하려면 쇠고기를 먹어야 한다.'고 장려하자 쇠고기를 먹는 사람들이 늘어났다. 이 과정에서 등장한 것이 돈가스였다. 돈가스는 튀김옷을 입혀 적은 고기로도 배를 든든히 채울 수 있었기 때문에 사람들에게 인기가 많았다. 이처럼 일본은 문명개화를 통해 한발 한발 근대의 입구로 들어서고 있었다.

조선을 강제로 개항하고, 류큐 왕국을 정복하다

신정부는 영토를 확정하는 일과 주변국과의 관계 설정을 주요 외교 목표로 삼았다. 북쪽 경계는 1875년 러시아와 맺은 '가라후토(사할린)-치시마(쿠릴 열도) 교환 조약'을 통해 확정지었다. 가라후토를 러시아 영토로, 치시마를 일본 영토로 한다는 내용의 조약이었다. 남쪽 경계는 오가사와라 제도가 되었다. 1876년에 일본 정부가 오가사와라 제도를 일본 영토로 선언했을 때 미국과 영국이 적극적인 반대 의사를 밝히지 않자 대외적으로 자국의 영토라고 공식 선언했다.

주변국과의 관계 설정 문제에서 가장 먼저 거론된 곳은 타이완과 류큐 왕국이었다. 일본 내부에서는 타이완을 빼앗고 류큐 왕국을 통합하여 불안한 정국을 타개해야 한다는 목소리가 꾸준히 제기되고 있었다. 류큐 왕국은 오래전부터 청의 조공국이었고 타이완 역시 청의 영토로 인식하고 있었기 때문에, 이들 국가에 대해 침략을 시도하는 것은 청을 중심으로 한 동아시아 국제 질서에 대한 도전을 의미했다.

1872년, 일본 정부는 류큐 왕국의 어민이 타이완에 상륙했다가 살해된 사건을 계기로, 류큐 왕국의 국호를 없애고 류큐 번으로 바꿔 일본 정부 직할지로 두는 동시에 이 사건을 타이완 침략의 명분으로 삼았다. 이윽고 1874년 타이완 침략에 나섰다. 근대 국가로 들어서는 길목에서의 첫 해외 파병이었다. 청은 일본의 강경한 자세에 굴복하여 어민의 유족에게 배상금을 지불했다. 얼마 후 류큐 번은 폐지됐고 대신 오키나와 현이 설치됐다.

류큐 왕국 다음으로 눈을 돌린 곳은 조선이었다. 1871년, 일본은 강성해진 국력을 바탕으로 청과 영사 재판권, 협정 관세를 서로 인정하는 대등한 조약을 맺었다(톈진 조약). 이 조약으로 조선에서 청과 대등한 위치에 서게 되자 일본 내에서 조선에 대한 우월 의식이 이전보다

정한론 메이지 정부는 조선에 신정부 출범을 알렸으나 조선은 강력한 통상 수교 거부 정책을 취하며 일본의 국교 요구를 거부했다. 이 때문에 일본 내에서 무력 강경책으로 조선을 상대해야 한다는 정한론이 고조됐다. 그림은 정한론을 둘러싼 일본 내 여러 세력 간의 대립을 표현한 다색 판화이다.

커졌다. 일본의 덴노가 중국의 황제와 대등해진만큼 조선 국왕을 하대해도 된다는 주장이 힘을 얻었다. 이를 기회 삼아 일부 고위 관리는 불만에 찬 사족을 달래기 위해 조선을 침략하자는 정한론(征韓論)을 제기했다. 반대파들은 국가 재정이 넉넉하지 않고 군대 역시 체계를 더 정비해야 하기에 다른 나라와 전쟁을 벌이기에는 아직 때가 이르다며 조선 침략을 반대했다. 하지만 이들은 침략 시기를 문제 삼았을 뿐이지 전쟁 자체를 반대하는 것은 아니었다. 조선 침략을 즉시 실현하자는 측과 때를 기다리자고 주장하는 측이 팽팽하게 맞선 가운데, 결국 조선 침략은 연기됐다. 조선 침략을 주장했던 사이고 다카모리, 이타가키 다이스케 등은 관직에서 물러났다.

1876년, 마침내 일본은 조선에 군함 운요 호를 파견했고 강화도에서의 충돌을 빌미로 강압적으로 조일 수호 조규(강화도 조약)를 맺었다.

운요 호 사건 1875년 강화도에서 조선의 연안을 측량하고 있던 일본 군함이 조선으로부터 포격을 받는 사건이 발생했다. 이를 계기로 일본 정부는 조선에 압력을 가해 이듬해 조일 수호 조규를 체결했다.

2년 전에 있었던 일본의 타이완 침략 소식을 접한 조선이 이전까지의 통상 거부 정책을 포기하고 일본에 밀려 교섭에 응했던 것이다. 이러한 일본의 군사 행동에는 영국과 미국의 지지가 숨어 있었다. 일본은 서구 열강이 바라 왔던 조선의 개국을 실현한 대리인인 셈이었다. 일본이 서구 열강에 의해 강요당했던 불평등 조약들과 비교해 보더라도 강화도 조약에는 조선 연안 측량권, 일본 화폐 유통, 자유로운 미곡 수출 등 일방적인 조항들이 많았다. 조선의 개국은 중국보다는 35년, 일본보다는 20여 년이 늦은 시점의 일이었다. 이미 세계가 제국주의의 흐름 속에서 움직이고 있는 가운데, 일본은 동아시아에서 제국주의적 침략을 완수하는 역할을 자처했다.

◉ 개화기 일본의 풍경, 웃거나 말거나

개화기 일본에서는 서양의 신문물을 접하고 황당한 일들이 벌어지기도 했다. 전신이 소식을 멀리까지 전달한다는 말을 듣고서 물건을 전선에 묶고 움직이기를 기다리는 사람이 있는가 하면, 소식이 언제 전선을 통과하는지 하루 종일 지켜보는 사람도 있었고, 전선에 처녀의 피가 흐른다고 믿어 전주를 쓰러뜨리고 전선을 잘라 내부를 확인하려는 사람까지 별의별 일들이 있었다.

도쿄의 중심가에 대화재가 발생한 후 정부는 목조 건축을 금지하고 벽돌로 건물을 지으라고 명령했는데, 백성들이 이 조치에 반대하고 나섰던 일도 있었다. 벽돌집에 살면 사람들이 벽돌색처럼 퍼렇게 변해서 죽는다는 소문 때문이었다.

특히 사족들은 개화가 가져온 급격한 변화에 적응하지 못했다. 단적인 예로 더 이상 무사들이 칼을 차고 다닐 수 없다는 '폐도령'이 내려졌을 때 어떤 이는 나무로 만든 목도를 허리에 차고 다님으로써 무사의 표시를 끝까지 고수하려 했다. 대대로 내려오던 관습을 바꾸는 것은 꽤 어려운 일이었다.

3 근대화를 향한 여정을 시작하다

교육, 근대 일본의 길을 제시하다

일본의 서민 교육 기관인 데라코야에서는 읽기, 쓰기, 산수 등 일상생활에 필요한 기초 지식을 가르쳤다. 서민과 사족, 승려 등이 데라코야의 교사를 맡았다. 데라코야는 에도 바쿠후 말기에 에도에만 1,000개 이상 있었으며 전국적으로 3만~4만 개에 달했던 것으로 추정된다. 교육 기관의 증가와 교육 대상의 확대는 근대 서양 교육의 도입에 긍정적인 영향을 미쳤다.

신정부는 병역, 납세와 함께 교육을 국민의 3대 의무로 규정하고 1872년 소학교와 중학교로 이어지는 근대 학제를 반포했다. 곳곳에 소학교가 세워지면서, 여섯 살 이상이 되면 학교에 입학하고 매일 정해진 시간에 등교하며 교실에서 시간표에 따라 여러 교과를 공부하는 교육 방식이 전국으로 퍼졌다. 한 가정에서 아이들은 가사를 돕거나 갓난아기를 돌보는 중요한 일손이었기 때문에 처음에는 취학률이 낮

데라코야와 소학교의 수업 광경 종래의 서민 교육 기관인 데라코야가 상당 부분 소학교로 바뀌었다. 처음에는 소학교 건립 비용을 지역 주민이 부담해야 했고 수업료도 비쌌기 때문에 소학교를 반대하는 사람들도 있었다.

앉으나 1900년대 들어서는 90퍼센트를 넘어섰다. 여기에는 수업료가 무료로 바뀐 영향도 컸다. 1877년에는 고등 교육 기관인 도쿄 대학이 설립됐다.

교육의 중요성을 역설하여 일본 사회에 큰 영향을 끼쳤던 인물로 후쿠자와 유키치가 있다. 그는 서구 열강에 의해 비참한 식민지가 되지 않기 위해서는 교육을 통해 그들에 맞설 수 있는 힘을 길러야 한다며 국민 계몽에 힘썼다. 나아가 먼저 근대화를 완수한 일본이 아시아를 선도하고 식민지로 만들어야 한다고 강조했다.

자유 민권 운동이 일어나다

메이지 유신에서 가장 소외된 계층은 무사들이었다. 메이지 유신으로 무사들이 지급받던 녹봉이 사라지고 징병제가 도입되면서 군대마저 평민 위주로 편성됐다. 이에 무사들은 정신적 충격과 함께 경제적 궁핍에까지 시달리게 됐다. 여기에 폐도령(廢刀令)까지 내려지면서 사족과 평민의 구별이 없어졌다. 이런 분위기에서 조선을 침략하여 사족들의 불만을 달래자는 정한론이 나온 것이다.

그러나 정한론이 패하고 사족의 사회적, 경제적 불만이 고조된 가운데, 마침내 사족들이 사이고 다카모리를 중심으로 가고시마 현에서 봉기하는 사건이 일어났다. 하지만 사족들은 신무기와 체계화된 전술로 무장한 정부군의 상대가 되지 못했다. 봉기가 일어난 지역이 규슈였기 때문에 '세이난(西南) 전쟁'이라 불리는 이 싸움은 지도자였던 사이고 다카모리가 자결하면서 1877년에 끝났다. 이로써 신정부에 맞선 사족들의 봉기는 막을 내렸고, 바쿠후 말기 이래로 계속됐던 동란

세이난 전쟁 가고시마에서 학교를 열고 제자를 양성하던 사이고 다카모리는 1877년 학교의 학생들을 중심으로 옛 사쓰마 번의 사족을 이끌고 반정부 반란을 일으켰다. 정부는 이를 강경하게 진압했으며 이후 사족의 반정부 무력 운동은 자취를 감췄다.

의 시대도 종결됐다.

　사족들의 반란이 진압된 이후 사회 계층 간의 이동도 활발해졌다. 사족의 대부분은 관료나 실업가가 되는 길을 택했다. 그중 일부는 자유 민권 운동을 전개하면서 조슈 번과 사쓰마 번 중심의 번벌* 정부와 대립했다. 자유 민권 운동은 지조(地租)를 줄이고, 불평등 조약을 폐기하며, 나아가 헌법과 국회를 만들 것을 요구했다. 자유 민권 운동의 출발점은 1874년에 이타가키 다이스케가 "납세자는 정치에 참여

자유 민권 운동 자유 민권 운동가의 연설을 저지하는 경찰들을 향해 청중이 항의하고 있는 모습으로, 1888년 〈에이리자유 신문〉에 실렸다.

할 권리가 있다. 의회를 구성해 그것을 실현해야 한다."고 주장하며 정부에 제출한 〈민선 의원 설립 건백서〉였다. 자유 민권 운동은 사족을 중심으로 시작했지만 차츰 부농과 상공업자에게까지 확산됐다. 동아시아에서 자유민주주의 운동의 시작이었다. 이후 일본에서는 자유 민권 운동의 영향을 받아 다양한 민주주의 운동이 일어났다. 정부가 1890년까지 헌법을 제정하고 국회를 개설하겠다는 약속을 할 수밖에 없었던 것도 그 때문이었다.

자유 민권 운동은 국내에서의 개혁이 한계에 부딪히자 밖으로 세력을 확대해야 한다는 강경론을 폈다. 1884년 갑신정변 당시 자유 민권 운동가들은 청을 강하게 비난하며 청과 결전할 것을 주장했다. 1885년에는 한반도로 건너가 조선의 실력자를 살해하여 청과의 관계를 단절시키고, 이 때문에 청과 일본이 대립하게 되면 그 틈을 타 일본에서 혁명을 일으킨다는 계획을 세웠다가 사전에 발각되는 사건도 있었다 (오사카 사건).

이토 히로부미, 대일본제국헌법을 만들다

자유 민권 운동의 압박 속에서 정부는 본격적으로 헌법을 제정하고 국회를 구성할 준비에 착수했다. 유럽의 헌법 모델을 연구할 인물로는 이토 히로부미가 선정됐다. 그는 유럽의 헌법들을 비교한 뒤 신흥 국가인 독일과 일본의 상황이 비슷하다고 생각해서 독일 헌법을 모델

● **번벌** | 사쓰마, 조슈, 도사, 히젠 등 몇몇 번이 신정부의 권력을 독점한 데서 생긴 명칭이다.

로 결정한 뒤 헌법 제정 작업에 들어갔다. 그는 역사와 문화적 전통이 다른 나라를 모델로 하는 것은 위험한 발상일 수 있지만 하루빨리 근대화를 이루어 선진국과 어깨를 나란히 하고자 하는 일본으로서는 최선의 선택이라 여겼다. 자신들과 잘 맞는 부분만을 골라 수정해서 헌법을 완성한다면 시간을 절약하고 부작용을 최소화할 수 있을 것이라는 자신감도 있었다. 쇼토쿠 태자 이래로 내려온 '이이토코토리' 전통이 다시 한 번 빛을 발하는 순간이었다.

1889년, '메이지헌법'이라 불리는 대일본제국헌법이 발표됐다. 헌법은 덴노가 국민들에게 하사하는 형식으로 공포됐다. 메이지헌법은 권력 분립을 채택했지만 "덴노는 신성하여 범할 수 없다."고 규정함으로써 전제적인 성격을 보였고, 입헌 군주제였음에도 덴노는 신격화됐다. 덴노의 신격화를 이유로 육해군의 통수권을 정부 기관이 아닌 덴노가 갖게 되면서 덴노는 의회와 내각의 견제를 받지 않게 됐다. 덴노의 의사만으로 전쟁 개시와 국회 해산이 언제든지 가능할 정도로 덴노만 내세우면 무엇이든 할 수 있게 됐다.

이어 발표된 '교육에 관한 칙어'는 덴노에 대한 충성심과 애국심을 강조했다. 형법에는 덴노와 황후에게 해를 가하거나 이들을 모독했을 경우 대역죄와 불경죄를 적용한다는 내용이 있었다. 한편, 중의원은 국민의 선거로 뽑았으나 15엔 이상의 세금을 납부하는 만 30세 이상의 남자에게만 투표권이 주어졌고, 덴노의 임명을 받아 구성된 화족 중심의 귀족원은 내각을 해산할 수 있는 권한을 갖지 못했다. 대일본제국헌법은 겉으로는 근대적 국가 체제를 표방했으나 실제로 국민 주권에 기초한 근대 국민 국가와는 다소 거리가 있는 법이었다.

헌법 반포 메이지헌법이라고도 부르는 대일본제국헌법은 1947년 일본국헌법이 시행되기까지 약 57년 동안 한 번도 수정되지 않고 일본 최고의 법규 자리를 지켰다. 이 그림은 1889년의 헌법 반포식을 그린 것이다.

　그럼에도 대일본제국헌법의 제정은 나름 의미 있는 출발이었다. '언론과 결사의 자유'와 같은 국민의 기본권을 헌법이 보장했는데, 이는 아시아의 어느 나라도 하지 못했던 일이었다. 입법권은 제국의회, 행정권은 국무대신, 사법권은 재판소에 부여하여 삼권 분립의 모양새도 갖추었다. 제국의회는 법률 제정에 대한 동의권을 가졌고, 법률을 개정할 때에도 이들의 동의가 필요했다. 나아가 제국의회는 예산을

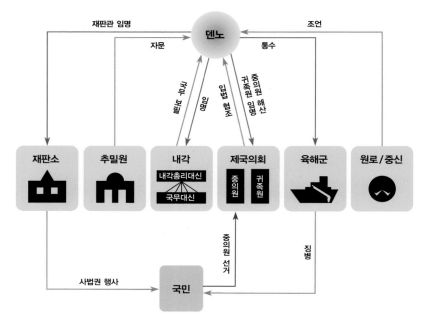

대일본제국헌법 조직도 덴노는 중의원 해산권, 육해군 통수권, 선전 포고·강화·조약 체결 등의 광범위한 권한을 가졌다. 덴노의 자문 기관이었던 추밀원은 가끔 헌법 문제도 다루어 '헌법의 파수꾼'이라고 불렸다. 헌법 개정안의 제출은 덴노만이 할 수 있었다.

심의하고 감독할 수 있는 권한도 가졌다. 덴노가 재판소에 권한을 위임하면서 사법권은 독립됐다. 민주주의를 향한 일본에서의 첫걸음이었다. 이렇게 일본은 정부의 권력 행사에 대한 법적 테두리를 마련했고 근대 국가로서 제도적 토대를 갖추게 됐다.

일청 전쟁에서 승리하다

조선을 둘러싼 일본과 청의 대립은 날로 격화됐다. 일본 정부는 징병령을 더욱 강화했고 청의 북양 함대를 겨냥해 해군을 2.5배가량 늘렸다. 청에 비해 해군력에서 열세를 보이던 일본은, 군비 확장에 매진해 일청 전쟁이 일어나기 직전에는 청과 거의 비슷한 수준의 해군력을 갖기에 이르렀다.

정당과 국민들 사이에는 아시아에서 일본만이 유일하게 국회를 개설했으며 헌법을 제정한 입헌 국가라는 우월감이 퍼져 있었다. 또한 영국이 청에서 이권을 얻기 위해 아시아 파트너로서 일본에게 호감을 갖게 되면서, 일본이 서구 열강과 맺은 불평등 조약을 개정할 수 있는 가능성이 커진 것도 일본의 자신감을 높이는 데 한몫했다. 종주국으로 자처하는 청에게서 조선을 뺏기 위해 벌인 일청 전쟁의 외적 준비는 이렇게 갖춰졌다.

1894년 일본은 별다른 선전 포고 없이 해전을 시작했다. 청의 해군은 일본 해군의 전술과 신식 무기에 밀려 잇달아 패했다. 일본은 황해의 제해권을 장악한 다음에 있었던 평양 전투에서도 대승을 거두었다. 이로써 일본인들은 메이지 유신이 청의 양무 운동●보다 성공적이었다고 생각하게 됐다.

일본이 랴오둥 반도를 점령하면서 전쟁의 무대는 조선에서 청으로 옮아갔다. 일본의 파죽지세와 같은 진격에도 청의 저항은 만만찮았다. 전쟁이 길어지면서 일본은 청의 수도 베이징까지 진출하는 것이 무리라고 판단해 현상을 유지하기로 했다. 유리한 순간에 전쟁을 끝

● **양무 운동** | 19세기 후반, 청의 쩡궈판과 리훙장 등이 주동이 되어 일어난 근대화 운동을 가리킨다. 청의 제도와 관습을 유지하는 바탕 위에서 서양의 무기와 기술을 도입하고자 했다.

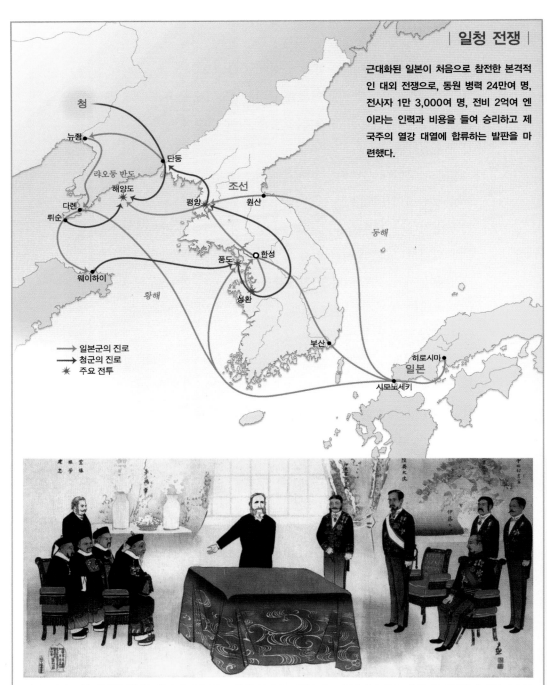

근대화된 일본이 처음으로 참전한 본격적인 대외 전쟁으로, 동원 병력 24만여 명, 전사자 1만 3,000여 명, 전비 2억여 엔이라는 인력과 비용을 들여 승리하고 제국주의 열강 대열에 합류하는 발판을 마련했다.

청

뉴창

단둥

라오둥 반도

해양도

평양

조선

원산

다롄

뤼순

동해

한성

풍도

웨이하이

황해

성환

부산

히로시마

일본

시모노세키

→ 일본군의 진로
→ 청군의 진로
✳ 주요 전투

시모노세키 조약 체결식 일본은 청과 치외법권을 포함한 불평등 조약을 맺고, 청에게서 받은 배상금을 금본위제 확립과 산업 혁명을 궤도 위에 올려놓는 데 사용했다. '잠자는 사자'라고 불리던 청의 실체가 드러나면서 서구 열강은 청을 나눠 가질 생각을 하기 시작했다.

낼 기회를 찾던 일본과 조기 종결을 희망하던 청의 입장이 일치하면서 전쟁은 끝났다.

1895년 4월, 두 나라가 시모노세키 조약을 맺음으로써 일청 전쟁은 마무리되었다. 고대 이래로 계속돼 온 중국 중심의 국제 질서가 무너지고 동아시아의 새로운 패권 국가로 일본이 등장하는 순간이었다. 이 조약에는 조선은 독립국이고, 청이 랴오둥 반도와 타이완을 일본에 할양하고, 전쟁 배상금으로 2억 3,000만 냥을 일본에 지불한다는 내용이 있었다. 조선을 독립국이라 명시한 데에는 조선에 대한 청의 영향력을 없애고 조선을 일본의 속국으로 만들려는 의도가 숨어 있었다. 조선이 독립국이라는 조항과 청의 영토 할양 조항은 메이지 정부가 추진해 온 영토 확장 정책이 실현된 결과였다. 청에서 받은 전쟁 배상금은 일본 정부 1년 예산의 4배에 이르는 엄청난 금액이었다. 청에서 받은 거액의 배상금은 군비 확장과 산업화 추진에 요긴하게 쓰였다. 더불어 동아시아에서 일본의 위상이 강화됨에 따라 일본이 서구 열강과 맺었던 불평등 조약에서 치외법권 조항이 폐지됐다.

시모노세키 조약은 일본 내 군부와 정당으로부터 지지를 받았다. 그러나 남하 정책을 꾸준히 추진해 오던 러시아가 프랑스, 독일과 합세하여 랴오둥 반도를 청에 반환할 것을 요구하자 일본은 반환금을 받는 조건으로 랴오둥 반도를 포기했다(삼국 간섭). 일청 전쟁의 승리로 일본은 아시아의 강자로 떠올랐지만 한반도와 만주를 장악하기 위해서는 러시아라는 더 강한 상대를 넘어서야 했다.

랴오둥 반도가 반환되었다는 소식이 국내에 알려지면서 반러시아 분위기가 확산됐다. 여론을 등에 업은 정부는 러시아를 적국으로 삼고 국가주의 교육과 대규모 군비 확장에 박차를 가했다. 신문은 격렬한 논조로 이를 부추겼고, 의회는 세출 총액의 40퍼센트가 넘는 군사 예산을 가결했다. 일청 전쟁 이후 군비 확장은 국가 경영의 한 축이 됐다.

4 | 일본 제국주의, 조선을 침략하다

산업 혁명에 박차를 가하다

일본에서 일어난 제1차 산업 혁명의 중심에는 면화에서 실을 뽑아내는 면사 방적업이 있었다. 영국제 증기 기관을 동력으로 삼는 방적기가 들어와 기계제 방적업이 정착하면서 일본에서도 산업 혁명이 일어났다. 서양의 고속 방적기를 국내로 들여오는 데는 큰돈이 들었지만 일단 설치한 뒤에는 초기 투자 비용 이상의 효과를 기대할 수 있었다. 그 선두에는 1882년에 설립된 오사카 방적 공장이 있었다. 이 공장은 2교대로 주야간 가리지 않고 공장을 가동하여 방적업이 주요 산업으로 자리 잡는 데 큰 역할을 했다. 1890년에는 국내 판매를 넘어 해외로까지 면사를 수출하게 됐다. 일청 전쟁 이후 조선과 청으로 수출하는 면사의 양이 급증하면서, 1897년에는 수출이 수입을 앞질렀다.

면사 방적업은 누에고치에서 실을 뽑아내는 생사 산업의 발달을 촉진했다. 일본의 생사 산업은 발전을 거듭한 끝에 청을 앞질렀으며, 1909년에는 일본의 생사 생산량과 수출량 모두 세계 최고가 됐다.

면사 방적업의 발달은 천을 짜는 직물업의 발달로도 이어졌다. 질 좋고 값싼 면직물을 대량으로 생산할 수 있게 되고, 국내에서 생산한 면직물이 외국 상품과의 가격 경쟁에서도 밀리지 않자 여러 기업들이 관심을 갖고 직물업에 뛰어들었다. 바야흐로 실을 뽑고 천을 짜는 방직 공업이 호황을 누리는 시절이 됐다.

일본은 삼국 간섭을 계기로 군사력을 강화할 필요성을 절실히 느꼈다. 가장 먼저 관심을 둔 것은 제철업이었다. 당시 일본은 국내에 매장된 철이 부족해서 대포, 군함, 기관차 등을 만드는 원료를 대부분 수입에 의존했다. 육해군은 이번 기회에 정부가 나서서 차관이라도 빌려와 제철소를 설립해야 한다고 강력히 주장했다. 결국 정부는 청에서 받은 전쟁 배상금을 제철업에 투자하기로 결정했다. 1901년에 설립된 야하타 제철소는 이러한 노력의 산물이었다. 일본 제철업의 중심에 선 야하타 제철소는 공장 설계와 설비 구입, 기타 전문 기술 등에 관해 독일 기술자에게서 도움 받았다.

야하타 제철소는 조업 1년 만에 일본 강철의 80퍼센트를 생산하게 됐는데, 이후 10년 동안 이곳의 강철 생산량은 40배나 증가했다. 야하타 제철소는 일본 중공업 발전의 상징이 됐다. 야하타 제철소를 중심으로 제철업이 발전하면서 철강 수입이 줄었고 기계류와 철도 차량, 선박, 병기의 국산화도 가능해졌다. 이에 따라 육해군의 무기를 만드는 군수업은 빠른 속도로 발전했다.

중공업이 발달하면서 광업도 비약적으로 발전했다. 정부에서 관영

야하타 제철소 후쿠오카 현 야하타
는 탄광이 있어 석탄 공급이 용이하
고 군사 수송이 편리한 지역이었다.
일본 최초로 근대적 용광로 시설을
갖춘 대형 제철소 건설을 기념하여
이토 히로부미가 방문했을 때 찍은
사진이다.

산업을 민간에 불하할 때 미쓰이, 미쓰비시 등은 수익이 높았던 구리
광산을 대부분 차지했다. 그 결과 1900년대에 일본의 구리 생산량은
3,800만 톤에 이르렀고 일본의 주요 수출품이 됐다. 외국인도 광업에
종사할 수 있도록 법이 개정되면서 세계적인 석유 회사 스탠더드 오일
이 자금을 투자하여 일본에서 석유 채굴에 착수하기도 했다.

군비 확장과 더불어 대형 선박도 건조됐다. 훗날 일본 최대의 조선
소가 되는 나가사키 조선소가 세워진 것도 이 무렵이었다. 일본의 조
선 기술은 이미 세계적인 수준에 올라 있었다. 일본은 농업국에서 공
업국으로 확실하게 바뀌고 있었다.

(생산량의
변화 지수)

일청
전쟁

야하타 제철소
설립
(1901년)

일러
전쟁

생사
면직물
석탄
철

일본의 광업과 생사 산업의
변화 일본에서는 일청 전쟁을
전후한 시기에 방적업, 직물
업 등의 경공업을 중심으로
하는 제1차 산업 혁명이 진행
되었고 이어서 일러 전쟁을
전후한 시기에 제철, 조선 등
의 중공업을 중심으로 한 제2
차 산업 혁명이 전개되었다.

※세로축은 1890년의 생산량을 100으로 했을 때의 지수를 가리킴.

산업 발전의 뒤편에는 여공과 광부가 있었다

일본이 서양과 무역을 시작한 이래로 가장 많이 수출한 품목은 생사
였다. 정부는 생사의 대부분을 수출했는데, 제1차 세계대전 무렵에는
그 규모가 일본 전체 수출액의 3분의 1에 이를 정도였다. 생사는 누에
고치에서 뽑은 섬유 몇 가닥을 합친 다음 꼬아서 만들기 때문에 실의
두께를 일정하게 유지하는 일이 중요했다. 누에고치의 수를 조절하고
고치에서 나오는 실 끝을 찾아서 계속 이어 줘야 했으므로 손이 많이
가는 일이었다. 눈이 밝고 손놀림이 좋은 10대 소녀들은 이 작업에 알
맞은 노동자였다. 새로 공장에 들어온 노동자들 대부분이 소학교 4년

의 의무 교육을 마친 열한두 살 정도의 소녀였다. 겨울 동안 공장에서 일한 여공들은 5월에는 모내기를 돕기 위해 고향에 갔다가 모내기가 끝나면 다시 공장으로 돌아왔다.

공장의 환경은 열악하기 그지없었다. 하루에 16시간씩 일했고, 휴일은 한 달에 이틀뿐이었다. 실내 작업은 무척 힘들었는데, 누에고치를 찔 때 생기는 증기 때문이었다. 여공 중 상당수가 폐결핵

면직 공장 여공의 하루 일과 일본 산업 혁명의 특징 중 하나는 여성 노동자의 비중이 높고 노동 조건이 매우 열악했다는 점이다. 여공들의 일과에는 노동, 식사, 수면밖에 없었다.

출처: 《나가노 현 입역사 전시안내》

조업 시간

21:00(퇴근)
5:15(기상)
5:40(출근)
17:00~17:20 (저녁 식사)
11:30~11:45 (점심 식사)
7:00~7:15 (아침 식사)

오사카 방적 공장 근대 일본 방적업의 선두 주자로서 처음으로 증기 기관을 사용하고 주야 2교대로 공장을 가동해서 면포를 생산함으로써 방적업의 발달에 큰 역할을 했다.

으로 숨졌으며 증기에 중독된 이들도 허다했다. 하지만 노동 시간에 따라 임금이 정해졌기 때문에 아프다고 해서 맘 놓고 쉬기는 힘들었다. 그중에서도 정식 직원이 되지 못한 노동자는 한동안 임금을 받지 못하거나 아주 적은 임금만을 받았다.

여성들이 주로 생사 공장에서 여공으로 일한 반면, 남성들은 탄광에서 석탄을 캐내는 광부가 됐다. 광부들 또한 여공과 마찬가지로 농촌을 떠나 도시에서 유입한 날품팔이 노동자가 대부분이었다. 탄광의 작업 환경 역시 열악하기는 마찬가지였다. 수백 미터까지 파고 들어간 탄광 내부는 뜨거운 열과 석탄 가루로 가득해 제대로 숨쉬기조차 힘들었다. 때로는 암반이 붕괴되어 부상자가 생기는 사고가 일어났고, 석탄을 운반하는 과정에서 수레에 깔려 죽는 이도 있었다. 광부들은 자신이 받은 임금을 농촌의 부모님께 보내야 가족들이 소작료를 밀리지 않고 납부할 수 있다는 사실을 떠올리며 낮은 임금과 열악한 노동 환경을 견뎌 냈다. 지주들의 풍족한 삶은 소작인들의 쉴 틈 없는 노동과 생사 공장 및 탄광에서 일하던 소작인의 아들딸들이 흘린 땀방울이 있기에 가능했다.

영국을 등에 업고 일러 전쟁을 시작하다

러시아의 남하 정책에 반발하던 일본은 결국 조선과 만주에서 러시아와 충돌했다. 일청 전쟁 후 삼국 간섭을 지켜보던 조선이 친러시아 경향을 보이자 일본은 조선의 왕후를 시해하고(을미사변) 친일 내각을 세웠다. 이에 위협을 느낀 고종은 1896년에 궁궐을 빠져나와 러시아 공사관으로 피신했다(아관파천). 곧이어 조선에서는 친러 내각이 세워졌다. 조선을 둘러싼 일본과 러시아의 긴장은 시시각각 고조됐다.

일본이 조선 문제로 고민하고 있을 무렵 때마침 영국이 동맹의 손짓을 보내 왔다. 영국은 만주와 조선에서 러시아의 세력이 확장되는 것을 우려하고 있었다. 영국은 일청 전쟁을 통해 일본의 군사력을 확인한 터였으므로 러시아의 팽창을 저지하는 데 일본을 이용하려 했다.

영국의 제안을 두고 일본 정부 내에서는 의견이 둘로 나뉘었다. 한쪽은 강국 러시아의 만주 지배를 인정하고 일본은 조선만 점령하자는 의견이었고, 다른 한쪽은 러시아가 만주를 점령한 다음 조선을 노릴 터이니 러시아를 만주에서 아예 몰아내자는 의견이었다. 거듭된 논쟁 끝에 일본은 영국과 동맹을 맺어 러시아에 맞서기로 했다.

1902년에 마침내 일영 동맹이 맺어졌다. 일본이 청과 조선 양국에서 갖고 있던 특수한 이익과 영국이 청에서 지니고 있던 특수한 이익을 서로 인정한다는 내용의 동맹이었다. 나아가 한쪽이 다른 나라와 전쟁을 할 경우 중립을 지킨다는 내용도 있었다. 일본은 러시아에 맞설 든든한 지원군을 얻게 됐다. 미국과 영국이 일본에서 발행한 12억 엔(전쟁 비용 20억 엔의 60퍼센트)의 공채를 사준 것은 더할 나위 없는 힘이 되었다. 일본 정부는 계속해서 군사력를 키우는 데 몰두했다. 그 결과 일청 전쟁 때에 비해 육군의 전력은 2배, 해군의 전력은 4배 정도 더 강해졌다. 와신상담 끝에 일본은 1904년 일청 전쟁 때와 마찬가지로 선전 포고도 하지 않은 채 랴오둥 반도에 있는 러시아 함대를 먼저 기습했다(일러 전쟁).

조선에 대한 독점권을 획득하다

전쟁은 2년간 계속됐다. 승패는 해전에서 갈렸는데, 발틱 함대의 피로가 러시아의 결정적 패인이었다. 발틱 함대는 유럽을 출발하여 아프리카를 돌아 동해에 이르는 긴 항해를 한 탓에 막상 일본 함대와의 전투에서는 제대로 싸워 보지도 못하고 힘없이 무릎을 꿇었다. 38척의 군함 가운데 33척을 잃은 러시아의 일방적 패배였다. 전쟁이 장기화되면서 일본의 군사력 역시 점차 한계에 이르고 있었다. 탄약 저장고와 전쟁에 들어가는 돈도 점점 바닥을 보였다.

이 무렵 일본에 희소식이 들려왔다. 러시아에서 혁명이 일어난 것이다. 전쟁이 거듭되자 살기 힘들어진 러시아의 농민과 노동자가 '평화와 빵'을 요구하며 차르(황제)의 퇴진과 개혁을 요구했다. 장기화된 전쟁은 양국 모두에게 부담이 됐고, 결국 일본과 러시아는 이쯤에서 전쟁을 마무리하기로 했다. 중재는 미국이 담당했는데, 적절한 시기에 미국이 나서 줄 것을 비밀리에 일본이 미국에 부탁한 결과였다. 당시 미국 대통령 루스벨트는 어느 쪽이든 간에 아시아에서의 세력 확대를 바라지 않고 있었기 때문에 일본의 중재 요청을 흔쾌히 승낙했다. 회담은 미국의 포츠머스에서 열렸다. 일본은 회담에서 승전국을 자처했지만, 러시아는 결코 패배를 인정하지 않았다. 러시아의 강경한 태도 때문에 회담은 한때 결렬될 뻔했지만, 일본이 조선에서의 독점적 지배권과 사할린 남부를 갖는 선에서 조약이 체결됐다.

포츠머스 조약 체결 직전, 일본은 미국의 필리핀 통치를 인정하는 대신 일본이 조선에서 갖는 우월권을 미국으로부터 인정받는 가쓰

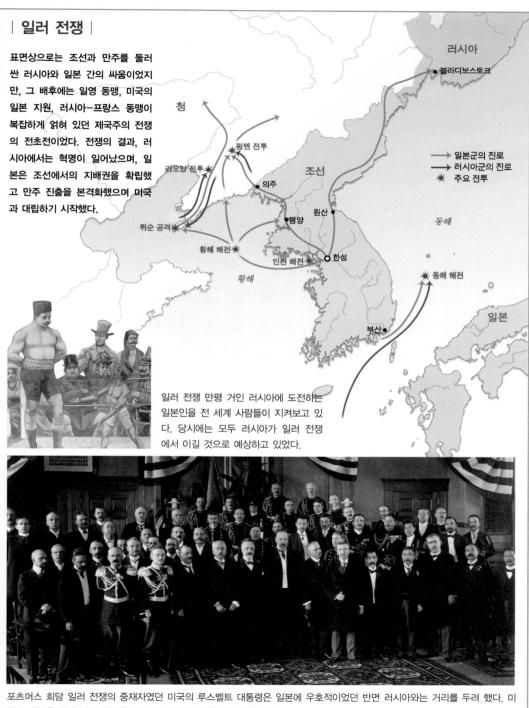

| 일러 전쟁 |

표면상으로는 조선과 만주를 둘러싼 러시아와 일본 간의 싸움이었지만, 그 배후에는 일영 동맹, 미국의 일본 지원, 러시아-프랑스 동맹이 복잡하게 얽혀 있던 제국주의 전쟁의 전초전이었다. 전쟁의 결과, 러시아에서는 혁명이 일어났으며, 일본은 조선에서의 지배권을 확립했고 만주 진출을 본격화했으며 미국과 대립하기 시작했다.

러시아

청

블라디보스토크

펑톈 전투

랴오양 전투

의주

조선

원산

뤼순 공격

평양

동해

황해 해전

인천 해전

한성

황해

동해 해전

부산

일본

→ 일본군의 진로
→ 러시아군의 진로
✳ 주요 전투

일러 전쟁 만평 거인 러시아에 도전하는 일본인을 전 세계 사람들이 지켜보고 있다. 당시에는 모두 러시아가 일러 전쟁에서 이길 것으로 예상하고 있었다.

포츠머스 회담 일러 전쟁의 중재자였던 미국의 루스벨트 대통령은 일본에 우호적이었던 반면 러시아와는 거리를 두려 했다. 미국과 일본은 회담 전에 밀약을 체결하여 일미 동맹 관계를 확인했다.

라-태프트 협정을 비밀리에 성사시켰다. 한편으로는 조선에 대한 일본의 권리와 인도에 대한 영국의 권리를 각각 승인하는 제2차 일영 동맹을 맺었다. 제국주의 열강들이 조선을 포함한 아시아 국가들의 의사와 상관없이 각국을 분할한다는 약속을 한 뒤에 일러 전쟁은 막을 내렸다. 일본의 국제적 위상은 이전과 비교할 수 없을 정도로 높아졌다. 일러 전쟁 승리로 조선을 일본의 식민지로 만드는 데 장애물은 모두 사라졌다. 5년 뒤, 1910년 조선은 일본에 병합됐다.

일청 전쟁과 일러 전쟁을 거치면서 산업화에 성공한 일본은 조선과 청의 소비 시장을 확보하는 데 주력했다. 일본은 힘을 앞세워 조선의 시장을 독점했고 만주 시장을 개척했다. 공업의 발달이 부진했던 조선과 청은 일본 공업 제품의 중요한 소비 시장이 됐다.

1911년, 일본은 관세 자주권을 회복함으로써 오랫동안 노력해 왔던 불평등 조약 개정을 완전히 이루었다. 일본이 개국을 한 지 50여 년이 지난 시점이었다. 이로써 정부는 관세 수입을 늘리면서 국내 산업을 보호할 수 있는 조건을 갖추게 됐다. 낮은 관세 탓에 외국이 쥐고 있던 무역 주도권도 점차 일본으로 넘어왔다. 식민지 조선과 타이완, 반식민지가 된 만주, 그리고 청으로 일본 상품이 수출됐다. 유럽과 미국으로 수출되는 일본 상품의 양도 날로 증가했다. 생사, 차, 무명, 석탄이 수출됐고 기계류, 면화, 석유, 철광석이 수입됐다.

아시아 국가들, 일본의 감춰진 속내를 보지 못하다

일러 전쟁이 일본의 승리로 끝나면서 국민들은 러시아에서 받을 배상금에 대한 기대감으로 들떠 있었다. 그러나 배상금이 없다는 포츠머스 조약의 결과가 전해지자 여론은 180도로 달라졌다. 국민들은 많은 인명 피해를 감수하고 엄청난 국가 재정을 쏟아 부은 결과가 고작 이거냐며 정부를 맹렬히 비난했다. 신문들은 매일같이 정부를 비판하는 기사를 내보내며 조약을 파기하고 전쟁을 계속해야 한다고 목소리를 높였다. 일부 양식 있는 지식인들은 일러 전쟁으로 소수의 정치가와 자본가들만이 이득을 얻을 것이며, 다수의 노동자에게는 혜택이 돌아가지 않을 것이라는 주장을 폈다. 나아가 이들은 국민들에게 침략 전쟁과 조선의 식민지화를 반대할 것을 호소했다.

한편, 자국의 영토를 나눠 가진 서양 세력과 만주를 점령한 러시아에 대해 반감을 가졌던 청의 지식인들은 일본의 승리에 고무됐다. 그리고 일러 전쟁에서 보여 준 일본 국민의 단결과 전폭적인 지지를 부러운 눈으로 바라보았다. 쑨원을 중심으로 한 청의 지식인들은 일본을 모델로 하여 청의 제도와 법률을 바꿔 보자는 생각을 갖게 됐다. 그러나 이들은 겉으로 드러난 서구화된 일본만을 보았을 뿐 아직 그 속에 감춰진 일본의 제국주의를 간파하지 못하고 있었다.

고무된 것은 청의 지식인만이 아니었다. 베트남의 판보이쩌우는 일본에 도움을 요청해 베트남에서 프랑스를 몰아낼 계획을 세우기도 했다. 강국 러시아를 물리친 일본을 배우자는 '동유(東遊) 운동'이 베트남에서 일어나면서 1905년에서 1908년 사이에 많은 베트남 청년들이 일본으로 유학을 갔다. 도쿄에 유학하고 있던 200여 명의 베트남 유학생들은, 일러 전쟁이 백인종에 대한 황인종의 승리라며 일본의 승리를 환영했다. 나아가 일본이라는 황인종의 형이 베트남이라는 황인종 동생을 백인의 지배로부터 해방시켜 줄 것으로 여겼다. 그러나 이런 기대감은 일러 전쟁 후 일본이 조선을 식민지로 삼고 만주까지 침략하면서 급속히 사라졌다.

● 메이지 시대의 또 다른 히데요시들

1909년, 일본 내각에서 '한일 병합에 관한 건'을 통과시키자 메이지 덴노가 이를 허락했다. 조선에서 일본 군대와 경찰의 강화, 조선 철도의 완전한 장악, 일본인의 조선 이민 확대 등이 주요

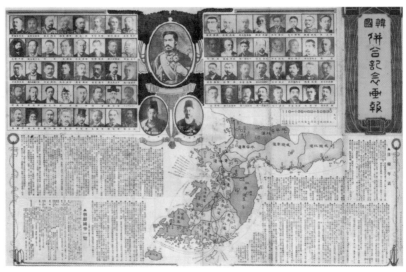

한국 병합 기념 화보 1910년 한국을 병합한 것을 기념하여 오사카 신문에서 특별부록으로 제작한 기념 화보이다. 여기에는 병합에 앞장선 한국과 일본의 관리나 옛 대한제국의 왕족 사진이 실렸다. 메이지 덴노 밑에 이태왕(李太王)과 이왕(李王)으로 표기한 고종과 순종의 사진이 있다.

내용이었다. 때마침 일러 관계를 개선하기 위해 만주 하얼빈에서 러시아 외상과 회담을 가졌던 이토 히로부미가 안중근에게 사살 당하는 사건이 일어났다. 일본은 이를 구실로 이미 정해진 병합 계획을 앞당겨 실행했다.

1910년 8월, 대한제국의 마지막 황제 순종이 '한일 병합 조약'에 조인했다. 친일 단체였던 일진회가 조인 전에 합방 청원서를 제출했지만, 이것은 사람들의 진의를 대표하는 것이 아니었다. 조약이 체결되면서 1,300만 명의 조선인들이 일본의 지배를 받게 됐다. 일본은 경성에 조선총독부를 설치하고 조선의 독립운동을 탄압하기 위해 한반도 전역에 헌병과 경찰을 배치했다. 조선의 독립을 염원하는 민족 운동 세력과 일본의 적대 관계가 시작된 것이다.

메이지 시대 최고의 사상가
후쿠자와 유키치의 탈아입구론

일본의 1만 엔 지폐에 새겨진 인물은 누구일까? 바로 서양의 근대 문화를 일본인들에게 소개하고 일본이 나아가야 할 길을 제시한 근대화의 선구적 인물인 후쿠자와 유키치다. 사족 출신이었던 그는 젊은 시절에도 바쿠후의 통역관으로 일하면서 미국과 유럽의 발전된 모습을 접했는데 이때의 경험이 삶의 방향을 결정한 중요한 계기가 됐다. 그는 서구 열강의 발달상을 직접 눈으로 확인했을 뿐만 아니라 청과 같은 아시아 여러 나라가 식민지로 전락해 버린 비참한 상황도 접했다.

당시 일본 사회에는 일본 역시 열강의 식민지가 되지 않을까 하는 위기감이 팽배했는데, 후쿠자와 유키치가 쓴 《학문의 권장》은 이러한 시대적 분위기의 산물이었다. 1872년 간행

1만 엔 지폐 후쿠자와 유키치의 초상이 들어간 1만 엔 지폐는 일본에서 가장 고액의 지폐이다. 1984년 이전까지는 쇼토쿠 태자가 모델이었다. 일본의 기초를 만든 인물과 어깨를 나란히 할 정도로 후쿠자와가 근대 일본의 형성에 이바지한 공은 상당했다.

된 《학문의 권장》은 근대화의 길목에 선 일본이 어디로 가야 하는지를 제시한 책이었다. 학문과 독립을 주제로 한 이 책은 출간한 지 얼마 안 되어 300만 부 이상이 팔리면서 10명 중 한 명 꼴로 읽은 베스트셀러가 됐다.

메이지 신정부가 법적으로 신분제를 폐지했지만 여전히 평등 사회가 정말 가능할지 의심하는 사람들이 많았다. 후쿠자와 유키치는 책에서 "하늘은 사람 위에 사람을 만들지 않고, 사람 밑에 사람을 만들지 않는다."라며 사람은 태어나면서부터 자유롭고 평등한 존재이고 서양에서는 실제로 그렇게 살고 있다고 국민을 설득하려 했다. 또한 "태어나면서부터 빈부귀천의 차별은 없다. 학문에 정진해 세상 이치를 잘 아는 사람이 귀인이 되고 부자가 된다."라며 빈부와 귀천의 차이는 학문을 닦는지 그렇지 않은지에 달려 있다고 말했다. 이것은 배움의 유무가 인생에 영향을 미친다는 말인 동시에 학문에 매진하는 것이야말로 일본 국민이 나아가야 할 길임을 강조하는 말이었다.

또한 후쿠자와 유키치는 "독립의 의지가 없는 사람은 항상 남에게 의지하려고 하고, 남에게 의지하려는 사람은 반드시 남에게 아첨을 한다."라며 일본 국민의 독립 의지를 강조

후쿠자와 유키치의 《서양사정》과 《문명론의 개략》 서양의 발전상을 소개한 《서양사정》과 문명에 우위가 있으며 발달한 서양 문명을 적극적으로 수용하여 일본을 진보시키자는 《문명론의 개략》은 탈아입구론으로 이어져 일본의 아시아 침략을 논리적으로 정당화했다.

했다. 법률적으로 일본은 평등 사회였지만 여전히 국민들은 봉건적 관습 속에서 과거 신분에 복종하고 있었다. 이러한 태도는 외국과의 교류 과정에서도 드러났다. 외국인에게 주눅이 든 일본인들은 불공평한 거래에 당당히 대항하지 못하고 손해를 감수하고는 했다. 후쿠자와 유키치는 내부적으로 국민들이 독립 의식을 갖고 있지 않으면 외국과의 경쟁에서도 독립된 자세를 취할 수 없다는 사실을 간파하고 있었다.

후쿠자와 유키치는 힘을 길러서 서구 열강을 따라잡고 그들과 동등한 위치에 서는 것이 급선무라 생각했다. 게이오 대학을 설립하고 국민 계몽에 앞장선 것은 이런 생각 때문이었다. 조선의 근대적 개혁에도 관심이 많았던 그는 김옥균을 통해 갑신정변을 지원했으며, 조선 최초의 신문인 〈한성순보〉를 창간하는 데 사재를 투자하기도 했다.

그러나 갑신정변이 실패로 끝나고 청프 전쟁에서 청이 패하자 아시아에서는 근대적 개혁의 희망이 없다며 등을 돌려 버렸다. 그는 "이웃 나라의 개명을 기다려 함께 아시아를 일으킬 여유가 없다. 하루빨리 서양 문명국과 진퇴를 함께 해야 할 것이다. 청이나 조선을 대함에 있어 이웃 나라이기 때문에 특별히 고려할 필요가 없다. 서양처럼 일본도 이들을 식민지화해야 한다."고 말했다. 이런 주장이 국민들 사이에 퍼지면서 일본인들은 자국의 아시아 침략이 정당하다고 믿게 되었다. 이 생각의 바탕에는 일본인만이 근대화에 성공했고, 일본인은 아시아에서 가장 우수하며, 다른 아시아인들은 뒤떨어져 있다고 하는 차별 의식이 깔려 있었다. 그는 개인의 자유나 평등, 인권보다는 국가의 이익과 부국강병의 가치에 중점을 두었다. 아시아에서 벗어나 서구 사회를 지향해야 한다는 '탈아입구론(脫亞入歐論)'은 이러한 가치관이 낳은 결과물이었다.

7장

일본의 군국주의와 아시아 침략

제1차 세계대전이 일어나면서 서구 열강이 아시아의 식민지를 관리하는 데 소홀해지자, 이 틈을 타고 일본이 세력 확장에 나섰다. 수출이 호황을 이루고 산업이 비약적으로 발전하여 신흥 부자들이 속속 등장하던 때였다. 전쟁이 끝나고 유럽이 안정을 되찾으면서 유럽과 미국은 일본을 견제하기 시작했다. 경제 성장에 발맞춰 1920년대에 다이쇼 데모크라시 시대가 열리는 등 국민들의 민주화 욕구가 분출되기도 했지만, 대륙 침략에 대한 군부의 열망은 사그라지지 않았다. 일본은 만주 사변을 시작으로 일중 전쟁을 일으키더니 급기야 태평양 전쟁까지 도발하며 브레이크 없는 기관차가 됐다. 일본은 수많은 인명 피해와 물적 손실을 떠안은 채 결국 1945년 패전을 맞이했다.

1915년	대중국 21개조 요구 제출
1918년	쌀 소동
1923년	간토 대지진
1925년	치안유지법, 보통선거법 공포
1931년	만주 사변
1933년	국제 연맹 탈퇴
1937년	일중 전쟁
1938년	국가총동원법 공포
1941년	태평양 전쟁(~1945)
1945년	히로시마와 나가사키에 원자 폭탄 투하, 일본 패전

1919년 베르사유 조약
독일, 바이마르 공화국 성립

1918년 제1차 세계대전 종식
윌슨 대통령, 14개조 평화 원칙 발표
1929년 미국 경제 공황 발생

1919년 중국, 5·4 운동
1921년 공산당 창당
1928년 장쭤린 폭사 사건

1917년 러시아 혁명
1922년 소비에트 사회주의
공화국 연방(소련)
수립

1919년 3·1 운동, 대한민국
임시 정부 수립

1914년 사라예보 사건, 제1차 세계대전 발발

1 | 제1차 세계대전 이후 일본의 국제적 위상이 달라지다

전쟁의 빈틈을 파고들어 중국에서 이권을 챙기다

19세기 말부터 유럽에서는 식민지를 둘러싼 영국과 프랑스, 독일 등의 대립이 격화됐다. 이들 사이에서 고조되던 긴장은 1914년 사라예보 사건●을 계기로 폭발했다. 제1차 세계대전의 시작이었다. 독일과 오스트리아, 이탈리아가 동맹국의 한 축을 이뤘고 영국, 프랑스, 러시아가 연합국의 한 축을 이뤘다.

　서구 열강의 관심이 유럽에서 일어난 전쟁에 집중되면서 아시아 대륙은 '힘의 진공 상태'가 되었다. 일본은 유럽의 전쟁을 새로운 기회

● **사라예보 사건** | 1914년 6월 28일, 오스트리아-헝가리 제국의 황태자 부부가 보스니아의 수도 사라예보에서 암살당하는 사건이 일어났다. 오스트리아-헝가리 제국은 이 사건에 세르비아 정부가 연관됐다고 판단하여 즉각 세르비아에 최후통첩을 보냈다. 7월 28일, 오스트리아-헝가리 제국이 세르비아에 선전 포고를 하면서 제1차 세계대전이 시작됐다.

로 삼고자 했다. 전쟁으로 인한 동아시아 내의 세력 변화를 재빨리 간파한 일본은 즉시 독일에 선전 포고를 하고 제1차 세계대전에 연합국의 일원으로 참전했다. 연합국은 일본이 유럽에서 싸워 주기를 바랐지만, 일본은 아시아에 국한해 참전했다. 일본의 주된 관심은 만주와, 독일이 차지하던 중국의 산둥 반도 일대였다. 중국은 자국에서의 전투를 피하기 위해 국외 중립을 선언했으나 일본은 이를 무시하고 칭다오의 독일 요새를 공격했다. 중국은 즉각 일본군의 철수를 요구했

오쿠마 내각의 위압 외교 중국에 21개조를 요구하는 일본의 고압적인 태도를 풍자한 당시 미국의 만화이다.

일본의 칭다오 점령 연합국은 일본이 유럽 전선에서 활약할 것으로 기대했지만, 일본은 그 기대를 저버리고 제1차 세계대전을 기회 삼아 중국 대륙에 침략의 발판을 마련했다.

으나 일본은 그 요구를 거부하며 대총통 위안스카이에게 21개조의 요구안을 내밀었다. 독일이 가졌던 산둥 반도의 각종 이권과 남만주 철도에 대한 권리 등을 일본에게 넘긴다는 내용이었다.

영국과 프랑스는 일본이 아시아에서 독일의 세력 확장을 억제하는 선에서만 활약해 주기를 기대했지만 일본은 전혀 그럴 생각이 없었다. 예상 밖으로 전쟁이 길어지자 연합국은 일본의 거침없는 행보를 제대로 제지하지 못했다. 게다가 러시아는 내부 혁명으로 인해 전쟁에서 빠진 뒤 독일과 강화한 상황이었다. 일본의 산둥 반도 점령 소식이 전해지자 도쿄의 중국 유학생들은 즉시 반대 운동에 나섰고, 중국 각지에서도 일본 상품 불매 운동을 전개했다. 미국도 산둥 반도에서 일본군이 철수할 것을 요구했다. 그러나 일본은 철수는커녕 만주와 산둥 반도에 주둔해 있는 일본군의 수를 증강하여 위안스카이 정권을 위협했고, 마침내 '대중국 21개조 요구'를 관철했다.

나리킨 전성시대가 열리다

유럽이 전쟁의 수렁에 빠지면서, 일본은 수출이 수입을 웃도는 호황을 누렸다. 개전 초부터 일본이 경제 특수를 누렸던 것은 아니다. 일본의 경기가 회복되기 시작한 시점은 전쟁 발발 후 1년가량이 지난 뒤부터였다. 전쟁으로 인해 유럽이 아시아 곳곳에 수출하던 막대한 양의 면직물을 생산할 수 없게 되면서 중국을 비롯한 아시아 국가들은 일본산 면직물을 소비하게 됐다. 제1차 세계대전으로 전쟁 특수를 누렸던 미국이 일본산 생사를 대량으로 구매한 것도 일본 경제에 큰 도

나리킨 전성시대 음식점의 불빛이 어두워 자신의 신발을 찾지 못하던 나리킨이 100엔짜리 지폐를 태우며 "어떠냐? 환해졌지?"라고 말하고 있는 어느 신문의 만평이다. 당시 대졸 남성의 평균 급료가 50엔이었음을 감안할 때 나리킨들이 얼마나 호화스러운 생활을 했는지 짐작할 수 있다.

움이 됐다. 유럽에 무기를 비롯한 대량의 군수품을 팔게 되면서 일본은 미국에 이어 주요 군수품 공급 국가가 되었다.

전쟁으로 인해 유럽 전역에 선박이 부족해지자 일본의 조선업과 해운업에 호황이 찾아오면서 '후네나리킨(船成金, 배 벼락부자)'이라는 신조어가 탄생했다. 조선업과 해운업으로 갑자기 벼락부자가 된 이들을 가리키는 말이었는데, 이들뿐만 아니라 각종 분야에서 '나리킨(벼락부자)'들이 속출하면서 실로 '나리킨 전성시대'가 됐다. 유럽으로의 군수품 수출과, 유럽으로부터 수입이 끊어진 아시아 시장으로의 진출은 일본 경제의 흐름을 크게 바꿔 놓았다. 전쟁 특수로 1914년 11억 엔의 채무국이었던 일본은 1920년에는 28억 엔의 채권국이 되었다.

제철업 역시 급속한 발전을 이루었다. 배와 같은 군수품을 만들기 위해서는 철강업이 활성화돼야 했기 때문이다. 기존의 야하타 제철소는 더욱 커졌고 새로운 제철소들도 세워졌다. 화학 공업도 발달하여 약품, 염료, 비료 등을 일본에서 직접 생산하게 됐다. 이러한 제품들은 원래 독일에서 수입되었으나 전쟁으로 수입이 어려워지면서 자체 생산을 위해 노력한 결과였다. 중화학 공업의 성장은 실로 경이적이었다. 제1차 세계대전 동안 일본 공업 제품 총생산량의 30퍼센트를 중화학 공업이 차지할 정도였다.

기업의 발달과 더불어 도시 노동자의 수도 급증했다. 제1차 세계대전 전에 80만 명 정도였던 도시 노동자의 수가 종전 직후에는 150만 명으로 거의 2배 증가했다. 대부분의 공장이 밤낮없이 바쁘게 돌아갔고, 노동자들의 잔업은 일상이 됐다. 경기 호황으로 농산물 가격이 오르자 농촌 경제도 한층 나아졌다. 생사 수출로 소득이 늘어나자 양잠 산업이 활성화됐고, 덕분에 농촌의 주택이 개량되고 마을의 길도 새로 닦이는 등 농촌에서도 경제 발전의 혜택을 누렸다. 일본의 근대화 여정에서 경이적인 성과를 맛본 '호시절'이었다.

그러나 달콤한 성과만 있었던 것은 아니었다. 제1차 세계대전 후, 일본 사회에서 자본주의가 급속하게 발전함에 따라 빈곤층이 많아졌고 농민 운동, 노동 운동이 본격화됐다. 이런 상황에서 러시아 혁명을 진압하기 위해 일본에서도 시베리아로 파병을 하게 됐는데, 쌀값이 폭등할 것으로 예상하고 쌀을 매점매석하는 사람들이 생기면서 쌀값이 하늘 높은 줄 모르고 올랐다. 시장에서 쌀을 구경조차 할 수 없게

쌀 소동 제1차 세계대전 이후, 물가가 2배 이상 뛰면서 15엔 하던 쌀 한 가마니가 30엔으로 오르는 등 쌀값이 폭등했다. 이것이 계기가 되어 전국적 규모의 민중 봉기가 일어났는데, 참여한 군중이 무려 70만 명에 달했다.

되자 1918년 이른바 '쌀 소동'이 전국 각지로 퍼져 나갔다. 뒤늦게 정부는 덴노가 하사하는 '은사미(恩賜米)'를 집집마다 나누어 주고, 재벌과 지주들에게서 기부금을 거두는 등의 해결책을 마련했다. 쌀 소동은 서민들의 생활을 뒷전으로 미루던 정부 정책의 한계를 보여 주는 동시에 서민들이 자신의 권리에 눈을 뜨는 계기를 마련한 사건이었다.

미국-영국-일본, 동아시아의 새로운 축이 되다

1918년 3월, 제1차 세계대전이 막바지에 이르렀을 무렵 미국과 영국 등의 연합국은 러시아에 병력을 파견하겠다는 협정을 맺었다(시베리아 출병). 러시아 혁명으로 성립한 소비에트 정권이 급진적인 사회주의 개혁을 추진하자 두려움을 느꼈기 때문이다. 미국의 요청을 받은 일본은 시베리아에 가장 많은 병력을 파병했다. 하지만 소비에트 정권과 인민의 저항은 예상보다 강력했고, 엎친 데 덮친 격으로 러시아 내의 반혁명 세력까지 패배하자 연합군은 어쩔 수 없이 철수를 해야 했다. 그러나 일본은 시베리아 횡단 철도에 대한 관리권을 확보하고 만주 지역에서의 위치를 확고히 하기 위해 군대를 계속 주둔시켰다

마침내 독일이 연합국에 항복함으로써 제1차 세계대전이 끝났다. 연합국은 프랑스 파리에 모여 독일과의 강화 회의를 개최했다. 일본도 파리 강화 회의에 전권 대사를 파견했다. 일본은 미국, 영국, 프랑스, 이탈리아와 함께 5대 승전국이 됐다. 이 회의에서는 독일이 중국에서 보유하고 있던 이권을 일본이 승계하며, 적도 이북의 독일령 섬들을 일본이 지배하도록 했다. 중국 대표는 반발했지만 미국의 윌슨 대통령은 중국의 이의를 무시하고 일본의 이익을 지켜 줬다. 또한 파리 강화 회의에서 윌슨 대통령이 한 제안에 따라 국제 분쟁을 평화적으로 해결하기 위한 국제 연맹이 설립됐다. 일본은 영국, 프랑스와 더불어 국제 연맹의 상임 이사국이 됐다. 그러나 국제 연맹은 미국과 소련이 참가하지 않았고 각국이 자국의 이익에만 집착했기 때문에 그다지 효과를 보지 못했다.

전쟁의 참상을 적나라하게 보여 준 제1차 세계대전은 평화에 대해 다시 생각하게 하는 계기가 됐다. 국제 사회에서 군비를 축소하려는 분위기가 조성됐는데, 제1차 세계대전 중 일본의 거침없는 팽창은 서구 열강의 반발을 샀고 미국은 아시아 태평양 지역에서 일본의 팽창을 더 이상 좌시하지 않겠다고 별렀다.

국제 정치의 주도권을 잡은 미국은 열강의 군비 확장 경쟁을 억제하고, 일본의 중국 침략을 견제하기 위해 1921년에 워싱턴 회의를 소집했다. 일본은 미국과의 협조 관계를 강화할 수 있는 기회라고 판단하여 이 회의에 참가했다. 워싱턴 회의 결과 군함의 보유량을 미국과 영국이 5, 일본이 3, 프랑스와 이탈리아가 1.67의 비율로 제한하는 해군 군축 조약이 맺어졌다. 워싱턴 회의 이후 동아시아에서는 미국, 영국, 일본 3개국의 협력 관계를 축으로 하는 새로운 국제 질서가 형성됐다. 일영 동맹이 폐기됐고 일본이 독일에게서 빼앗았던 산둥 반도의 이권을 중국 정부에 반환해야 했지만 일본의 국제적 위상은 제1차 세계대전 이전과 비교해 볼 때 확연히 달라졌다.

워싱턴 회의 워싱턴 회의로 성립한 동아시아·태평양 지역의 국제 협조 질서를 워싱턴 체제라고 한다. 이 새로운 세력 관계는 이후 약 10년 동안 유지됐는데, 1933년 일본이 국제 연맹을 탈퇴하고 이듬해 해군 군축 조약을 파기함으로써 무너졌다.

대중적 반일 운동이 일어나다

1919년, 식민지 조선에서 조선총독부의 강압적인 헌병 경찰 통치에 반발하여 3·1 운동이 일어났다. 3·1 운동은 수개월에 걸쳐 간도, 중국, 시베리아, 일본 등 조선인이 거주하는 동아시아 전역에서 산발적으로 발생했으며, 심지어 미국에서도 시위가 있었다. 시위 참가자는 약 200만 명에 달했는데, 사망자가 8,000명, 부상자가 4만 5,000명, 체포자가 5만 명에 달할 정도로 격렬히 전개됐다. 3·1 운동의 중심에 있었던 학생과 농민, 노동자 들은 이를 계기로 독립 의식을 고취할 수 있었고 이후 항일 민족 운동에서 중요한 역할을 맡았다. 3·1 운동은

3·1 운동 조선의 독립 의지를 세계에 널리 알린 대규모 만세 운동이다. 만주 지방에서 무장 독립운동이 시작되고 임시 정부가 수립되는 계기가 되었으며, 다른 나라의 민족 운동에도 큰 영향을 끼쳤다.

5·4 운동 이 운동은 처음에 산둥 반도의 이권 회복과 친일파 관리의 파면이라는 한정된 요구에서 시작했다. 그러나 운동이 전개되는 동안 참가자들은 중국 민중을 억압하는 것이 일본의 침략을 묵인하는 제국주의적 세계 구조, 그와 연결된 군벌의 봉건 지배에 있다는 것을 깨달았다.

중국의 청년들에게도 큰 자극을 주어 5·4 운동에도 영향을 미쳤다.

1919년 5월 4일, 일본과 결탁한 군벌의 처벌과 '대중국 21개조 요구'의 무효를 요구하며 베이징 대학 학생들을 중심으로 톈안먼 광장에 모인 청년들이 시위를 벌였다. 전국의 국민들이 동참한 이 시위에서는 외국에 굴욕적 자세를 보이고 있던 정부에 주권을 되찾을 것을 촉구했다. 청년들은 자국의 문제를 조선과 비교해 이해하며 자신들과 3·1 운동이 같은 맥락에 있음을 대중에게 호소했다. 3·1 운동의 탄압 과정에서 중국으로 도망간 조선인 중 일부는 5·4 운동에 참가하여 중국인과 함께 싸우기도 했다. 그러나 일본의 많은 지식인은 3·1 운동과 5·4 운동에 대해 침묵했고, 일본의 사회주의자들 역시 일본 제국주의에 의해 고통 받고 있던 나라들의 독립운동에는 무관심했다.

3·1 운동으로 분출된 조선인들의 독립에 대한 열망을 목격한 일본은 '문화 통치'로 방침을 전환했다. 조선어로 된 신문과 잡지가 발행됐고 집회와 결사의 자유가 허가됐지만 총독부의 검열과 탄압으로 얼룩져 제 기능을 발휘하지 못했다. 조선인들이 민립 대학을 설립하려 하자 일제는 이를 방해하는 한편, 친일 지식인을 양성하기 위해 경성 제국 대학을 세웠다. 하지만 경성 제국 대학에 입학한 조선인 학생의 수는 극히 적었다.

● 1923년의 참극, 간토 대지진과 조선인 대학살

1923년, 도쿄를 중심으로 진도 7.9에 해당하는 강진이 발생했다. 간토 대지진이었다. 대지진은 대형 화재로 이어졌고, 관청과 가옥 밀집 지대를 휩쓸고 지나가면서 3일간 계속됐다. 화재로 인해 도쿄의 밤 기온이 46도까지 오르기도 했다.

고통과 불안으로 일본인들의 불만이 고조되고 있을 무렵, '조선인들이 우물에 독약을 넣었다.', '사회주의자들이 폭동을 일으키며 불을 지르고 있다.' 등의 소문이 떠돌았다. 조선의 독립운동을 탄압하고 조선인들을 차별하면서 이들이 보복이라도 할까 봐 내심 불안했던 일본인들은 이 소문을 믿었다.

마을 곳곳에서 조직된 자경단(自警團)은 일본에 머무르던 조선

자경단 놀이 다케히사 유메지가 그린 〈자경단 놀이는 그만합시다〉란 그림이다. 죽창을 들고 몽둥이를 허리에 찬 꼬마 대장 두 명 사이에 한 소년이 끼어 있고 어린 소녀도 죽창을 쥐고 있다. 이 그림은 당시의 조선인 학살이 어린아이들에게까지 깊은 영향을 미쳤음을 보여 준다.

인들을 박해하고 살해했다. 불만에 찬 국민들의 시선을 다른 곳으로 돌리려고 했던 일본 정부는 이를 묵인했다. 정부는 언론의 사회 비판을 일체 금지했으며, 조선인 폭동의 배후에 사회주의자들이 있다며 사회주의자들을 탄압했다. 배타적 민족주의와 파시즘(전체주의) 속으로 일본 사회가 빠져들고 있었다.

2 | 민주주의가 발전하고
대중문화가 등장하다

다이쇼 데모크라시, 민주주의의 물결이 일어나다

제1차 세계대전 후 국제 사회에 많은 변화가 생겼다. 전쟁의 처참함을 목격한 유럽에서는 평화를 만끽하려 했고, 윌슨 대통령이 주장한 '민족자결주의'는 유럽에 자유주의를 고취했다. 러시아에서는 사회주의 혁명이 일어나 제정 러시아가 무너지고 소련이 세워졌다.

종전 후 유럽이 세계 시장에 복귀하면서 전쟁 특수가 사라진 일본은 불황에 빠졌다. 호경기를 틈타 올랐던 물가는 떨어질 줄 몰랐다. 노동 환경 개선과 임금 인상을 요구하는 노동 쟁의가 곳곳에서 일어났고, 의무 교육과 고등 교육으로 의식 수준이 높아진 사람들은 정치 참여의 확대를 요구했다. 시민 의식이 높아지면서 신문이나 잡지에 대한 수요가 늘어났고, 영화와 레코드 같은 새로운 미디어가 등장하면서 정보의 보급은 더욱 활성화됐다.

보통 선거 요구 시위 보통 선거의 실시로 납세 조건에 상관없이 만 25세 이상의 남자에게 선거권이 주어짐으로써 유권자가 300만여 명에서 1,240만 명으로 늘어났다. 그러나 보통선거법의 '보통'의 대상에서 여성은 제외됐다. 여성이 참정권을 획득한 것은 제2차 세계대전 뒤인 1945년 12월이었다.

국민들은 시대의 변화에 발맞춰 민주화된 사회를 꿈꿨지만 강압적인 분위기의 정치는 여전했다. 여전히 소수의 번벌은 덴노를 내세워 자신들의 권력 확대에만 몰두했다. 이에 지식인들이 번벌 중심의 정치에서 벗어나 헌법이 제대로 지켜질 수 있게 하자고 주장하기 시작했다. 이들은 헌법에 따라 정당을 자유롭게 만들고, 투표를 통해 가장 많은 의석을 가져간 다수당에서 수상이 나와야 한다는 의견을 내놓았다.

1924년, 번벌의 만만찮은 저항을 꺾고 다수당의 대표가 수상에 취임하면서 마침내 일본에서 정당 정치가 시작됐다. 그러나 국민적 요구였던 선거권은 만 25세 이상의 남성 중 3엔 이상의 납세자에게만 주어졌다. 여기에 반발한 국민들은 재산에 따른 자격을 폐지하고 성인 남자라면 누구나 선거권을 갖는 보통 선거권을 요구했다. 국민들의 거센 요구에 부딪혀 결국 정부는 1925년 보통선거법을 제정했다. 만 25세 이상의 남자 모두가 선거권을 갖게 되면서 유권자 수는 4배나 증가했다. 메이지 덴노의 뒤를 이은 다이쇼 덴노 즉위부터 보통선거법이 제정되기까지 일어났던 민주주의의 물결을 '다이쇼 데모크라시'라 부른다.

사회주의 사상이 유행하고 치안유지법이 만들어지다

산업 혁명 과정에서 노동자 수가 대폭 늘어나면서 각지에서 노동조합

요도가와 방직 공장의 노동 쟁의 1900년 이전에는 여성과 아동까지도 공장에서 12시간 교대로 노동했다. 공장법의 시행으로 1923년 여성과 아동의 노동 시간이 최고 10시간으로 단축됐다. 그러나 남성 노동자들은 이러한 법적 보호를 받지 못했다.

출처: 《통계 일본 경제사》

노동 쟁의의 확산 1918년, 제1차 세계대전이 끝나자 일본은 불황의 소용돌이에 휘말려 쌀 소동, 중소기업 도산 사태 등에 직면하게 됐다. 그러자 노동 쟁의, 소작 쟁의 등이 각지에서 일어났다. 1929년, 미국발 대공황은 만성화된 일본 경제의 불황에 직격탄을 날렸다. 사회주의 사상의 확산과 경제 불황은 노동 쟁의를 불러일으켰다.

이 결성됐고, 임금 인상과 처우 개선을 요구하는 파업이 곳곳에서 전개됐다. 이러한 분위기 속에서 사회주의 사상이 노동자들 사이에서 급속히 번져 나갔다. 사회주의자들은 노동자 중심의 사회 건설을 목표로 하는 사회주의 정당을 만들어 평등, 군비 확장 금지, 토지 공유, 보통 선거 실시 등을 요구했다. 이들은 의회를 중심으로 사회주의를 실현하자는 측과 노동자들이 직접 행동에 나서자는 측으로 갈렸다.

사회주의 사상은 유행처럼 번졌고, 사회주의 서적은 지식인이라면 누구나 읽어야 하는 필독서가 됐다. 사회주의에 대해 한마디라도 할 줄 모르면 대화에 끼지 못하는 사회적 분위기가 한동안 지속됐다. 사회주의 사상이 유행하면서 러시아의 사회주의 혁명과 같은 사회 변화가 일본에서도 일어날 것을 두려워한 정부는 치안유지법을 제정해 사회주의 운동을 탄압했다. 치안유지법은 처음에는 덴노제를 무너뜨리려고 하거나 사유 재산 제도를 부정하는 사회주의자들을 처벌하기 위해 만들어졌지만, 점차 적용 범위가 넓어지면서 정부에 비판적인 사람들을 얼마든지 처벌할 수 있는 악법으로 변질되었다.

양복을 입고, 빵을 먹고, 의자에 앉다

의생활에서 가장 눈에 띄는 변화는 역시 양복의 착용이었다. 1900년대 초부터 남성의 사무복은 거의 양복이 됐다. 여성의 경우에는, 양장에 대한 좋지 않은 시선 때문에 제1차 세계대전이 끝난 1920년경에 이르러서야 여성 양장이 유행했다. 긴 소매, 무릎 아래까지 내려오는 긴치마가 보편적인 양장의 모습이었지만, 젊은 여성들 사이에서는 짧은 치마가 인기를 끌었다. 여성의 사회 활동이 늘면서 실용성이 강조된 점도 양장 유행에 한몫했다. 양장의 유행은 교복에도 영향을 미쳤다. 남학생은 제복을, 여학생은 양장을 교복으로 입었다. 1930년경에 이르면 도시를 중심으로 아동복까지 거의 양복으로 바뀌었다.

도시에서는 식생활이 눈에 띄게 변했다. 보리밥 대신 쌀밥이 주식이 됐고, 빵으로 식사를 대신하는 일도 종종 있었다. 외식의 유행으로 오믈렛, 비프스테이크와 같은 양식 메뉴를 즐기는 사람도 늘어났다. 그러나 일반인들은 소고기의 비싼 가격 때문에 고기가 적게 들어가는 음식을 만들어 먹었다. 으깬 감자와 고기를 섞어서 둥글게 뭉친 뒤에 튀겨 낸 고로케, 얇게 저민 고기에 빵가루를 묻혀 튀긴 돈가스, 육수에 카레 가루를 풀어 고기와 채소 등을 넣고 되직하게 끓인 뒤 밥 위에 얹어 먹는 카레라이스가 대표적이다. 서양식 식생활이 일반인들 사이에 널리 퍼지면서 우유와 고기 섭취량이 집집마다 크게 증가했다.

주거 생활에서도 큰 변화가 있었다. 일본은 전통적으로 방과 마루에 앉아서 생활하는 좌식 문화였지만, 관청이나 회사, 학교에서 서양식 탁자와 의자를 사용하면서 입식 문화가 정착됐다. 하지만 일상에서는 여전히 목조에 다다미를 깐 주거 생활을 선호했다. 한편, 대화재와 강진을 겪은 일본인들은 건축 방식에도 관심을 가져 건물을 지을 때 벽돌 대신 불과 지진에 강한 철근 콘크리트를 사용하기 시작했다.

신문과 잡지를 읽고, 영화를 보고, 라디오를 듣다

1900년대 초, 5만 명 이상의 인구를 가진 도시는 일본 전체 도시의 약 10퍼센트였으나 1920년대에는 20퍼센트까지 늘어났다. 당시에 오사카의 인구는 200만 명을 넘어섰으며, 도쿄는 인근 지역을 합쳐 인구 500만의 거대 도시로 탈바꿈했다. 도시에 전기, 가스, 상하수도 시설이 확충됐고, 전차 노선이 늘어나면서 교통의 요지에는 백화점과 상점이 즐비해졌다.

도심과 교외를 잇는 전차선이 잇따라 만들어지면서 소득 수준이 비교적 높은 사람들은 산업화로 인해 복잡하고 북적이는 도심에서 벗어나 교외로 이사를 갔다. 교외에 살면서 도심의 회사로 전차를 타고 출퇴근하는 모습이 이때부터 보이기 시작했다.

도시 인구의 증가로 신문 구독자가 크게 늘어남과 동시에, 주간지와 월간지도 빠른 속도로 판매됐다. 그전까지는 신문들이 지식인을 주 독자층으로 삼았다면, 이제는 일반인을 대상으로 하는 대중지가 널리 보급됐다. 1920년대 중반에 이르러서는 〈아사히 신문〉과 〈마이니치 신문〉 같은 일간지가 매일 100만 부 이상을 찍어 냈다. 또한 대중 잡지 〈킹(King)〉의 발행 부수는 100만 부를 넘어섰다.

대중문화는 그동안 문화적으로 소외받아 온 계층 속에서도 퍼졌다. 어린이를 대상으로 한 잡지가 간행됐고, 명작 동화나 동요가 탄생한 것도 이 무렵의 일이었다. 또한 개인의 자유와 평등 의식이 커지면서 신문과 잡지에는 노동자나 농민, 여성의 목소리가 실렸다. 노동 환경과 노동 조건이 개선되어 삶의 여유가 생기면서, 영화나 연극 등이 대

대중문화 확산에 따른 생활의 변화 다이쇼 시대, 영화관 앞이 사람들로 붐비고 있다 (❶). 이러한 대중문화의 확산에는 지하철과 같은 교통의 발달이 한몫했다(❷). 서양식 옷차림이 유행했고(❸) 〈킹〉과 같은 대중 잡지가 불티나게 팔렸다(❹). 백화점 식당에서는 일본식과 서양식을 절충한 요리들이 나왔고(❺) 1925년 도쿄, 오사카, 나고야에 라디오 방송국이 세워졌다(❻).

중적인 오락으로 인기를 모았다.

1925년에는 도쿄와 오사카에서 라디오 방송이 시작되어 점차 전국으로 확대됐다. 레코드가 대량으로 팔리고, 대중가요가 전국적으로 유행했다. 라디오는 사람들에게 정보를 전달하고, 표준어를 보급하는 데 큰 역할을 담당했다. 사람들은 라디오를 통해 새롭고 다양한 외국의 사상과 문학을 접할 수 있었다. 납세액에 제한 없이 모든 성인 남성에게 투표권이 보장되는 보통 선거가 실시된 것은 이러한 사회적 분위기의 산물이었다.

'배운 여자'와 '직업부인'이 등장하다

1907년, 소학교의 의무 교육이 4년에서 6년으로 연장됐다. 오늘날의 초등학교에 해당하는 소학교의 취학률은 97퍼센트에 육박했고, 글자를 읽지 못하는 사람은 거의 찾아볼 수 없었다. 의무 교육이 체계적으로 진행됐고, 중등 교육, 고등 교육, 사범 교육도 충실해졌다. 이런 흐름 속에서 여성을 위한 고등 교육 기관도 하나둘씩 세워졌다. 교육은 수동적이고 소극적이던 여성의 의식을 깨웠고 민중 운동, 노동 운동 등에서 여성의 활약이 두드러지기 시작했다. 1918년에 일어난 '쌀 소동'은 어느 어촌 주부가 쌀 부족과 상인들의 매점매석으로 인한 쌀값 폭등에 반대한 것에서부터 시작됐는데, 당시 여성들의 힘을 보여 주는 대표적 사건이었다. 여성들은 참정권을 획득하기 위해 꾸준히 노력한 결과, 마침내 1945년에 꿈을 실현할 수 있었다.

여성들이 사회 활동에 나서면서 여성들의 직업 또한 다양해졌다.

방직공, 간호원, 교사에 한정되지 않고 전화 교환원, 버스 차장, 타이 피스트, 속기사, 기자, 아나운서, 의사 등 다양한 방면에 여성이 진출했다. '직업부인'이라 불린 이들은 임금도 적은 데다 결혼 뒤에는 일을 그만두는 것이 일반적이었지만, 경제적 능력을 가졌다는 점에서

쌀 소동 신문 기사 일본 해안 지역에는 외지로 돈 벌러 간 남자들이 많아 여성들이 가계를 꾸려 나갔다. 쌀값 폭등으로 생활고에 시달리자 분개한 도야마 현의 주부들이 들고 일어났는데 이를 계기로 소동이 전국으로 확대됐다.

최초의 여성 국회의원 1946년 4월 10일에 실시된 제국의회 중의원 선거에서 여성의 참정권이 인정되면서 일본 최초로 39명의 여성 국회의원이 탄생했다.

여성 아나운서 1925년 라디오 방송국이 개통되면서 여성들도 아나운서로 활동하기 시작했다.

남성 중심의 사회적 분위기를 크게 변화시켰다. 그러나 여전히 법률적으로는 호주권이 강조됐고, 상속 시에는 장자가 단독으로 재산을 물려받았으며, 이혼할 경우 늘 남자가 유리한 입장에 서는 등 가부장적 가족 제도가 유지됐다.

3 | 대륙으로 진출하며
군국주의로 나아가다

경제 위기에서 벗어나기 위해 만주로 진출하다

제1차 세계대전 후, 전후 복구를 통해 유럽이 부흥하자 상대적으로 일본 경제는 불황에 빠졌다. 1923년에 일어난 간토 대지진은 도쿄 주변의 공장들을 파괴하여 경제 회복을 더욱 어렵게 했다. 게다가 1929년 미국에서 시작된 대공황은 일본 경제에 결정적 타격을 주었다. 영국과 미국처럼 많은 식민지나 풍부한 자원을 갖지 못한 일본에 대공황은 너무나 큰 시련이었다.

당시 일본의 무역 의존도는 30퍼센트에 육박했다. 생사와 면제품, 기타 경공업 제품이 주요 수출품이었는데, 일본의 외화벌이에 일등공신은 생사였다. 그중에서도 미국은 일본에서 수출하는 생사의 90퍼센트 이상을 수입하는 교역국이었다. 이런 상황에서 세계 경제 공황으로 인한 생사 가격의 폭락은 일본 경제에 직격탄이 됐다. 해고와 임

미국 경제 대공황 미국에서 시작된 불황은 일본의 정치 영역에까지 영향을 미쳤다. 극단적인 세력들이 늘어났고 자유민주주의가 위협받는 심각한 상황이 전개됐다.

금 삭감이 계속됐고 실업자가 200만 명에 달했다. 해고와 실업이 늘어남에 따라 노동 쟁의가 빈발했다.

게다가 정부가 재계의 입장만을 두둔하자 국민의 불신은 날로 커졌다. 국민들은 더 이상 정부 정책을 믿지 않았고, 반대로 군부를 지지하기 시작했다. 군부는 경제 회복의 열쇠는 전쟁뿐이고, 이를 위해서 덴노를 중심으로 국민이 일체감을 이뤄야 한다며 정한론을 주장했던 무사들의 후예를 자처했다. 나아가 바쿠후를 무너뜨리고 덴노 중심의 국가를 세웠던 것처럼 무능한 내각을 교체하고 군대를 중심으로 대외 발전을 꾀하자고 주장했다. 군부는 국가 이익을 최우선 순위에 두었

예금 인출 행렬 1923년 간토 대지진까지 발생하면서 일본의 불황은 끝날 줄 몰랐다. 결국 1927년, 휴업 직전 상태의 은행 명단이 공개되면서 예금주들이 한꺼번에 예금을 찾으려는 소동이 일어났고 금융 공황이 시작됐다.

고, 국민의 마음을 얻는 데 성공한 듯 보였다. 이러한 흐름 속에서 간토군이 만주 침략을 감행했다.

괴뢰 국가 만주국을 세우다

1931년 9월 18일 밤, 간토군은 펑톈 북쪽에 있는 류타오후에서 남만주 철도 주식회사(만철)의 철로를 계획적으로 폭파하고는 중국 측 소행이라고 덮어씌운 뒤 곧바로 중국을 공격했다. '만주 사변'이라 불리는 이 사건은 15년에 걸친 중국 침략의 시작이었다.

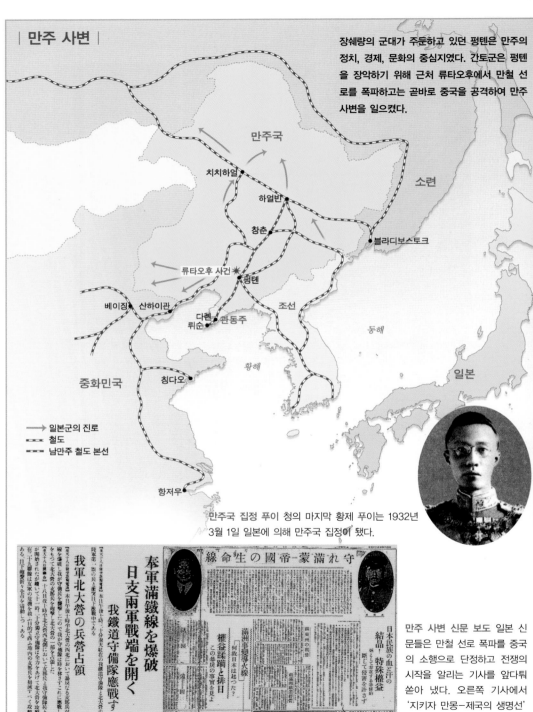

| 만주 사변 |

장쉐량의 군대가 주둔하고 있던 펑톈은 만주의 정치, 경제, 문화의 중심지였다. 간토군은 펑톈을 장악하기 위해 근처 류타오후에서 만철 선로를 폭파하고는 곧바로 중국을 공격하여 만주 사변을 일으켰다.

만주국

치치하얼

하얼빈

창춘

소련

블라디보스토크

류타오후 사건

펑톈

베이징 산하이관

조선

다롄

뤼순 관동주

동해

황해

일본

중화민국

칭다오

항저우

→ 일본군의 진로
⊏⊐ 철도
⊏⊐ 남만주 철도 본선

만주국 집정 푸이 청의 마지막 황제 푸이는 1932년 3월 1일 일본에 의해 만주국 집정이 됐다.

만주 사변 신문 보도 일본 신문들은 만철 선로 폭파를 중국의 소행으로 단정하고 전쟁의 시작을 알리는 기사를 앞다퉈 쏟아 냈다. 오른쪽 기사에서 '지키자 만몽─제국의 생명선'이라는 제목이 눈에 띈다.

만주〔지금의 둥베이(東北) 3성〕는 일러 전쟁 이후 일본이 침략해 식
민지로 만든 지역이었다. 일본에게 만주는 군사적, 경제적 가치가 큰
곳이었다. 만주 펑톈은 베이징, 조선 등으로 통하는 철도들이 거쳐 가
는 길목이었고, 만주 하얼빈에는 시베리아로 가는 철도가 있었다. 여
기에 국제 무역의 거점인 다롄 항과 수로 역할을 하는 쑹화 강까지 가
진 만주는 교통의 요지였다. 그뿐만 아니라 만주는 밀, 수수, 콩, 조,
옥수수 등의 밭작물이 많이 생산되는 곡창 지대였고, 철, 석탄, 석유
등의 지하자원도 풍부한 곳이었다.

　일본은 만철과 간토군의 군사력을 바탕으로 만주를 상품 시장과 자
본 수출 시장으로 만든 뒤 만주에 경제적 진출을 시도했다. 1930년에
일본 대외 투자의 50퍼센트가 만주에 집중됐는데, 이는 당시 만주 지
역에 대한 외국 투자 총액의 70퍼센트에 달하는 것이었다. 특히 군부
는 언젠가는 부딪칠 소련과의 대결에서 만주가 전진 기지 역할을 할
것이라 생각해 이 지역을 중요하게 여겼다. 일본 언론은 군부의 만주
점령 정책을 홍보하는 데 앞장섰다. 중국이 만철을 먼저 공격했기 때
문에 정당방위 차원에서 전쟁을 한다는 왜곡 보도를 내보냈다. 비판
적인 언론은 소수에 지나지 않았고 정부의 일방적인 정보만이 국민에
게 전달됐다.

　이 무렵 중국에서는 제국주의 침략에 맞서 중국을 통일하려는 움직
임이 활발했다. 이러한 흐름은 만주에도 영향을 미쳐, 펑톈을 거점으
로 활동하던 유력 군벌 장쉐량도 통일 운동에 적극 호응했다. 이 때문
에 일본의 만주 침략은 통일 국가를 향한 중국의 발걸음을 막으려는
군사 행동이기도 했다.

일만의정서 조인식 1932년에 체결된 일만의정서에는 '만주국 관료 임명에 있어서 간토군 사령관의 추천 및 동의를 받아야 한다.'는 내용이 있다. 이를 통해 만주국이 주권 국가가 아닌 철저히 일본의 통제를 받는 허수아비 정권이었음을 알 수 있다.

전쟁의 시작과 함께 일본군은 파죽지세로 중국군을 밀어붙여 4개월 만에 만주 지역 대부분을 점령했다. 일본군은 점령 지역 내에 영향력 있는 자들을 중심으로 친일파를 조직하여 자신들에게 협력하도록 했고, 중국에서 만주를 분리시켰다. 이듬해 일본은 청의 마지막 황제였던 푸이를 황제로 내세워 만주국을 세웠다. 그러나 황제는 일본의 허수아비에 불과했고, 만주국 역시 이름뿐인 국가였다. 곧바로 일본은 만주국과 '만주국은 일본이 만주에서 소유한 모든 권한을 승인한다.', '일본군은 만주에 무기한 주둔한다.'는 내용의 일만 조약을 맺었다.

그 후 만주국은 일본이 제2차 세계대전에서 패망할 때까지 일본의 식민지로서 철저히 일본의 이익을 위해 존재했다.

1931년, 중국은 국제 연맹에 정식으로 일본을 제소했다. 그러나 국제 연맹의 중심 회원국이었던 서구 열강의 태도는 중국의 기대와 전혀 달랐다. 서구 열강은 만주국 문제를 국지적 분쟁으로 처리하려 했다. 게다가 영국은 오히려 일본을 두둔하는 태도를 보였다. 공산주의를 막는 아시아의 방어벽으로서 일본의 역할을 인정하고 있던 미국 역시 별반 다르지 않았다. 서구 열강에게 일본의 대외 침략은 자국에 이로운지 해로운지가 중요할 뿐이었다.

그러나 1933년에 일본군이 산하이관을 점령하고 화베이(華北) 지역으로 전선을 확대하려 하자, 서구 열강은 태도를 바꿨다. 국제 연맹에서 찬성 42표, 반대 1표(일본), 기권 1표(타이)로 만주국 승인을 무효화하는 보고서가 채택됐다. 회의장에서 결과를 지켜보던 일본 대표는 국제 연맹의 결의를 따를 수 없다며 퇴장해 버렸다. 그해 3월, 일본은 국제 연맹에서 탈퇴했다. 일본은 만주의 독점 지배에서 한 걸음 더 나아가 중국을 전면 침략하는 길을 택했다.

군국주의로 나아가다

심각한 경제 불황으로 실업자가 급증한 가운데 기업과 유착한 정치인들의 부패 사건이 이어지자 국민들은 크게 분노했다. 이런 분위기에서 군부의 만주 점령 소식이 전해지자 일본인들은 반색할 수밖에 없었다. 만주를 원료 공급지와 상품 시장으로 만들게 되면 위기에 빠진

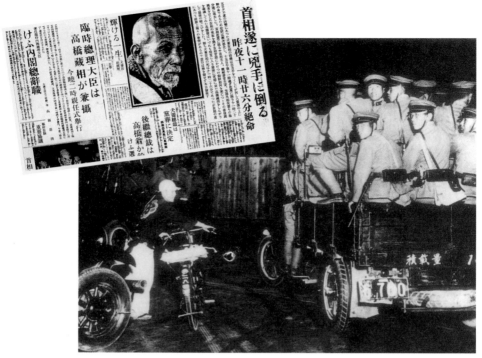

首相遂に「兇手」に倒る
昨夜十一時廿六分絶命

輝やく一生

臨時總理大臣は
高橋藏相が兼攝
今晩二時現任式舉行

後繼總裁は
高橋翁か
けふ選

犬養總裁
富樫に決定

けふ内閣總辭職

5·15 사건 1932년 5월 15일, 군부 독재 정권을 수립하고자 해군 장교 10여 명이 주축이 되어 당시 수상이었던 이누카이 쓰요시를 살해하는 사건이 일어났다. 5·15 사건을 계기로 일본의 정당 정치는 끝이 났고 군부의 정계 진출이 활발해졌다.

일본 경제를 회복할 수 있다는 언론 보도가 이어지자, 전쟁을 지지하는 국민들이 빠르게 늘어났다. 신뢰를 잃은 정당 대신 국민들은 군부에 기대를 걸었다. 공산당 말고는 일본 사회에서 그 누구도 전쟁을 함부로 반대하지 못했다. 강력한 군대를 중심으로 전체주의가 고개를 들면서 군부에 대한 반대는 국가에 반기를 드는 반국가적 행동으로 비난 받게 됐다.

1932년 5월 15일, 한 무리의 청년 장교들이 수상의 집무실에 침입했다. 청년 장교들은 군부의 계획에 반대하는 자는 누구도 용서할 수 없다며 수상을 암살했다. 이들의 행동은 거침없었다. 장관의 저택과 경찰청, 은행에도 수류탄을 던졌다. 그들은 군부에서 수상이 나와야 한다고 주장했다. 민주적인 정당 정치는 부정됐고, 군부에 의한 군사 정권 시대로 바뀌었다.

경제 역시 전쟁을 수행하기에 유리한 형태로 변했다. 군수 공업이 성황을 이루면서 기계 공업과 금속 공업의 생산액이 섬유 공업의 생산액을 앞질렀다. 그중에서도 자동차, 항공기 등의 기계 공업이 국가의 전폭적인 지원 아래 두드러지게 발전했다. 군수 공업에 활발하게 진출한 재벌들은 막대한 이윤을 챙겼다.

대학가도 술렁였다. 대학이 출세를 위한 필수 코스라는 말은 옛말이 됐다. 실업자가 늘어나면서 대학은 더 이상 출세의 보증 수표가 되지 못했다. 사회주의 사상을 연구하는 교수와 학생은 '빨갱이'로 내몰려 대학에서 추방당했다. 대학생들은 혁명을 꿈꾸며 사회 비판에 열을 올렸고, 사상과 학문의 자유는 혹독한 탄압 속에서 신음했다.

군부는 종교와 덴노를 정권 유지의 중요한 수단으로 삼았다. 신도를 일본의 유일한 종교로 정했고 덴노를 신격화해 국민에게 절대적 충성을 강요했다. 덴노의 권위를 내세우면 의회나 행정부의 간섭 없이 무엇이든 할 수 있었다. 헌법은 덴노에게 육해군의 통수권, 전쟁 선포, 조약 체결 등 국가의 중대사를 결정할 수 있는 권한을 부여했다. 군부는 덴노 뒤에 숨어 자신들이 원하는 방향으로 일본을 끌고 갔다. 이리하여 8년 만에 정당을 중심으로 한 내각의 시대는 끝이 났고, 군부를 중심으로 한 군국주의가 일본 사회를 지배하게 됐다.

● 장쭤린 폭사 사건과 간토군

반외세 운동의 하나였던 5·4 운동 이후 결성된 중국 국민당은
항일 운동의 중심 세력으로 힘을 키워 나갔다. 당시 중국 각지에
서는 군벌이 난립하고 있었기 때문에 중앙 정부라 할 수 있는 베
이징 정부는 군벌의 연립 정권에 불과했다. 국민당은 군벌을 제
압하고 통일된 중국을 만들기 위해 공산당과 손을 잡았다. 국공
합작의 시작이었다(1924).

일본은 중국의 군벌들 중에서 만주와 산둥 성을 기반으로 둔 장
쭤린을 지원하고 있었다. 일러 전쟁 이후 꾸준히 획득해 온 만주
이권을 지키기 위해서였다. 그러나 국민당의 장제스가 전국 통
일에 나서서 북벌을 단행하고 차례차례 군벌들을 제압하자, 일

장쭤린 폭사 사건 장제스의 북벌군을 피해 만주로 돌아
오던 장쭤린이 탄 열차가 펑톈 역에 들어오기 직전 폭파
되면서 그가 사망한 사건이다.

본은 만주에서 장쭤린이 탄 기차를 폭파시켜 그를 암살해 버렸다. 베이징까지 압박해 오는 북벌군을 피해 장쭤린이 만주에 돌아와 세력 확대를 꾀하려 했기 때문이다. 이전에도 그는 일본의 만주 이권 획득에 호의적이지 않았다. 또한, 북벌군이 만주까지 밀고 들어온다면 일본은 더욱 난처할 수밖에 없었다. 장쭤린의 암살로 혼란에 빠진 만주를 안정시킨다는 명분으로 군대를 출동시켜 만주를 직접 지배하려는 계산 아래 이를 기획하고 행동에 옮긴 주체가 간토군이었다.

간토군은 포츠머스 조약 후 남만주 철도 주식회사를 보호하고 만주를 경영하기 위해 특별히 만들어진 군대였다. 장쭤린 암살은 간토군이 일본 정부의 허락을 받지 않고 독자적으로 일으킨 사건이었으며, 이후로도 간토군은 이런 일을 되풀이했다. 이와 같은 간토군의 독자적인 행동은 군대의 통수권을 정부가 아니라 덴노가 가졌기에 가능한 일이었다.

4 | 중국 내륙을 침략하고 미국과 대결하다

중국과의 전쟁이 길어지다

북벌이 끝나자 국민당의 장제스는 공산당에 대한 공격을 재개했다. 국공 내전의 시작이었다. 이런 상황에서 일본은 만주를 넘어 중국 내륙까지 넘볼 기세로 긴장을 고조시켰다. 마오쩌둥이 이끌던 중국 공산당은 일본과 대치하고 있는 상황에서 장제스의 국민당과 내전을 계속하는 것은 어리석기 짝이 없는 일이라고 생각했다. 그러나 국민당은 공산당의 근거지를 없애는 일을 가장 우선하며 공산당의 군대인 홍군을 토벌하는 데 열중했다.

1936년, 장제스는 시안으로 향하면서 장쉐량에게 홍군을 토벌하도록 했다. 그러나 장쉐량은 반대로 장제스를 체포하고 모든 내전을 중지할 것을 호소했다(시안 사건). 장쉐량의 요청을 받고 시안으로 급히 달려온 중국 공산당의 저우언라이는 장제스에게 내전을 멈추고 항일 운동을 함께하자고 설득했다. 장제스는 중국 공산당을 계속 공격하는 일이 더는 불가능하다고 판단했다. 1937년, 중국 공산당은 항일 운동을 위해 혁명 노선을 포기했고 국민당도 중국 공산당의 제안을 받아들이기로 했다. 제2차 국공 합작이 성립하면서 중국은 전 국민적인 항일 운동에 돌입했다.

그해 여름, 베이징 근교 루거우차오(노구교)에서 야간 훈련 중이던 일본군을 향해 별안간 총성이 울려 퍼졌다. 정체를 알 수 없는 총격을 빌미로 일본군은 신속하게 군사 행동을 개시했다. 8년여에 걸친 일중 전쟁의 시작이었다.

일본은 베이징과 톈진을 점령한 데 이어 상하이와 난징 등 대도시를 공격했다. 그러나 국민당의 거점인 난징을 함락시키는 데는 많은 희생을 치러야 했다. 난징 시민들이 삶의 터전을 지키려는 의지가 강했고 무엇보다 국민당을 적극적으로 도왔기 때문이었다. 이에 대한 보복으로 일본군은 민간인을 무차별 학살하며 강경하게 대응했다. 중국인 희생자 수는 약 30만 명에 달했다.

화난(華南)까지 전선이 확대되어 갈 즈음, 일본 내에는 근위사단만 남았을 정도로 일본의 군사 동원력이 한계에 달했다. 전쟁이 장기화되고 격화될수록 일본의 병참기지였던 조선의 노동자와 농민의 삶은 더욱 열악해졌다. 하지만 일본의 영향력 아래에 있던 조선의 국경 지대인 간도에서는 항일 무장 투쟁이 계속됐다. 일본은 중국의 주요 도시들을 점령했지만 중국은 항복하지 않고 수도를 충칭으로 옮겨 계속 싸웠다. 농촌에서는 중국 공산당이 게릴라전을 펼치며 일본군에 저항했다. 일본이 실제로 점령한 것은 도시 일부와 철도뿐이었다. 단기간

| 일중 전쟁 |

루거우차오 사건을 계기로 중국을 단숨에 굴복시키려 했던 일본은 제2차 국공 합작 이후 중국이 완강히 저항을 하면서 전면 전쟁의 늪에 빠져 버렸다. 1931년 만주 사변부터 일본 패전까지를 15년 전쟁이라고도 부른다.

소련

만주국

루거우차오 사건

베이징●

톈진●

조선

동해

황해

일본

시안 사건

난징 대학살

중화민국

상하이●

충칭●

┌╌╌┐ 일중 전쟁의 전선(1937. 12)

루거우차오 마르코 폴로가 《동방견문록》에서, 세상에서 가장 아름다운 다리라고 극찬한 루거우차오는 베이징의 서남쪽에 위치해 있다. 이곳은 일본의 침략과 중국인들의 항일 정신을 상징하는 곳으로, 바로 옆에 항일 조소 공원을 만들어 함께 기념하고 있다.

난징 대학살 제2차 세계대전 중 일본이 벌인 가장 끔찍한 전쟁 범죄로 기억되고 있다. 일본군은 불과 40일 사이에 30만 명의 중국인들을 총살, 참수, 생매장, 화형 등의 방법으로 살해했다.

에 점령하기에 중국은 지나치게 넓은 대륙이었으며, 인구도 워낙 많아서 일본이라고 해도 어쩔 수 없었다. 사정이 이렇다 보니 일본은 중국 곳곳에서 일어나는 항일 운동도 효과적으로 진압하지 못했고, 일중 전쟁은 장기화될 수밖에 없었다.

한편, 유럽에서 세력 확장을 꾀하고 있던 독일과 이탈리아는 국제 연맹에서 만주국을 승인하는 등 일본의 중국 침략을 측면에서 지원했다. 영국은 일본이 화베이(華北) 지방을 침략하는 데 별다른 제지를 가하지 않는 대신 화난과 화중(華中)에서 자국의 권익을 지키는 데 힘썼고, 미국 또한 강대국 간의 평화에만 신경 썼다. 일본의 침략에 저항하며 그들을 곤경에 빠뜨린 것은 오로지 중국 인민의 항전뿐이었다.

대동아 공영권을 외치다

1939년, 독일이 폴란드를 침략하면서 제2차 세계대전이 발발했다. 독일은 주변 국가를 차례차례 함락시키더니 6개월 만에 영국을 제외한 유럽 대부분을 장악했다. 독일의 승리에 한껏 고무된 일본 정부는 동남아시아를 침략한다는 방침을 결정한 뒤 대동아 공영권(大東亞共榮圈) 건설 계획을 세웠다. 유럽에서의 전쟁 때문에 서구 열강이 동남아시아의 식민지에 신경 쓰지 못하는 동안, 이곳에서 생산되는 고무, 주석, 석유 등을 자신들이 차지해 전쟁 물자를 확보하겠다는 속셈이었다. 일본이 점령 목표로 삼은 동남아시아에서는 미국, 영국, 네덜란드의 식민 지배에 반대하며 민족 독립을 쟁취하려는 저항 운동이 한창이었는데, 일본은 이를 이용하기 위해 '대동아 공영'을 외치며 아시아

대동아 회의 1943년 11월, 도쿄에서 열린 정상 회의에 참여한 대표들의 모습이다. 왼쪽부터 미얀마, 만주국, 난징 국민 정부(중화민국), 대일본제국, 타이, 필리핀, 인도 임시 정부의 대표이다. 일본 대표로는 도조 히데키가 참석했다.

해방을 선전했다. 대동아란 동아시아와 동남아시아를 합한 지역을 가리키는 말로, 대동아 공영권은 일본을 선두로 하여 동아시아에서 동남아시아 전역에 이르는 대경제, 대문화권을 형성하고 자급자족적 경제권을 확립하여 공영을 꾀한다는 것이었다.

그러나 사실 말만 공영이었지 실상은 피점령국의 주요 자원과 노동력을 수탈하는 것이었으며, 이 목적을 위해 일본은 식민지와 점령지의 독립운동을 철저하게 탄압했다. 결국 일본의 본심은 일본을 맹주로 한 아시아 식민지권의 건설이었다. 오래지 않아 일본의 대동아 공영권 구상은 아시아 민족의 해방과 전혀 관계가 없다는 사실이 드러났다. 동남아시아 점령지에서는 철도, 군용 도로, 비행장 건설과 같은 토목 공사나 광산 개발에 현지 주민들이 강제로 동원됐다. 싱가포르나 말레이시아에서는 화교들이 반일 활동 혐의로 학살을 당하기도 했다. 이에 인도네시아와 필리핀 등 일본군 점령 지역에서 항일 운동이 점차 조직적으로 전개됐다.

　1938년, 일본 정부는 국가총동원법을 공포했다. 국가총동원법을 계기로 정부는 의회의 승인 없이 모든 인적, 물적 자원을 동원할 수 있는 권한을 손에 넣었다. 그러나 국제 정세는 점점 일본에 불리해졌다. 미국의 루스벨트 대통령은 일본과 맺었던 조약을 무효화하고 '중국에서 철수하여 만주 사변 이전으로 돌아가라.'고 일본에 경고했다. 이어 영국과 미국은 일본에 대한 철강 및 석유 수출을 금지했다. 그 결과 일본의 석유 수입량은 90퍼센트나 줄어들었다. 철강, 석유 등의 전쟁 물자를 수입에 크게 의존하고 있던 일본에 이 같은 조치는 치명적이었다. 게다가 소련은 만주의 국경 지대에서 일본군과 이따금씩 충돌하면서 일본을 불안하게 했다.

　한편, 전쟁이 장기화되자 일본 국민들 사이에서 반전의 움직임도 나타났다. 종교인과 사회주의자 등 일부 국민들은 정부의 탄압에도 불구하고 전쟁에 반대했다. 군수 공장에서 일하는 노동자 중에는 도망가거나 결근을 하고, 무기를 파괴하거나 고의로 불량품을 만드는 사람들까지 있었다. 극소수이긴 했지만 군대 내에서 전쟁 반대 선전을 한 사람들도 있었다.

미국과 최후의 결전을 벌이다

1940년에 일본은 독일, 이탈리아와 삼국 동맹을 체결했다. 이는 메이지 덴노 시대 이래로 일본이 유지해 왔던 영국, 미국과의 우호적인 관계가 적대적인 관계로 전환됐음을 의미했다.

일본은 프랑스의 식민지였던 인도차이나에 군대를 파병했다. 그러자 미국은 일본군에게 중국과 동남아시아 지역에서 즉각 철수할 것을 거듭 요구했다. 더는 미국과 타협의 여지가 없음을 깨달은 일본은 미국과 전쟁을 하기로 결심했다. 전력상의 차이로 일본이 미국을 이길 확률은 매우 낮았기 때문에 일본은 단기간에 전쟁을 끝내려고 했다.

1941년 12월, 덴노가 주재하는 회의에서 동남아시아와 진주만에 대한 공격이 결정됐다. 일본군은 영국의 식민지였던 말레이 반도에 상륙한 뒤 영국군을 공격했다. 이어서 하와이 진주만에 정박 중이던 미국의 태평양 함대에도 공격을 가했다. 태평양 전쟁의 시작이었다. 선전 포고는 공격이 있은 지 얼마 후에 발표됐다.

전쟁이 이어지면서 식민지 국가에 대한 일본의 수탈 강도가 점점 심해졌다. 침략 전쟁의 확대로 일본 본토와 동남아시아, 태평양의 섬들에서 노동력이 부족해지자 식민지 국가에서 징용과 강제 연행이 행해졌다. 동남아시아와 식민지 조선의 여성들도 강제 연행을 당했다. 수십만 명의 여성들이 위안부라는 이름으로 일본군의 성노예가 되어 중국 전선에서 동남아시아와 태평양 전선까지 보내졌고, 일본이 패전한 후에는 현지에 버려졌다. 일본은 점령지의 민중을 강제로 동원했고, 저항하는 자들을 가차 없이 학살했다.

태평양 전쟁

소련
몽골 인민 공화국
만주국
쿠릴 열도
중화민국
베이징
조선
일본
난징
히로시마
나가사키 — 원자 폭탄 투하(1945)
미드웨이 해전(1942)
진주만 공격(1941)
하와이 제도
영국령 인도
미얀마
홍콩
타이완
오가사와라 제도
타이
프랑스령
인도차이나
필리핀
마리아나 제도
마셜 제도
태 평 양
인 도 양
말라야
팔라우 제도
캐롤라인 제도
길버트 제도
말루쿠 제도
비스마르크 제도
네덜란드령 동인도
솔로몬 제도

전쟁 중에는 대동아 전쟁이라 불렀으나 전쟁 뒤에는 미국의
영향으로 태평양 전쟁이라 부르게 됐다. 일중 전쟁까지 포함
해 아시아 태평양 전쟁이라고도 부른다.

□ 일본의 최대 영역

진주만 폭격 1941년 12월 7일 아침, 일본 전투기가 미국 하와이 주의 오아후 섬 진주만에 있는 미군 기지를 기습 공격했다. 이 공격으로 12척의 미 함선이 피해를 입거나 침몰하고, 188대의 비행기가 격추되거나 손상을 입었으며, 2,400여 명의 군인 사상 자와 68명의 민간인 사망자가 발생했다.

1945년, 미드웨이 해전을 기점으로 승기를 잡은 미국은 일본의 대도시들을 무차별적으로 폭격하기 시작했다. 일반인들의 희생이 많아지면서 일본 정부는 어린아이들을 도시에서 농촌으로 이주시켰다. 전쟁의 공포 속에서 어린아이들은 부모와 떨어져 지방의 여관과 절에서 배고픔을 견디며 공동생활을 해야만 했다.

태평양 전쟁은 일본인 대부분이 동원된 총력전이었다. 미국은 일본의 군대와 군수 산업을 파괴하는 것은 물론이고, 일반인의 생명까지 빼앗음으로써 일본에게 항복을 독촉하는 전략을 구사했다. 이런 이유로 무고한 일본인들까지 폭격의 표적이 되고 말았다.

쇼와 덴노, 무조건 항복하다

1945년 2월, 미국과 영국, 소련이 함께한 얄타 회담에서는 소련의 대일본전 참전과 종전 후 아시아 처리 문제가 수면 위로 떠올랐다. 소련은 일러 전쟁으로 빼앗겼던 과거 러시아의 권리를 돌려받고 치시마 열도(쿠릴 열도)를 갖게 된다면 대일본전에 참전할 수 있다는 입장을 밝혔다. 미국과 소련은 종전 후 중국과 조선을 처리하는 논의에서 영국을 배제한다는 밀약을 맺었다. 동아시아의 질서가 미소 양국의 이익에 따라 제멋대로 구상되고 있었다.

한편, 미드웨이 해전 후 계속적인 패배로 패전이 가까워졌음을 예감한 전 수상 고노에 후미마로는 "전쟁의 수렁 속에서 공산주의 혁명이 일어날 수도 있습니다. 덴노제를 유지하기 위해서라도 전쟁을 조기 종결해야 합니다."라며 쇼와 덴노에게 건의했다. 이에 대해 쇼와

히로시마 원폭돔 원자 폭탄을 맞고 폐허가 돼 버린 건물의 모습으로, 돔의 철골 부분과 벽의 일부분이 붕괴되지 않고 남아 있다. 1996년 세계 문화유산으로 지정됐다.

덴노는 "유리한 조건을 만들고 그다음에 외교 수단을 동원하는 것이 좋다."라며 즉각적인 종결을 거절했다.

1945년 8월 6일, 미국의 폭격기가 히로시마 상공에 나타났다. 폭격기는 목표 지점을 선회하더니 이윽고 커다란 폭탄 하나를 떨어뜨렸다. 무게 4톤의 원자 폭탄이었다. 전쟁을 가능한 한 빨리 끝내려고 했던 미국은 일본 본토에 핵무기를 사용하기로 결정했다. 첫 번째 목표는 일본군 사령부 대본영이 있던 히로시마였다. 하늘에서 떨어진 원자 폭탄은 한순간에 도시를 잿더미로 만들고, 14만 명의 목숨을 앗아 갔다. 그럼에도 일본이 항복을 거부하자 8월 9일, 두 번째 폭격이 이어졌다. 목표는 군수 공장이 밀집해 있던 나가사키였다. 나가사키에 투하된 원자 폭탄은 약 7만 명의 목숨을 앗아 갔다. 가공할 파괴력을 지닌 무기에 의해 두 도시는 순식간에 폐허로 변해 버렸다.

8월 8일, 일본에 선전 포고를 한 소련은 다음 날 만주의 국경 지역을 넘었다. 소련의 대일본전 참전은 일본의 항복을 앞당기는 결정적

일본의 항복 문서 조인식 1945년, 미국 전함 미주리 호에서 거행된 항복 문서 조인식에 참석한 일본 대표단의 모습이다. 히로시마와 나가사키에 미국이 투하한 원자 폭탄은 일본이 무조건적으로 항복을 하는 데 결정적인 요인이 됐다.

계기가 됐다. 소련의 대일본전 참전 소식을 들은 일본의 지배층은 덴노제를 존속시킬 수 있을지 불안해지자 최고 전쟁 지도자 회의에서 덴노제 유지를 조건으로 무조건 항복을 하기로 결정했다.

8월 15일, 무조건 항복을 선언하는 쇼와 덴노의 떨리는 목소리가 방송을 타고 흘러나왔다.

"태평양 전쟁을 일으킨 것은 일본의 자존심과 아시아의 안정을 위한 것이었음을 이해해 주시기 바랍니다. 그리고 항복 후의 문제는 연합군 측의 계획에 따르겠습니다. 부디 일본 국민들은 점령군인 미군에 협조해 주길 바랍니다."

항복은 하되 사죄와 반성은 없는 발표문이었다. 9월 2일, 도쿄 만에 정박한 미주리 호 위에서 정식으로 항복 문서에 조인했다.

● 오키나와의 비극

2007년 9월, 11만 명에 가까운 오키나와 시민들이 대규모 항의 집회를 벌였다. 일본 정부의 역사 교과서 왜곡을 비판하는 시위였다. 교복을 입은 고등학생이 단상에 올라 차분히 원고를 읽어 내려갔다.

"군대가 오키나와 주민의 집단 자살에 관여한 사실을 교과서에서 지우지 말아 주세요. 추한 전쟁을 미화하지 말아 주세요. 아무리 추해도 그 진실을 알고, 배우고, 후대에 전하고 싶습니다."

오키나와 시민들의 마음속에 응어리진 분노는 비단 역사 교과서

오키나와 미군 기지 오키나와 반환 운동에 힘입어 1972년 6월, 마침내 오키나와 반환 협정이 조인됐다. 그러나 핵 무기 철거는 명시되지 않았고, 반환 후에도 미군 기지는 일미 안전 보장 조약에 의한 제공 시설로 계속 남아있다.

왜곡 때문만은 아니었다. 오키나와는 과거 류큐 왕국에 속했다. 류큐 왕국은 일본과 중국 사이에서 중계 무역을 맡아 독립적인 국가 체제를 유지했지만, 17세기 초 사쓰마 번의 침략으로 일본에 조공을 바치게 됐다. 동시에 류큐 왕국은 청에도 조공을 계속했기 때문에 양국에 예속된 상태였다. 1879년, 폐번치현 개혁에 따라 류큐 왕국이 해체되면서 오키나와 현으로 편입됐다. 오키나와 주민들은 일본으로 편입된 뒤에도 인종이 다르다는 이유로 차별 대우를 받았다.

오키나와의 가장 큰 비극은 태평양 전쟁 말기에 벌어진 오키나와 전투였다. 미국의 공격이 거세어지자 일본군은 본토 방어에 필요한 시간을 벌기 위해 오키나와 주민들을 희생양으로 삼았다. 일본군은 오키나와 주민들을 전투 전면에 세웠을 뿐만 아니라 미군의 포로가 되지 않도록 자결할 것을 강요했다. 어느 마을에서는 일본군의 강요에 못 이겨 가족이 서로 목을 졸라 죽이는 일까지 벌어졌다. 3개월 동안 희생된 민간인의 수만 무려 20만 명이었다.

종전 후 오키나와는 미국령이 됐고, 1972년이 돼서야 일본에 반환됐다. 하지만 일본에 반환된 뒤에도 미군에 의한 인권 침해는 계속 이어졌다. 한국 전쟁, 베트남 전쟁 때 오키나와는 미군의 전초 기지 역할을 해야 했고, 지금도 일본 내 미군 시설의 70퍼센트가 오키나와에 있다. 오키나와에 미국의 이익이 존재하는 한 오키나와의 비극은 계속될 것이다.

청년 장교들의 쿠데타는
비극의 서막이었다

　일본의 정당 정치는 1932년에 일어난 해군 청년 장교들의 수상 암살 사건(5·15 사건)으로 인해 사실상 끝났다. 이 사건으로 의석을 가장 많이 차지한 정당의 대표가 수상이 되는 관행은 깨어졌고, 해군 대장인 사이토 마코토가 새 수상이 됐다. 사이토 내각은 정당, 관료, 군부라는 세 축으로 구성됐다. 군부 인사들이 정계에 진출했고, 재벌은 이들을 지원했다. 1936년에는 육군 청년 장교들이 1,400여 명의 병사를 이끌고 와서 의회를 점거한 뒤 내각의 대신들을 살해했다(2·26 사건). 청년 장교들은 자신들의 행동이 국가를 위한 것이라고 정당화하면서 이렇게 주장했다.

　"원로, 중신, 재벌, 관료, 정당 등은 이 국가의 존엄을 파괴하는 원흉이다. 나라 안팎으로 위급한 지금이야말로 국체 파괴의 무리를 막지 않으면 덴노의 국가 통치의 근본이 물거품이 되어 버린다."

　청년 장교들은 덴노 주위에서 덴노를 현혹하고 있는 중신들과 국가 원로들을 배제하고

❶ 이누카이 수상 암살 사건 공판 5·15 사건에 참여한 청년 장교들은 "수상은 국가 개조의 재단에 바쳐진 재물"이라며 이누카이 수상을 암살했다.

❷ 사이토 내각 5·15 사건 이후 수상을 지낸 적이 있던 사이토는 2·26 사건 때 청년 장교들에 의해 살해됐다. 앞줄 왼쪽에서 두 번째 인물이다.

❸❹ 2·26 사건 청년 장교들은 원로와 중신들을 죽이고 덴노의 친정이 실현되면 정·재계의 부정부패와 농촌의 곤궁을 해결할 수 있을 것이라 믿었다.

텐노의 뜻에 따라 국가를 바로 세워야 한다고 주장했다. 이를 위한 테러나 쿠데타, 암살은 정당한 행위라고 생각했다. 그들은 군대를 텐노의 군대라는 의미에서 '텐군(皇軍)'이라 칭했으며, 전쟁은 텐노의 뜻에 따라 싸우는 것이므로 '성전(聖戰)'이라 미화했다. 그러나 텐노가 이들을 반란군으로 규정하고 진압 명령을 내리면서 주모자들은 체포됐고 사건은 종결됐다.

청년 장교들의 반란으로 군부의 힘이 약해질 수도 있었지만 결과는 반대로 나타났다. 정부가 쿠데타를 진압하는 데 군부의 힘을 빌리자 오히려 정부 내에서 군부의 발언권이 강해졌기 때문이다. 군대의 반란을 진압할 수 있는 곳 역시 군대뿐이었던 셈이다. 게다가 군부의 정책에 반대하면 자칫 목숨이 위태로울 수 있다는 두려움이 퍼지면서 군부를 반대하고 나서기가 더 어렵게 됐다.

국가 예산의 많은 부분이 대외 팽창을 위한 전투기와 군함 등을 사들이는 데 사용됐다. 군사비는 해마다 증가하여 국민들의 삶을 압박했다. 정부 정책을 반대하는 목소리를 막기 위해 사상 탄압과 언론 통제가 가해졌다. 노동 운동 또한 억압당했고, 특히 군수품 공장의 노동조합은 대부분 폐지됐다. 이렇게 군부의 일방적인 독주를 막지 못함으로써 일중 전쟁과 태평양 전쟁이라는 비극의 서막이 열렸다.

8장

냉전 시대의 고도성장과
탈냉전 시대 일본의 역할

패전 이후의 일본을 맡은 맥아더는 비군사화와 민주화 정책으로 새로운 일본 건설을 추진했다. 미국은 덴노의 인간선언과 일본국헌법 공포를 통해 일본에서 군국주의의 색채를 지우고 민주 국가를 세우는 데 힘썼다. 그러나 이러한 민주화 노력은 미소 냉전의 심화와 한국 전쟁의 발발로 일본이 동아시아에서 반공의 교두보 역할을 맡게 되면서 퇴색했다. 불완전한 전후 청산 결과, 일본은 고도 경제 성장을 이뤘음에도 정치 보수화와 군사 대국화로 주변 국가의 신뢰를 회복하는 데 악영향을 주고 말았다.

1945년	연합국 총사령부 설치
1946년	덴노의 인간선언, 일본국헌법 공포
1955년	자유민주당(자민당) 결성
1960년	일미 신 안전 보장 조약 체결
1964년	신칸센 개통
1965년	한일 기본 조약 체결
1972년	일중 국교 수립
1993년	55년 체제 붕괴, 비 자민당 정권 탄생
2002년	한일 월드컵 공동 개최
2011년	도호쿠 대지진, 후쿠시마 원전 참사

1965년 베트남 전쟁(~1975)

1990년 독일 통일

1949년 중화 인민 공화국 수립
1989년 톈안먼 사건
1997년 영국, 중국에 홍콩 반환

1947년 미국, 트루먼 독트린 · 마셜 계획 발표
2001년 9 · 11 테러
2003년 이라크 침공

1962년 쿠바 봉쇄

1948년 대한민국 정부 수립
1950년 한국 전쟁 발발
1987년 6월 민주 항쟁
2000년 남북 정상 회담,
        6 · 15 남북 공동 선언

1991년 소련 해체,
        독립 국가 연합(CIS) 성립

1980년 이란 · 이라크 전쟁
1991년 걸프 전쟁

1962년 알제리 독립

1 미국, 일본에 평화헌법을 만들다

덴노를 내세워 일본을 간접적으로 통치하다

패전은 군부 정치의 종말과 미군의 지배라는 새 시대를 열었다. 종전과 동시에 도쿄에는 연합국 총사령부(GHQ)가 설치됐다. 연합국 최고사령관으로는 미국의 맥아더가 임명됐다. 연합국 총사령부에는 영국, 프랑스, 소련, 중국, 네덜란드가 참여했지만, 실질적으로는 미국이 모든 정책을 계획하고 결정했다. 최고사령관 맥아더는 직접 통치를 하기보다는 최고사령관의 통제 아래 일본 정부가 운영되는 간접 통치 방식을 택했다.

당시 미국을 비롯한 세계 각국에서는 쇼와 덴노를 전쟁 범죄자로서 재판정에 세워야 한다는 목소리가 높았다. 하지만 맥아더는 일본에서 덴노의 위상을 잘 알고 있었다. 그는 기회가 있을 때마다 워싱턴의 고위 관리들에게 덴노는 최고 집권자의 지위를 넘어 일본인의 정신을 지

맥아더 사령관과 쇼와 덴노 덴노를 신으로 숭배하고 그를 위해 전쟁을 하며, 그를 위해 죽는 것이 책무라고 여겼던 사람들은 맥아더 사령관 옆에 초라하게 서 있는 덴노를 보고 큰 충격을 받았다.

배하는 종교적 영도자라는 점을 알렸다. 또한 당시 육군 참모 총장이었던 아이젠하워에게 "덴노를 전쟁 범죄자로 재판에 세우고자 한다면, 백만의 군대를 다시 일본에 투입해야 할 것"이라고 충고하기도 했다.

맥아더는 쇼와 덴노를 법정에 세울 생각이 없었다. 덴노를 내세워 일본을 간접 통치하는 것이 미국에 유리했기 때문이다. 맥아더는 덴노에게서 정치권력을 빼앗고 명목상의 군주로 남기기로 했다. 허울뿐인 덴노제를 유지하기 위해서는 지금까지 덴노가 가지고 있던 경제적 힘과 신적인 권위를 없애야만 했다. 연합국 총사령부는 대대적인 덴노제 정리 작업에 돌입했다. 먼저 황실의 재산을 국고로 몰수하여 덴노의 경제력을 약화시켰고, 정교분리를 통해 덴노를 신적인 위치에서 끌어내렸다. "나는 인간일 뿐, 신이 아니다."라는 쇼와 덴노의 인간선언 이후, 메이지 덴노 이래로 아라히토가미(現人神)로 군림해 왔던 덴노는 신의 지위에서 인간의 자리로 내려왔다.

덴노의 인간선언이 발표되자 국민들은 충격에 휩싸였다. 덴노의 혈통이 태양신 아마테라스 오미카미의 후손인 진무 덴노 이래로 한 번도 바뀌지 않고 이어져 왔다고 믿었기 때문이다. 종교와 정치를 아우르는 절대적 권한으로부터 자유로워진 쇼와 덴노는 군복 대신 신사복을 입고 전국을 돌며 국민들과 만났다. 국민들도 점차 덴노의 인간선언을 현실로 받아들이기 시작했다. 덴노의 위치를 형식상의 군주로 만들고자 했던 연합국 총사령부의 구상이 어느 정도 성공한 셈이었다. 이로써 상징적 덴노제로 대표되는 일본 역사상 네 번째 전환기가 시작됐다.

인간선언 이후 쇼와 덴노의 행보 인간선언 이후 쇼와 덴노는 군복 대신 서민 복장으로 전국 순행을 시작했다. 덴노의 인간선언과 전국 순행은 인간적이며 평화적인 덴노 이미지를 만드는 데 큰 역할을 했다.

극동 국제 군사 재판 이 재판에서 연합국은 일본을 원활하게 통치하기 위해 쇼와 덴노에게 전쟁의 책임을 묻지 않았고, 일본군의 세균전이나 독가스 작전도 문제 삼지 않는 등 미온적인 태도를 보였다.

전범 재판이 이뤄지다

1946년, 연합국 총사령부는 일본의 전쟁 범죄자들을 심판하기 위해 도쿄에서 전범 재판을 열었다(극동 국제 군사 재판). 전범은 A, B, C급으로 분리했는데, 도쿄 전범 재판은 A급 범죄자를 처리하는 재판이었다. 이 재판에서 25명이 유죄 판결을 받고, 전 수상 도조 히데키를 비롯한 7명이 사형에 처해졌으며, 16명은 종신형, 2명은 금고형의 판결을 받았다. 종신형과 금고형을 받은 자들은 연합국 총사령부의 일본 점령이 끝난 뒤 단계적으로 석방되어 다시 정계로 복귀했다.

　B, C급 전범 재판은 미국, 영국, 중국, 필리핀 등 9개국에서 열렸는

데, 5,700명이 기소되고 그중 984명이 사형 판결을 받았다. B, C급 전범 가운데는 300여 명의 조선인과 타이완인도 포함돼 있었다. 이들은 동남아시아에서 포로를 감시하는 임무를 맡았었는데, 포로 학대죄로 사형 판결을 받았다. 그러나 끝내 덴노에게 전쟁의 책임을 묻지 않았으며, 미국을 비롯한 연합국의 비인도적 포로 대우를 문제 삼지 않은 점은 전범 재판의 한계로 남았다.

미국, 무기를 놓고 민주화된 일본을 구상하다

1946년 1월, 연합국 최고사령관 회의실에서 회의가 한창이었다. 군 지도부의 공통된 생각은 전쟁 재발을 막으려면 일본의 군대를 해산하는 것이 급선무라는 점이었다. 더불어 일본을 주변 국가에 위협적이지 않은 나라로 만들기 위해서는 일본에 민주주의 체제를 훈련시킬 필요가 있다고 생각했다. 맥아더는 다음과 같이 회의를 정리했다. 첫째, 일본을 비군사 국가로 만든다. 둘째, 정치적으로 민주화 정책을 실현한다.

연합국 총사령부는 대일본 정책의 핵심 방향을 비군사화와 민주화로 삼고 일본 정부를 압박했다. 비군사화 조치는 종전 직후 군수품 생산 전면 중지, 육해군 해체, 전범 체포 등 군사적 무장 해제를 통해 이미 진행되고 있었다. 전쟁에 적극적으로 참여한 고위 장교들이 체포됐고 전쟁에 앞장선 정치인은 정계에서 추방됐다. 국가의 정책을 집행하는 정치인들이 바뀌지 않고서는 민주적이고 평화적인 정부가 탄생하기 힘들다고 판단한 총사령관 맥아더가 건의한 결과였다.

민주화 개혁 역시 급속히 추진됐다. 선거 연령을 20세로 낮추고, 여성에게도 투표권을 주는 남녀 보통 선거를 실시하고, 노동자들의 단결과 파업을 보장하는 노동조합법을 제정했다. 그 결과 전쟁 전 40만 명에 불과했던 노동조합원이 400만 명 가까이 늘어났다.

교육 분야에서도 소학교, 중학교가 의무 교육이 되는 변화가 있었다. 전쟁을 미화하는 내용을 교과서에서 삭제하고, 전쟁을 지지하는 교사들은 학교에서 추방됐다. 정교분리가 발표된 뒤로 신도는 더 이상 국가 종교가 아니었다. 경제 분야에서는 재벌 해체에 초점이 모아졌다. 미쓰이와 미쓰비시 같은 재벌의 경우 가족의 주식 보유량을 제한했고, 그들이 가지고 있던 주식을 회사 직원이나 일반인에게 매각하게 했다. 그리고 재벌의 부활을 막기 위해 재벌이 시장을 독점하지 못하도록 '사적 독점의 금지 및 공정거래 확보에 관한 법률'을 제정했다.

먹칠 교과서 전후 일본에서 사용한 교과서로 군국주의적인 내용이 먹칠되어져 있다. 연합국의 지도에 따라 일본 정부는 개인의 존엄성을 중시하고 진리와 평화를 추구하는 인간 육성을 교육의 목적으로 수정했다.

전쟁의 배후에는 정부를 움직인 재벌들이 있었기 때문에 맥아더는 일본의 군사화를 막기 위해 재벌의 해체는 당연한 조치라고 판단했다.

평화헌법을 만들다

연합국 총사령부는 새롭게 만들어질 일본 헌법의 기본 원칙을 일본 정부에 제시했다. 덴노는 '상징적'으로만 국가를 대표하며, 일본은 영원히 전쟁을 포기한다는 내용이었다. 소식이 전해지자 일본 정부는 크게 반발했다. 맥아더는 일본 정부의 이런 반응을 어느 정도 예상하고 있었다. 맥아더는 준비해 둔 편지를 일본 수상에게 보냈다. 편지에는 "덴노를 전쟁 범죄자로 재판에 세워야 한다는 국제 여론이 높아지고 있는 상황에서, 만약 이 헌법의 원칙이 받아들여지지 않는다면 덴노가 위태로워질 것이란 사실을 명심하시오."라고 적혀 있었다. 일본 정부는 찬반 논쟁 끝에 결국 연합국 총사령부의 의견을 받아들이기로 결정하고 헌법 개정에 착수했다.

일본의 새 헌법이 된 일본국헌법 제1조는 '덴노는 단지 국가와 국민 통합의 상징이다.'였다. 실권이 없는 명목상의 군주로서 덴노가 상징적인 존재라는 의미였다. 제9조는 '일본은 군대를 갖지 않으며, 전쟁을 포기한다.'는 내용이었다. 전 세계 어디에서도 볼 수 없는 평화헌법이었다. 일본의 군국주의 때문에 피해를 입었던 주변 국가들의 염려를 반영한 조치이기도 했다. 전쟁 포기 조항은 일본이 평화주의로 가는 데 핵심적인 제도적 장치였다. 지금도 군사 대국화를 지지하는 우익 인사들이 끊임없이 이 조항에 대한 개정을 요구하고 있는 것만

헌법 교과서와 헌법 보급회의 활동 왼쪽은 문부성에서 1947년에 발행한 교과서 《새로운 헌법 이야기》에 실린 헌법 9조를 설명한 그림이다. '전쟁을 방지하기 위해 육해공군 기타 전력을 보유하지 않으며 국가의 교전권은 인정하지 않는다.'는 헌법 9조의 내용이 담겨 있다. 오른쪽은 헌법 보급회가 새로운 헌법을 그림 연극으로 설명하고 있는 모습이다.

봐도 알 수 있다.

또한, 노동자의 단결권과 파업권이 보장됐고 인권과 관련된 조항이 헌법에 삽입됐다. 덴노를 대신해 국민의 대표 기관인 의회가 국가의 최고 기관이 되었으며, 의회에서 내각 총리대신(수상)이 선출됐다. 헌법을 개정하려면 반드시 국민 투표를 거치도록 했다. 귀족의 특권을 보장하던 화족 제도가 폐지되고, 장남이 절대적인 권한을 행사하던 호주제 역시 남녀평등에 입각하여 폐지됐으며, 남녀 균등 상속이 이뤄졌다. 독일의 영향을 받았던 이전의 대일본제국헌법과 달리 인권 보장을 중심으로 법률 체계가 짜인 미국의 법을 모방한 결과였다. 1946년 11월, 국민 주권, 전쟁 포기, 기본적 인권 보장을 강조한 일본 국헌법이 공포됐다. 미국인 페리에 의해 개항을 하고 근대의 문을 연 일본이 또 다른 미국인 맥아더에 의해 민주화와 비군사화라는 현대의 문을 열게 됐다.

2 | 냉전 속에서 55년 체제가 형성되다

점령 정책이 수정되다

종전 후의 세계가 곧바로 평화로워진 것은 아니다. 자본주의 진영을 대표하는 미국과 공산주의 진영을 이끄는 소련의 힘겨루기는 더욱 팽팽해졌고, 아시아 정세도 시시각각 변했다. 중국에서는 국민당과 공산당의 내전이 치열하게 전개되면서 주도권의 향방이 안개 속으로 빠져들었다. 미국은 중국의 상황을 주의 깊게 지켜보고 있었다. 세계 최대의 인구와 넓은 영토를 가진 중국이 공산화된다면 미국의 아시아 정책에 차질이 생길 수밖에 없었기 때문이다.

결국 미국의 우려는 현실이 됐다. 1947년 2월에 공산당의 인민해방군이 국민당군의 공격을 이겨내고 주도권을 장악했다. 한반도 분위기도 미국이 원하는 방향과 사뭇 다르게 흘러갔다. 한반도 북쪽은 이미 공산화됐고, 남쪽은 이념의 대립으로 혼란스러웠다. 미국과 소련의 대립, 중국과 한반도의 공산화 가능성은 아시아에서 일본의 중요성을 부각시켰다. 마침내 미국은 방침을 바꿔 일본을 '반공의 방벽'이 될 수 있는 안정된 자본주의 국가로 재건하기로 했다. 비군사화와 민주화 정책은 '새로운 적의 위협에 대한 장벽'을 만드는 것으로 수정됐다. 새로운 적은 소련을 비롯한 공산주의 세력이었다.

맥아더의 대일본 정책은 점령 초기와 완전히 달라졌다. 1948년, 맥아더의 지시로 개정된 국가공무원법에 따라 공무원의 단체 교섭권과 쟁의권이 불법화됐다. 이러한 분위기에서 다음 해에 치러진 총선거에서 보수 세력이 국민들의 큰 지지를 받았다. 기업을 살린다는 명분 아래 임금 인상의 길이 막히고 노동자들은 해고됐으며, 여기에 반대하는 노동 운동 역시 탄압을 받았다. 진보 세력은 크게 후퇴하고, 민주화 정책과 상반되는 법률들이 속속 만들어졌다.

미국의 대일본 정책이 변화한 결정적 계기는 1949년 10월 중국 공산당 정권의 수립과 1950년 6월의 한국 전쟁이었다. 특히 한국 전쟁은 일본이 동아시아에서 자유주의 진영의 요충지라는 인식이 부각되는 계기가 됐다. 한국 전쟁이 한창이던 1950년 7월, 맥아더가 일본 정부에 압력을 행사해 비군사화 정책에 반대되는 경찰예비대(지금의 자위대)를 창설하도록 한 것도 시대적 상황의 산물이었다.

곧이어 맥아더는 공산당의 정치 활동을 금지하고 공산주의 성향의 노동조합을 해산했다. 공산주의자들은 공직에서 추방됐고, 나아가 언론사와 민간 기업에서도 공산주의 성향의 인물과 단체는 축출됐다. 미국의 대일본 평화 정책이 빠르게 전환되면서, 이 틈을 타고 전범들이 슬그머니 정계로 복귀했다.

자위대 창설 한국 전쟁을 계기로 창설된 경찰예비대(1950)는 보안대(1952)를 거쳐 자위대(1954)로
탈바꿈했다. 이 과정에서 헌법과 재군비를 둘러싼 논쟁이 거듭됐다.

　　일본 제국주의는 동맹국 이탈리아처럼 시민들의 반전, 반파시즘 운
동으로 무너진 것이 아니었다. 연합국 총사령부가 반일 운동으로 수
감됐던 재일 조선인들을 석방한 날이 일본이 패전한 지 한참 뒤였던
10월 4일이었다는 점만 봐도 알 수 있다. 또한 재벌은 종전 후에도 절
대적인 영향력을 그대로 지닌 채 존속됐다. 관료 기구도 독일과 달리
거의 피해 없이 살아남았다. 일본은 이탈리아나 독일과 달리 정치적,
경제적 지배 체제의 기초를 그대로 보존할 수 있었다. 패전 직후의 이
러한 상황 때문에 유럽의 동맹국들과 달리 일본의 군국주의자들은 정
계와 경제계에 자연스럽게 남게 됐다.

일본의 재무장은 순풍에 돛 단 듯이 순조롭게 진행됐다. 패전으로 문을 닫았던 군수 공장은 다시 쉴 새 없이 돌아갔다. 당시의 신문들은 이런 상황을 '역(逆)코스'라고 불렀다. 동아시아에 불어닥친 미소 냉전의 영향으로 미국의 대일 정책은 비군사화와 민주화에서 크게 후퇴했다. 그 대신 일본은 아시아의 공산화를 저지하는 반공과 자본주의 기지로 전환됐다.

55년 체제가 시작되고 보수 세력이 결집하다

일본이 국제 사회로 복귀하기 위해서는 전쟁에 참여했던 나라들과 강화 조약을 맺을 필요가 있었다. 1951년, 미국 샌프란시스코에서 일본과 연합국 사이에 강화 조약을 체결하기 위한 회의가 열렸다. 이 회의에는 일본과 연합국 51개국이 참가했다. 중국은 국민당 정부와 중화 인민 공화국 정부 간에 대표권을 둘러싼 싸움이 계속되면서 초청 받지 못했고, 인도와 미얀마는 조약의 내용에 불만을 나타내며 참가하지 않았다. 소련은 체코, 폴란드와 함께 참가했지만, 이 조약이 '새로운 전쟁을 위한 조약'이라고 격렬히 비난하며 대일 강화 조약의 조인을 거부했다.

　강화 조약 조인 후 요시다 수상은 미국과의 군사 동맹인 일미 안전 보장 조약에 서명했다. 이 조약으로 일본은 미국에 일본 내 주둔 비용과 군사 기지 제공을 약속하게 됐다. 1952년 4월, 샌프란시스코 강화 조약과 일미 안전 보장 조약이 정식 발효되면서 연합군의 일본 점령도 끝났다. 일본은 자유주의 진영의 일원이자 주권 국가로 국제 사회에 복귀했다.

정식 정부가 출범하자 내각은 즉시 미 군정 기간에 만든 각종 제도를 수정하는 작업에 착수했다. 치안을 강화한다는 명분 아래 각종 법률을 개정했고 치안유지법도 부활했다. 체제를 부정하는 공산주의 활동은 탄압을 받았고, 학교에서는 종전 이전처럼 애국심을 고취하는 교육을 강화했으며, 국민의 인권은 애국심이라는 굴레 안에서 뒷걸음쳤다.

보수 세력이 국가주의 정책을 강화해 나가자 위기감을 느낀 진보

샌프란시스코 강화 조약 조인식 1951년 9월 8일, 일본에서는 요시다 시게루 당시 수상이 수석 전권으로 참석하여 연합국 48개국과 맺은 조약에 조인했다. 이로써 일본은 독립국으로서의 주권을 회복했다.

자유민주당 창당식과 일본사회당 통일 대회 1955년 당시 사회당이 차지한 의석수는 중의원 155석, 참의원 69석이었는 데 비해 자민당은 중의원 298석, 참의원 115석이었다. 세력 비율이 거의 2대 1 수준이었다.

세력은 빠르게 결집하기 시작했다. 종전 이전으로 회귀하려는 사회적 흐름을 막아야 한다는 시민들의 요구가 커지면서 분열됐던 진보 진영이 사회당으로 통합됐다. 마침내 총선거에서 사회당은 의회 의석 3분의 1을 차지함으로써 헌법 개정을 막을 수 있게 됐다.

진보 정당인 사회당이 탄생하자 이번에는 보수 세력이 심각한 위기감을 느꼈다. 특히 경제 단체들은 경제 성장을 위해 보수 정당이 정권을 잡아야 한다며 보수 세력의 결집을 촉구했다. 사회당이 집권하면 정부가 노동자의 이익을 대변하게 되어 기업의 자유로운 활동이 제약될 것이라는 우려 때문이었다. 그 결과 보수 진영이 자유민주당(자민당)이라는 거대 정당으로 뭉쳐 의석 3분의 2를 차지하는 최대 정당이 되었다.

이로써 1955년, 헌법 개정과 재군사화를 주장하는 자민당과, 민주화와 비군사화를 주장하는 사회당이 대립한 '55년 체제'의 막이 열렸다. 55년 체제는 1993년 자민당의 집권이 끝날 때까지 38년 동안 지속됐다.

동아시아 반공 안보 체제의 중심이 되다

일본은 미국의 군사적 보호를 받으며 설비에 투자하고 기술을 혁신했으며 수출 위주의 고도 경제 성장에 집중했다. 더불어 1952년에 발효된 일미 안전 보장 조약의 개정을 미국에 요구했다. 새로 개정된 일미 안전 보장 조약(일미 신 안전 보장 조약)에서는 '국내 반란의 경우 주일 미군을 동원할 수 있다.'는 조항이 삭제되고 '일본의 동의 없이 일본 내 기지를 마음대로 사용할 수 있다.'는 조항이 '사전 협의를 통해 사용한다.'라고 바뀌었다. 하지만 미국의 의사에 따라 일본이 전쟁에 동원될 가능성은 여전했다. 지금까지 이룩해 놓은 민주 개혁의 성과가 무로 돌아가고 국민의 기본권이 제한될 우려가 있었기 때문에 민중과 시민 단체는 곧바로 반격했다. 이른바 '안보 투쟁'이 시작된 것이다. 전쟁에 휩쓸리게 될지도 모른다는 위기감에다가 민주주의의 후퇴에 대한 분노가 더해진 결과였다. 내각이 사퇴할 정도로 소요 사태가 심각했지만 결국 일미 신 안전 보장 조약은 의회를 통과했다.

일미 신 안보 조약과 같은 군사 동맹 이외에도 미국은 일본의 경제적 역할을 중시했다. 미국은 동아시아 반공 국가들에 일본이 경제적 도움을 주게 했고, 이를 통해 반공 정권이 유지되고 일본과 그들 간에

경제적 유대 관계가 깊어지도록 도왔다.

일본 재계는 수출 시장을 확보하기 위해 다각도로 노력하면서 한국과의 국교 수립을 희망했다. 한일 국교 정상화를 위한 협상에는 이러한 배경이 있었다. 미국은 한일 교섭이 성공하도록 정치적 압력을 가했다. 베트남의 공산화 가능성, 중국의 핵 실험 성공은 미국이 한일 국교 정상화를 서두르게 만들었다. 베트남 전쟁에 한국군을 지속적으로 파병하기 위해서는 박정희 정권이 안정될 필요가 있었다. 마침내

한일 국교 정상화 반대 운동 한국과 일본 사이에 일제의 식민 지배에 대한 청산이 이루어지지 않은 채 국교 정상화에 대한 교섭이 진행됐다. 이 때문에 한국에서는 학생들을 중심으로 굴욕 외교 반대 시위가 격렬하게 일어났고, 정부는 1965년 위수령을 내리고 난 뒤에야 시위를 진압할 수 있었다.

1965년 한일 협정이 체결됐다. 그 대가로 한국은 일본으로부터 무상으로 3억 달러, 유상으로 2억 달러의 원조를 받았다. 식민 지배에 대한 일본의 배상과 사과는 없었다.

한국에서 한일 국교 정상화 반대 운동이 격렬하게 일어났고 정권 타도 운동으로 발전했다. 한일 협정이 체결된 다음 달 박정희 정권은 미국의 요청을 받아들여 베트남 파병을 결정했다. 이처럼 일미 안보 조약 체제는 일미 관계를 축으로 일본이 동아시아 반공 국가들에 경

한국의 베트남 파병 한국군의 베트남 파병이 절실했던 미국은 파병 조건으로 한국이 요구하는 주한 미군의 계속적 주둔을 보장하고 군사 및 경제 원조를 적극 확대할 수밖에 없었다. 하지만 이 파병 때문에 한국은 제3세계 국가로부터 배척받게 됐다.

제적 지원을 하고, 그 국가들은 공업화를 통해 정권을 안정시켜 나가던 체제였다.

　동아시아 반공 국가들은 수출 위주의 공업화 정책을 추진했다. 수출품은 노동 집약적인 공업 제품이었고, 생산에 필요한 부품은 선진국의 협력에 의존할 수밖에 없었다. 협력을 주도하고 기술과 자금 관련 핵심적 역할을 맡았던 나라는 일본이었다. 일본을 위시한 수직적 관계에 있던 한국, 타이완, 홍콩, 싱가포르 등은 1970년대에 이르러

중진국 대열에 들어섰다.

일본은 국제 정세 변화에 능동적으로 대처하며 자국의 이익을 극대화해 왔다. 제1차 세계대전 때는 일영 동맹을 이용해 외교적, 경제적 이득을 챙겼고, 패전 후에는 미소 냉전 체제에서 미국의 전폭적인 지원을 받으며 국제 연합에 가입하는 등 국제 사회로 복귀할 수 있었다. 1950~1960년대에는 한국 전쟁과 베트남 전쟁의 특수 속에서 모든 역량을 고도 경제 성장에 쏟은 결과 경제 대국으로 성장할 수 있었다.

3 | 경제 대국화에 성공하고 대중문화 산업이 발달하다

진무 덴노 이래 최대의 호황을 누리다

종전 직후만 해도 일본 국민은 패전의 충격으로 망연자실해 있었다. 전쟁 이전의 일본으로 돌아가기까지는 수십 년이 걸릴 것으로 예상됐고, 수렁에 빠진 경제를 건져 내는 일은 불가능해 보였다. 일본이라는 나라는 곧 '절망'과 동의어처럼 여겨졌다.

그러나 1955년, 55년 체제라 불린 자민당 보수 정권이 집권하면서 정치적인 안정을 유지했고 오로지 성장 위주의 경제 정책에만 집중하면서 변화의 계기가 만들어졌다. 전쟁 포기를 명시한 평화헌법 9조는 군사비 부담으로부터 자유롭게 만들어 재정 부담을 대폭 줄였다.

정부와 금융 기관은 산업 각 분야에 설비 투자를 아끼지 않았고, 전기와 전자 산업 부분에서 기술 혁신이 이어져 생산력이 눈부시게 높아졌다. 기술 혁신은 대기업뿐만 아니라 중소기업에서도 이루어졌다.

가전제품의 명가 마쓰시다 전기 산업(지금의 파나소닉), 오토바이 국산화에 성공한 혼다, 트랜지스터라디오를 세계 최초로 제품화한 소니 등이 급성장했다. 국민 총생산(GNP)의 증가 속도는 다른 선진국과 비교해도 훨씬 빨랐다. 당시 미국과 영국의 연평균 성장률이 3퍼센트 안팎이었던 데 비해 일본은 10퍼센트에 달했다. 1968년에 일본의 국민 총생산은 미국의 뒤를 이어 세계 2위를 차지했다.

경제 성장의 물꼬는 한국 전쟁이었다. 한국 전쟁이 터지자마자 즉시 개입한 미국은 전쟁에 필요한 물자의 대부분을 일본에서 조달했다. 엄청난 양의 무기 수요는 일본의 군수 산업을 부흥시켰고, 수렁에 빠진 경제를 단번에 건져 냈다. 초기엔 긴급한 물자, 철망 생산과 차량 수리 정도였지만, 점차 트럭, 기관차 등의 중공업 제품과 포탄, 탄약 등의 무기 생산으로 확대됐다. 한국 전쟁으로 벌어들인 수익이 10억 달러를 넘어선 데다 일본에 주둔한 미군의 유지비로 인한 수입까지 더하면 일본의 수익은 20억 달러에 이르렀다. 한국 전쟁으로 인한 수익은 그해 일본 수출액의 총액을 넘어설 정도였다. 여기에 발맞춰 철강, 조선 등 중공업 투자도 늘어나면서, 1955년에는 제2차 세계대전 이전의 경제 수준을 넘어섰다. 기대 이상으로 경제가 빠르게 일어서자 언론들은 '진무 덴노 이래 최대의 호황'이라며 급속한 경제 성장을 추켜세웠다. 패전 후 일본 국민들이 갖고 있던 승전국에 대한 원망은 어디에서도 찾아볼 수 없었다.

경제 성장의 두 번째 동력은 베트남 전쟁이었다. 일본은 베트남에 직접 파병을 하지는 않지만, 오키나와 등지에 기지를 제공함으로써 적극적으로 전쟁의 이득을 챙겼다. 미군 항공기와 함정의 수리를 맡

미쓰이 군수 공장 일본은 한국 전쟁의 발발로 미군으로부터 물자 수요가 급증하고 그때까지 금지되었던 무기 공업도 부활하면서 단번에 호경기를 맞이하게 되었다. 미쓰이 군수 공장은 이때의 전쟁 특수로 숨을 돌린 기업 가운데 하나였다.

앉고 한국, 타이완, 타이, 필리핀, 싱가포르 등 베트남 전쟁에 협력하고 있던 국가들의 특수(特需) 일부를 인수해 현지 생산에 나섰다. 동시에 미국으로 보내는 자동차, 전기 제품, 기계류의 수출량을 늘려 1965년에는 대미 수출액이 수입액을 초과했다. 일본의 공업 제품은 높은 품질과 낮은 가격 때문에 세계 곳곳에서 인기가 높았다. 일본제 카메라, 시계, 텔레비전, 자동차 등이 세계 시장을 누볐다.

개인과 기업이 하나 되어 성장하다

일본의 성공 신화를 본 전 세계가 찬사를 보냈다. 일본의 기업들은 신기술을 개발해 생산 비용을 절감했고 새로운 모델을 만들어 냈다. 오늘날 세계적 명성을 가진 일본의 유명 기업들이 이때 국제 무대에 등장했다. 샤프와 혼다, 도요타, 마쓰시다 전기 산업, 산요, 히타치, 도시바가 대표적이다. 노동자의 생활 수준 향상은 기업의 성장과 동일시됐다. 기업의 성장에 따라 노동자의 생활도 향상되고 안정됐다. 종신 고용과 평생직장은 이러한 사회적 흐름의 결과였다.

고도 경제 성장은 모험적인 기업 운영을 최소화하고 민주주의나 복지 등을 가능한 억제함으로써 이룩한 결과이기도 했다. 사회 보장이나 주택 확충, 환경 보호 등에 덜 쓰고 아낀 예산을 산업 시설 투자에 집중했다. 또한 고도 경제 성장의 동력이었던 기술력 부분에서는 독자적으로 개발한 기술도 있었지만 외국, 특히 미국 기술의 도입과 모방이 두드러졌다. 이미 외국에서 완성되어 이윤이 높은 기술을 도입하는 편이 성공 여부가 불확실한 독자적 기술보다 유리했기 때문이다. 한동안 '선진국 따라잡기'에 몰두하는 산업 분위기가 조성되었다.

노동 운동이 침체되다

일본의 노동 운동은 전후 개혁에 의해 노동기준법이 발표되면서 활발해졌다. 사업장과 기업별로 노동조합이 만들어지면서 종신 고용, 연공에 따른 임금이라는 일본 노동 시장의 특징이 나타났다. 1950년 사회당계의 일본 노동조합 총평의회(총평)가 결성되면서 이들이 이후 노동 운동을 주도하게 됐다.

일본의 노사 관계는 경제의 고도성장에 따라 노동력이 부족해지고, 재벌이 해체된 뒤 전문 경영인이 합리적으로 노동자를 대우하고 노동조합은 경영자의 정책에 협조함으로써 내실을 다지고 안정될 수 있었다. 하지만 1974년 이후 고도성장이 끝나자 노동 쟁의 건수는 급속히 줄었고 노동 운동은 침체기에 접어들었다. 성장이 침체되고 고용이 불안해지면서 노사 양측은 임금보다 고용 자체에 관심을 갖게 됐다. 그 후 일본의 노동조합은 산업 합리화와 감량 경영에 대해 반대하는 미국과 유럽의 노동조합과는 대조적 모습을 보여 왔다. 일본의 노동조건은 지금도 별로 개선되지 않은 상태다. 노동 시간°은 독일, 프랑스에 비해 길며, 여기에 왕복 2~3시간의 출퇴근 시간을 더하면 여가시간은 거의 없다. 나아가 주부의 시간제, 학생의 아르바이트와 같은 저임금 노동이 점점 더 성행하고 있다.

3종 신기와 3C의 유행, 대중 소비 시대가 열리다

경제 성장에 발맞춰 세탁기, 냉장고, 흑백텔레비전이 '3종의 신기(神器)'라 불리며 가정의 필수품으로 자리 잡았다. 원래 3종의 신기란 덴

● **노동 시간** | 독일과 프랑스의 주당 노동 시간이 35시간인 데 비해 일본은 노동기준법상 40시간제를 채택하고 있다. 더불어 이 법에는 초과 근로를 무한히 연장할 수 있는 여지가 있어 과로사 혹은 과로로 인한 자살 문제가 나타나고 있다.

가전제품 매장 소니가 트랜지스터라디오로 세상을 놀래 준 이후 일본은 계속해서 가전제품 분야에서 두각을 나타냈다. 1960년대에는 컬러텔레비전을, 1970년대에는 VTR을 선보이면서 세계 시장을 다시 한 번 제패했다. 1980년대에도 워크맨, 게임보이, 캠코더 등 전자 제품 분야에서 다양한 신상품이 쏟아져 나왔다.

노 가문에 내려오는 청동검, 청동거울, 옥구슬로 구성된 보물을 가리키는데, 전자 제품이 일본 경제를 살려 낸 국가적 보물에 견줄 만하다고 해서 이 같은 별명이 붙여졌다.

텔레비전의 보급에는 프로 야구나 프로 레슬링, 프로 복싱 등의 중계가 중요한 계기가 됐다. 특히 프로 레슬링의 인기가 대단해서 역도산 같은 스타가 탄생하기도 했다. 한편, 아키히토 황태자의 결혼식도

신칸센 개통 1964년 10월, 공사를 시작한 지 5년 만에 신칸센이 개통됐다. 최고 시속 200킬로미터로 달려 도쿄에서 오사카까지 2시간 30분 만에 도착할 수 있었던 신칸센은 당시 세계 최고 수준의 고속 철도였다.

텔레비전의 확산에 크게 기여했다. 각 방송사들이 황태자의 결혼식을 실황 중계한 덕분에 텔레비전을 구매한 인구가 1,500만 명으로 늘었다. 황태자 결혼식은 대중 매체로서 텔레비전이 갖는 위력을 확실히 보여 줬다.

텔레비전은 사람들의 생활 양식과 의식을 바꾸는 데도 큰 역할을 했다. 텔레비전이 보급되고 오락 프로그램과 드라마를 안방에서 시청하게 되면서 일본 사회는 가족 중심의 생활을 하게 됐다. 텔레비전은 국민들 사이에 새로운 소비 형태를 만들어 이전과 확연히 다른 대중

도쿄 올림픽 1964년 10월, 도쿄에서 제18회 올림픽이 개최됐다. 개회식 상황은 미국에도 위성 중계됐다. 올림픽 개최는 전후 일본의 복구와 부흥을 전 세계에 알리는 계기가 됐다.

소비의 시대를 열었다.

1960년대에 들어서는 컬러텔레비전, 자동차, 에어컨이 소비 생활을 대표하게 됐다. 이것을 3C(color television, car, cooler)라 불렀다. '소비가 미덕'이라는 풍조가 두드러졌으며 맞벌이 가정이 늘면서 경제적 여유가 생겨 소비 욕구가 높아졌다.

소비는 또 다른 투자를 자극했다. 고도 경제 성장의 분수령은 1964년에 일본에서 열린 도쿄 올림픽이었다. 일본은 도쿄 올림픽에 한 해 예산의 3분의 1에 해당하는 1조 엔을 투자했다. 예산은 고속 철도, 지하철, 고속도로 등의 교통 시설에 집중됐다. 1967년, 자동차 생산 1,000만 대 돌파는 이런 바탕이 있었기 때문에 가능했던 것이었다.

빨간 책 만화의 유행, 만화 산업이 꽃피다

패전 후 가난 속에서도 일본인들의 창작 욕구는 높았다. 특히 영화와 만화 영역에서 창작 활동이 활발했다. 1951년, 베니스 국제 영화제에서 구로사와 아키라 감독의 〈라쇼몽〉이 황금사자상을 받았다는 소식은 일본 국민들에게 큰 자부심을 심어 주었다. 어린이들 사이에서 빨간 책 만화의 유행도 특징적이었다. 빨간 책 만화는 거친 종이에 인쇄된 단행본 만화로, 대부분 소규모 출판사가 만들어 내는 조잡한 출판물이었다. 영화나 연극과 달리 저렴한 비용으로 스토리를 담아낼 수 있는 만화는 시대적 상황에 적합한 창작물이었다.

빨간 책 만화 작가들은 연합국 총사령부 통치하의 자유로운 출판 분위기 속에서 거칠고 자극적인 내용의 만화를 그려서 아이들 사이에서 대단한 인기를 끌었다. 부모들은 비교육적이며 저급하다는 이유로 빨간 책 만화에 냉담한 반응을 보였다. 만화가 공부의 적이라고 생각한 학부모, 교사, 아동 문학가들이 만화 추방 운동을 전개하자 만화 시장은 위축됐다. 작가들은 이를 타개하기 위해 창작의 자유가 곧 작가의 생명임을 대중에게 호소하고 설득하는 데 앞장섰다. 지금도 일본 사회에서 만화가 표현의 자유를 폭넓게 인정받고 있는 것은 당시 작가들의 숨은 노력 덕분이다.

아톰, 일본 애니메이션의 시작을 알리다

'만화의 신'이라 칭송되는 데즈카 오사무의 등장은 일본 만화 시장의

아톰과 데즈카 오사무 오사무의 〈우주 소년 아톰〉은 대표작으로 원제는 '철완아톰'이다. 일본에서 방영 당시 시청률 40퍼센트를 넘는 등 큰 인기를 끌었다. 일본 애니메이션의 유행을 불러일으킨 작품이며, 그 뒤에 나온 모든 로봇 만화의 원조가 됐다.

판도를 바꿔 놓았다. 오사무는 일본 만화가 어디로 가야 할지를 잘 알고 있었다. 그는 만화가 사람들에게 사랑 받지 못하는 것은 저급함 때문이 아니라 영화처럼 역동적이지 못하고 엉성한 스토리로 인해 완성도가 떨어지기 때문이라며, 만화 시장이 활성화되려면 새로운 활로를 개척해야 한다고 역설했다. 오사무는 더 나아가 정적인 스타일에서 벗어나 영화적 기법이 가미된 역동적인 그림과 스토리를 버무린 새로운 만화를 만들어 냈다. 일본 애니메이션의 시작이었다.

성공의 첫 신호탄은 1963년에 선보인 텔레비전 애니메이션 〈우주 소년 아톰〉이었다. 일본에서는 이 날을 '애니메이션의 생일'로 기념하고 있다. 텔레비전이라는 대중 매체를 통해 아톰 시리즈가 인기를 끌면서 텔레비전 애니메이션이라는 장르까지 생겨났다. 만화 팬들은 텔레비전 애니메이션을 통해 자연스레 애니메이션의 팬이 됐고, 만화에 관심이 없던 사람들까지 만화의 매력에 빠지게 됐다.

〈우주 소년 아톰〉이 성공하자 오사무는 1965년에 최초로 컬러텔레비전용 애니메이션 시리즈 〈밀림의 왕자 레오〉를 제작했다. 컬러텔레비전이 가정의 대표적인 소비 품목이었기 때문에 가능한 일이었다. 〈밀림의 왕자 레오〉를 보기 위해 컬러텔레비전을 살 정도로 텔레비전 애니메이션의 인기는 대단히 높았다. 그 결과 1970년대에 텔레비전 애니메이션은 일본인의 일상에 완전히 자리 잡았다. 일본 애니메이션은 꾸준히 발전하여 1980년대에는 일본 애니메이션 시장이 미국 애니메이션 시장을 제치고 당당히 세계 1위를 차지했다. 일본 애니메이션은 1990년대에 최고 절정기를 맞았다. 처음에는 어린이 위주의 만화였지만 모든 연령대에서 볼 수 있는 스토리와 장르가 개발되면서 더욱더 발전했다. 나아가 오늘날에는 인터넷의 발전으로 세계 곳곳에서 일본 애니메이션을 쉽게 접할 수 있게 됨에 따라 현재까지도 일본은 애니메이션 최강국으로 자리 잡고 있다.

◉ 일본 영상 산업의 버팀목, 오타쿠

만화와 애니메이션은 비디오 게임과 캐릭터 산업으로 영역을 넓혔다. 일본 영상 산업 시장에는 이런 문화를 집중적으로 소비하

코스프레 코스튬(costume, 복장)과 플레이(play, 놀이)의 합성어이다. 연예인이나 애니메이션 캐릭터의 복장과 머리모양을 따라서 하고 몸짓을 흉내 내는 놀이로, 애니메이션과 게임에 친숙한 새로운 세대의 특징이 담긴 문화이다.

는 '오타쿠(御宅)'가 있다. 오타쿠란 마니아의 경지를 넘어서 그 분야의 역사라든지 기본 원리에 능통한 사람들을 말한다. 상대방을 이르는 '당신(お宅)'이란 단어에서 유래한 말로, 전자 산업에서 '특정 분야에 몰두하고 연구하는 사람'을 지칭한다. 게임을 하던 이들이 서로에게 쓰던 존칭이 '오타쿠'였는데, 초기에 이 말은 만화나 애니메이션, 게임에 미친 사람이라는 뜻으로 쓰였다. 오타쿠는 팬이나 마니아처럼 단순히 그것을 좋아하거나 수집하는 데에만 그치지 않고, 일본의 대표적 산업인 비디오 산업, 게임 산업, 전자 산업 분야에 기여하는 든든한 후원자다. 현재 영상 산업을 주도하는 30대의 젊은 감독들이 바로 오타쿠 1세대다.

그들은 자신들의 노력을 바탕으로 더욱 창조적이며 매력적인 영상을 선보이고 있으며, 이를 통해 또 다른 오타쿠를 만들어 내고 있다.

4 | 탈냉전 시대, 군사 대국화와
총보수화를 넘어

거품 경제가 꺼지다

1973년, 중동 전쟁의 발발과 함께 아랍 산유국들이 석유 가격을 일제히 인상했다. 석유 파동(oil shock)이 발생하자 석유를 전량 수입하던 일본 경제는 큰 타격을 입게 됐다. 게다가 베트남 전쟁으로 미국 경제가 악화되면서 55년 체제 이후 20여 년간 지속돼 온 일본 경제의 고도 성장은 막을 내렸다. 오일 쇼크로 인해 생산 비용이 증가하자 기업들은 정부에 세금 감면을 요구하는 한편, 몸집을 줄이기 위한 경영 합리화, 자동화라는 명분 아래 임금 삭감을 시도했다. 경제 위기를 틈타 노동 운동을 비롯한 사회 운동이 후퇴하는 듯했다.

하지만 일본의 경제 회복력은 놀라웠다. 1974년부터 1976년까지 경제 성장이 주춤하자, 중화학 공업 중 부가 가치가 낮고 공해가 많이 발생하는 철강, 화학 분야를 한국 등 다른 지역으로 옮기고 기술 집약적 첨단 산업 중심으로 산업 구조를 고도화함으로써 1970년대 말에는 불황을 극복하고 완만하고 안정적인 성장 추세를 회복했다. 소니의 전자 제품, 도요타와 닛산의 자동차, 캐논과 니콘의 카메라는 전 세계를 장악하며 승승장구했다. 전 세계인의 사랑을 받았던 휴대용 음향 기기 '워크맨'이 탄생한 것도 이 무렵이었다. 1980년대 말경에 이르러 일본 경제는 세계 1위인 미국을 위협할 정도로 절정에 이르렀다. 선진 공업국을 따라잡기 위해 달려온 '주식회사 일본'은 어느덧 선두의 자리에 올라섰고, 이제 다른 나라들을 견인하고 선도하는 위치가 됐다.

그러나 일본은 선도자로서의 청사진을 갖고 있지 않았다. 방향을 잃은 일본은 '재(財)테크'에 몰두했다. 1980년대 중반, 재정과 무역 부문에서 심각한 적자로 고생하던 미국은 달러에 대한 엔화 가치를 올릴 것을 일본에 강력히 요구했다. 일본은 미국의 요구를 수용했고, 그 결과 일본 상품의 가격이 상승하면서 해외 시장에서 일본의 경쟁력이 약해졌다. 일본 정부는 경기 침체를 막고 어려움을 겪는 수출 기업에 도움을 주고자 저금리 정책을 폈다. 금리가 낮아지자 시중에 돈이 많이 풀렸고, 사람들은 쉽게 대출을 받아 주식과 부동산에 투자했다. 사회 전반에 투기 심리가 만연했고, 무분별한 주식 투자와 부동산 구입은 당시 일본 사회에 유행처럼 번졌다. 경제 호황이 계속될 것이라고 생각한 사람들은 은행에서 돈을 빌려 투기에 나섰다. 너도나도 땅과 집을 사고, 공장을 지었다. 돈이 토지와 주식으로 흘러 들어가 땅값과 주가는 전례 없이 폭등했고 투기가 과열됐다. 기업들은 해외로까지 진출해 미국의 고층 빌딩과 회사 들을 사들였다.

세계는 이런 일본을 놀라운 시선으로 바라봤지만, 거품은 곧 꺼졌다.

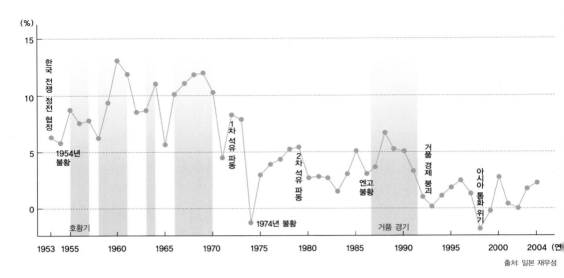

(%)

15

10

5

0

한국 전쟁 정전 협정

1954년 불황

호황기

1차 석유 파동

1974년 불황

2차 석유 파동

엔고 불황

거품 경기

거품 경제 붕괴

아시아 통화 위기

1953 1955   1960   1965   1970   1975   1980   1985   1990   1995   2000 2004 (연

출처: 일본 재무성

일본의 경제 성장률 추이와 거품 경제 저금리 정책으로 시중에 돈이 풀리자 땅값과 주가가 급격히 상승했다. 이는 경제학 이론으로 설명할 수 있는 수준을 훨씬 넘었기 때문에 거품 경제라고 부른다.

1991년에 이르러 일본의 호황은 주춤하더니 1992년 하반기에는 국민 총생산이 마이너스로 돌아섰다. 대출을 받아 샀던 땅과 주식의 가격이 연일 폭락했다. 수입이 줄어들자 소비가 줄고, 소비가 줄자 공장이 멈추고 실업자가 늘어났다. 수입이 감소하면서 다시 소비가 줄어드는 악순환이 10년 넘게 지속됐다. 경제 성장률이 10여 년간 0에 가까웠던 이 시기를 일본에서는 '잃어버린 10년'이라 부른다.

메이드 인 재팬의 신화는 계속된다

거품 경제가 붕괴된 이후 일본의 불황은 심각했다. 공장의 활기찬 분위기는 어느새 사라졌고 국내 인건비가 비싸다는 이유로 많은 공장이 해외로 빠져나갔다. 금융 기관은 대출 정지를 선언했고 기업은 더욱 어려워졌다. 경영 합리화를 위해 무리하게 투자했던 설비와 인원을 정리하는 '구조 조정'이 일반화됐다. 오랫동안 일본 사회를 지탱해 온 종신 고용의 종말이었다.

하지만 아직 일본의 저력은 남아 있었다. 고난의 10년을 거치면서 기업들은 이전까지의 방식과 문화를 변화시키려 노력했고 최고가 아니면 살아남을 수 없다는 인식을 갖게 됐다. 전통적으로 강했던 제조업에다 미국이 주도해 온 신기술을 접목해 고가의 제품을 생산하는 방향으로 전환했다. 그 결과 디지털 가전 분야에서 '신3종 신기'라고 불리는 디지털 카메라, 디브이디 레코더(DVR), 고화질 텔레비전 등이 등장해 소비를 되살리기 시작했다.

세계 자동차 시장에서 브랜드 파워를 갖고 있는 도요타를 비롯해, 카메라폰을 처음 개발한 샤프, 세계 게임 시장의 강자 소니, 세계 복사기 시장을 석권하고 있는 후지 제록스, DVD 플레이어를 개발해 가전제품 명가로서 명예 회복을 노리고 있는 파나소닉, '마법의 돌'이라 불리는 무선 주파수 인식칩(RFID)을 개발한 히타치 등은 세계 경제의 불황 속에서도 '메이드 인 재팬'의 명성을 회복하고 있는 중이다.

현재 일본은 로봇 분야에서 단연 두각을 드러내고 있다. 인간의 역할을 보조하거나 대체하는 로봇을 개발하고 있는 일본의 사이버다인사는 인간의 신경을 통해 관절 역할을 하는 '입는 로봇'을 현실화했다. 일본 기업들은 기술력과 경험을 바탕으로 전 세계 로봇 시장의 60퍼센트를 점유했다. 이에 힘입어 일본 정부는 로봇 산업을 미래 성장

동력으로 삼고 적극 지원하고 있다.

군사 대국화를 지향하며 평화헌법 개정을 추진하다

1980년대 미국은 군비 확충을 통해 '강한 미국'을 실현하려고 함으로써 소련과 새로운 냉전 체제를 형성했다. 그러나 소련은 미국과의 대립 지역에서 소련군을 철수하면서 긴장을 완화했다. 미소 간의 긴장 완화는 '개혁(페레스트로이카)과 개방(글라스노스트)' 정책으로 이어졌고, 마침내 1989년 베를린 장벽이 무너지면서 다음 해 독일이 통일됐다. 뒤이어 동유럽마저 자유화되면서 냉전은 마침표를 찍었다. 냉전의 종식은 아시아에서 반공을 발판으로 경제 성장을 해 온 일본에 새로운 역할을 요구했다.

미국은 재정 적자가 심해지자 일본에 군사비를 분담할 것을 요구했다. 그 결과 국민 총생산 1퍼센트 이하로 제한돼 있던 일본의 방위비가 늘어나게 됐다. 나아가 미국은 일본이 적극적으로 세계 분쟁 지역에 개입할 수 있도록 일본의 군사력 증강을 지지했다. 정치인들과 기업인들 역시 세계 각 지역에 투자한 자본을 보호하기 위해서는 일본이 군사력을 갖춘 강한 국가가 돼야 한다고 주장했다. 1990년에 일어난 걸프 전쟁은 군사 대국화의 필요성을 더욱 부각했다. 일본은 걸프 전쟁에 130억 달러의 비용을 지출했음에도 불구하고 '피와 땀을 흘리지 않은 국제 공헌에 불과하다.'라는 국제적 비난을 받았다. 이를 계기로 일본은 군사력 없는 경제 대국이 얼마나 허망한지 깨닫게 됐다.

군사 대국화 추진의 밑바탕에는 15년 가까이 지속된 장기 불황도 자리 잡고 있었다. 장기 불황을 겪으면서 평화헌법이라는 기둥도 흔들렸다. 긴 불황의 여파로 일본인은 자신감을 상실했고 일본의 미래는 매우 불안해졌다. 목표를 상실한 국민 앞에 새로운 일본의 청사진으로 제시된 군사 대국화는 일본의 다양한 계층으로부터 지지를 얻었다. 국가주의를 내세운 우익 세력은 군사 대국화의 길목에서 일본을 강하게 묶을 수 있는 정체성과 명분이 절박했다. 역사 교과서 왜곡은 이러한 정체성 찾기의 일환이었다. 일본의 우익 역사 교과서에서는

'한국 정신대 문제 대책 협의회' 시위 위안부 피해자들이 중심이 되어 20년 가까이 수요 집회를 이어오고 있지만 아직까지 일본 정부의 태도에는 별다른 진전이 없다.

전쟁 당시 일본이 저지른 범죄 행위와 일본군 위안부 문제 등을 부정하고 자신들의 정당성을 강조하고 있다. 헌법 개정 시도 또한 이러한 흐름과 맞닿아 있다. 극우 세력은 전쟁 포기 조항을 담고 있는 평화헌법을 개정하여 군사 강국을 이뤄야 비로소 힘 있는 국가가 된다고 주장하고 있다.

침략 전쟁을 정당화하고 영토 분쟁을 늘리다

1985년, 나카소네 야스히로 총리가 야스쿠니 신사를 공식적으로 참배하자 국제 사회의 비난이 쏟아졌다. 야스쿠니 신사는 본래 메이지 유신 과정에서 바쿠후 군과 싸우다 죽은 이들을 '호국의 신'으로 기리기 위해 도쿄에 건립된 신사였다. 야스쿠니(靖國)란 이름에는 '나라를 평안히 한다.'는 의미가 담겨 있으며, 현재 246만여 명의 전몰자들을 안치하고 있다. 야스쿠니 신사는 제2차 세계대전 때 쇼와 덴노가 직접 신사 참배를 하면서 군국주의의 상징이 됐다. 전쟁에서 숨진 병사들은 신사에 합장된 뒤 덴노를 위해 목숨을 바친 신으로 국민의 추모를 받았다. 야스쿠니 신사는 덴노를 중심으로 한 군국주의를 떠받치는 시설로 중요하게 여겨졌다. 전쟁에 나가는 병사들은 '다시 야스쿠니에서 만나자.'며 마지막 인사를 나누었다.

종전 후 미국은 야스쿠니 신사를 단순한 종교 시설로 이용하도록 했지만 전몰자 추모 기능까지 막지는 않았다. 이에 따라 야스쿠니 신사를 국가의 관리 밑에 두어 공식적으로 추모하자는 주장이 공공연히 제기되더니 급기야 도조 히데키 전 총리를 비롯한 A급 전범 14명을 안치

고이즈미 전 총리의 야스쿠니 신사 참배 2001년 당시 고이즈미 총리는 야스쿠니 신사를 참배하면서 방명록에 '내각 총리대신'이라고 적었으며, "공식인지 비공식 참배인지 나는 구애받지 않는다. '총리대신 고이즈미'가 참배한 것이다."라고 말해 논란을 일으켰다.

해 세계의 이목을 집중시켰다. 우익 세력은 'A급 전범은 연합국의 일방적인 규정일 뿐, 일본 국내법상으로는 범죄자가 아니다.'라고 주장했다. 이렇게 야스쿠니 신사는 전몰자 추모 시설의 대표 장소가 되면서 정치적 성격을 강하게 띠게 됐다. 그렇지만 현행 일본 헌법은 정치와 종교를 엄격히 분리하고 있어서 2001년 고이즈미 준이치로 총리가 다시 신사를 공식적으로 참배했을 때 국내외에서 논란을 불러일으켰다.

비슷한 일이 영토 관련 분쟁에서도 반복되고 있다. 1996년, 일본이

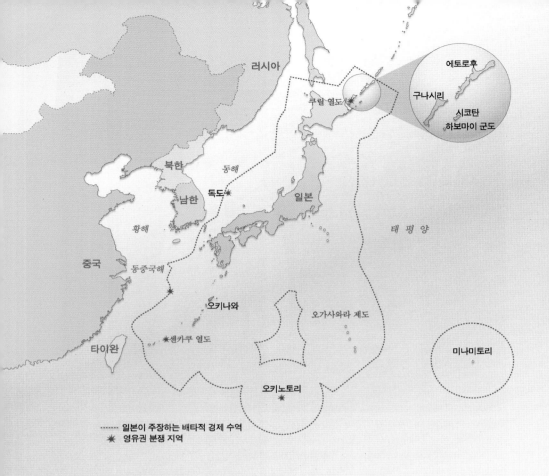

일본의 영토 분쟁 일본은 한국과는 독도 영유권 분쟁, 중국과는 센가쿠 열도 분쟁, 러시아와는 쿠 릴 열도 분쟁을 겪고 있다.

센카쿠 열도에 등대를 설치하자 이곳을 댜오위다오 열도라고 부르며 자신의 영토라고 주장하던 중국이 거세게 항의하여 일본과 중국 간의 관계가 악화됐다. 2010년에 센카쿠 열도 주변에서 조업 중이던 중국 인 어부가 일본에 체포되자 중국과의 관계는 더욱 얼어붙었다. 이에 중국 정부가 일본 관광을 금지하고 중요 원자재의 일본 수출을 금지하겠다고 압박하자, 일본은 즉각 어부를 석방함으로써 분쟁을 최소화했다. 일본은 일청 전쟁 후 맺은 시모노세키 조약에서 타이완과 그 주변의 센카쿠 열도를 자국의 영토로 편입시켰으나 1951년 샌프란시스코 강화 조약에서 이를 미국에 양도했다. 그 후 1972년 미국에서 센카쿠 열도를 돌려받았으나 당시 중국과의 수교 문제로 소유권을 분명히 하지 않고 넘어가면서 영토 분쟁의 불씨가 되고 말았다. 2012년에는 중국 항공기가 센카쿠 열도 상공에 진입하자 일본이 자국 영공을 침범했다며 자위대 소속 전투기를 발진시켜 무력 충돌 직전까지 가기도 했다.

이렇게 일본이 영토 문제를 둘러싸고 주변 국가들과 자주 충돌하는 배경에는 일본 내에서 강화되고 있는 우익 세력의 팽창주의가 있다. 우익 세력은 민족과 국익을 최우선으로 한다는 명분 아래 영토 확장과 해양 자원 확보를 위해 상대국과의 충돌도 불사하고 있다.

55년 체제가 끝나고 총보수화 분위기가 만들어지다

1990년, 쇼와 덴노가 사망했다. 뒤를 이어 황태자 아키히토가 즉위하면서, 연호가 쇼와에서 헤이세이(平成)로 바뀌었다. 국민들은 연호처럼 일본이 평화롭기를 바랐지만 정치인들의 행동은 기대에 미치지 못했다. 1993년, 계속되는 정치 부패, 정치에 대한 국민의 무관심 등으로 위기감을 느끼던 자민당 의원 일부가 탈당하여 신당을 창당했고, 총선거에서 야당이 과반수를 얻으면서 새로운 야당 연립 내각이 성립했다. 이로써 자민당 단독 정권에 의한 38년간의 장기 집권이 끝이 났다.

그러나 새로 집권한 야당 연립 내각 역시 국민의 신뢰를 받지 못하자, 이념적으로 많은 차이를 보였던 사회당과 자민당이 연합하여 새로운 내각을 구성했다. 사회당과 자민당의 정책상 가장 큰 차이점은 일미 안보 조약과 자위대 문제에 대한 입장이었는데, 사회당이 입장을 바꾸어 이 두 조항을 합헌으로 인정했다. 오랫동안 비동맹, 비무장, 자위대 위헌을 당의 기본 방침으로 삼아 온 사회당의 일대 전환이었다. 이로써 각 정당 사이에는 정책의 본질적 차이점이 사라지고 총보수화 현상이 나타났다.

일본 내각제 정치는 근본적으로 불안정한 요소를 품고 있다. 중의원과 참의원˚ 양쪽을 통과한 법률안은 자동적으로 법률로서 확정되지만, 양쪽의 의견이 불일치할 경우에는 중의원에서 3분의 2 이상의 찬성을 얻어야 한다. 자민당과 민주당 어느 쪽도 중의원에서 3분의 2를 확보하지 못하면, 중의원 다수당에서 선출되는 수상(총리대신)은 참의원을 지배하지 못하게 된다. 6년의 임기가 보장되는 참의원은 총리의 해산권 밖에 있기 때문이다.

2009년에 야당이었던 민주당으로 정권이 넘어갔지만, 2012년에 아베 신조가 이끄는 자민당은 우익 정당과 연합하여 중의원 선거에서 압승함으로써 정권 교체를 이루어냈다. 아베 정권의 본격적인 출발이었다. 이들은 2017년 선거에서 단독으로 과반 의석을 얻었고 공명당

● **중의원과 참의원** | 의원 내각제(내각 책임제)인 일본에서는 의사 결정을 좀 더 신중히 하기 위해 양원제를 실시하고 있다. 참의원에 비해 중의원의 권한이 우위에 있으며 내각 불신임은 중의원만 가능하다.

또다시 정권 교체 2009년 중의원 선거에서 민주당이 단일 정당으로는 최다 의석인 308석을 차지해 하토야마 유키오(왼쪽) 민주당 대표가 내각 총리로 선출되었다. 1955년 자민당 출범 이후 사실상 최초의 정권 교체를 해냈지만, 2012년 다시 자민당으로 권력이 넘어갔다. 아베 신조 (오른쪽) 총리는 2018년 자민당 총재 선거에서 승리해 횟수로는 네 번째, 연속으로는 세 번째로 총리직을 맡게 되었다.

과 연합하여 3분의 2 의석을 차지함으로써 일관성 있게 정책을 추진할 힘을 얻게 되었다. 아베 정권이 우선으로 추진하고 있는 정책은 신보수주의 성향이 짙다. 그중 평화헌법 개정을 통한 군사적 보통국가의 실현, 교육기본법 개정을 통한 애국심 고양 등은 주변국과의 외교에 상당한 영향을 미칠 것이다. 한편, 2011년에 발생한 도호쿠 대지진은 일본 주도의 지역 경제권을 구축하려던 정책 구상에 큰 타격을 입혔다. 미국의 일방주의, 중국의 세력 확장, 북미 관계의 대전환 등 새로운 환경 변화에 일본이 어떻게 대응해 나갈지 세계의 눈이 지켜보고 있다.

시민운동, 일본의 보수화를 견제하다

일본 사회가 야스쿠니 신사 참배와 역사 교과서 문제 등으로 우경화된 듯 보이지만, 다른 한편에서는 시민운동을 통해 일본 정부의 보수화 경향에 반대하고 있다. 일본에는 8,000여 개의 다양한 시민 단체가 있고, 정부나 기업과 관계없는 순수 비영리 조직도 약 60만 개에 이른다.

일본 시민운동에는 두 가지 전환점이 있었다. 첫 번째 계기는 1960년대 안보 투쟁이었다. 안보 투쟁은 일미 신 안전 보장 조약을 체결하는 과정에서 일본의 전쟁 개입 가능성과 의회의 비민주적 태도에 대한 반발에서 출발했다. 이는 정부의 독단에 항의하는 민주화 운동이자, 베트남 전쟁에 반대하는 평화 운동, 그리고 고도성장 과정에서 심각해진 환경오염을 막자는 환경 운동이기도 했다.

시민운동이 다루는 이슈는 1980년대에 들어와서 크게 바뀌었다. 공해, 재개발 문제와 같은 쟁점들이 덜 중요해졌고, 그 대신 재활용 운동, 정보 공개 운동, 자치권 확대 운동, 여성·장애인·노인·소수 민족 차별 반대 운동 등이 새로운 쟁점으로 떠올랐다. 운동 방식 또한 개인의 참여가 더 늘어나는 방식으로 바뀌었다.

두 번째 계기는 1995년에 발생한 고베 대지진이었다. 고베 대지진은 재난 상황에서 정부가 얼마나 무력한지를 확인하는 한편, 적극적이고 발 빠르게 움직이는 시민 단체를 중심으로 한 자원봉사자들의 힘을 절감한 계기였다. 시민의 활동이 단순한 자원봉사가 아니라 지역 사회 안전망의 근간을 이룰 수 있다는 자신감 또한 얻게 됐다. 이를 계기로 1998년부터 정부는 시민 단체 지원을 위한 법률을 제정하는 등 제도적 장치를 만들어 시민운동을 지원하고 있다. 일본의 시민 단체들은 막대한 예산이 들지만 실효성이 적은 대규모 공공사업을 감시하며, 미군 기지 문제, 원자력 발전소 문제 등을 주시하고 있다. 공항과 댐 건설, 핵 발전소와 핵 폐기장 등의 문제에 대해서도 주민들이 자율적으로 여론을 조직하여 주민 투표를 실시하고 있다. 또한 시민 단체들은 미군 기지 문제와 헌법 9조를 지키는 문제를 가지고 전국에서 집회를 열기도 하고 주변국의 시민 단체와 연대 활동을 벌이기도 한다.

일본 시민운동 일본국헌법이 제정된 날을 기념하는 공휴일인 '헌법 기념일'에 한 무리의 사람들이 헌법 9조의 개정에 반대하는 플래카드를 들고 도쿄의 거리를 행진하고 있다.

동아시아의 평화를 위한
일본의 역할

1990년대 이후 국경을 넘어선 연대의 첫걸음은 일본군 위안부 문제에서부터 시작했다. 1990년 11월에 조직된 한국 정신대 문제 대책 협의회(정대협)는 1992년 제1회 아시아 연대 회의를 열었다. 한국, 타이완, 타이, 필리핀, 홍콩, 일본 6개국이 참여했는데, 일본에서는 '일본군 위안부 문제 행동 네트워크'와 '매매춘 문제와 싸우는 모임'이 참여했다. 이후 1998년까지 5회에 걸쳐 개최된 연대 회의를 바탕으로 2000년에는 도쿄에서 여성 국제 전범 법정이 열렸다. 베트남 전쟁을 재판했던 러셀 법정●을 모델로 삼은 이 재판에서는 쇼와 덴노를 포함한 피고인 8명 전원에게 유죄를 선언했다.

1980년대부터 일본의 극우 세력이 사실을 왜곡한 역사 교과서를 편찬하면서, 동아시아의 올바른 역사 인식 및 역사 교육을 위해 시민 단체들이 연대하기 시작했다. 이 과정에서 '일본 교과서 바로잡기 운동 본부'라는 상설 연대 기구가 '아시아 평화와 역사 교육 연대'라는 단체로 조직됐다. 이 단체는 2002년 3월 난징에서 '역사 인식과 동아시아 평화 포럼' 제1차 대회를 개최했는데, 여기서 한중일 3국을 아우를 수 있는 교과서를 편찬하기로 뜻을 모았다. 열다섯 차례에 걸쳐 국제회의를 이어 간 결과 2005년 5월 한국과 중국, 일본에서 《미래를 여는 역사》라는 이름의 공동 교과서가 동시에 출간됐다.

동아시아에서 환경 문제가 주요 이슈로 떠오르면서 환경 단체 간의 연대도 활발해졌다. 이 과정에서 '한중일 동아시아 환경 시민 회의'가 조직되어 2002년 도쿄에서 '한국, 중국,

---

● **러셀 법정** | 영국의 철학자 버트런드 러셀이 베트남 전쟁에서 미국이 저지른 범죄를 국제법에 따라 심판하자고 제안하여 만들어진 법정이다. 법학자, 평화 운동가 들이 세계 각지에서 벌어지는 평화와 인권 침해 행위를 규탄하는 장의 모델이 됐다.

제1회 아시아 연대 회의 일본군 위안부 피해국들 간에 서로 교류를 해 보자는 정대협의 제안에 따라 만들어진 이 모임은 1992년 이래 지금까지 활동을 계속해 오고 있다.

여성 국제 전범 법정 일본군 위안부 문제와 관련해 가해자들에게 형사 책임을 묻기 위해 2000년에 만든 법정으로, 여성이 중심이 되어 국제 인권 법정을 진행했다.

일본 지속가능한 동아시아로'라는 제1회 포럼을 개최했다. 제2회 포럼은 서울에서 개최했는데, 생태 공동체 문제를 중요하게 다루었다.

한국, 중국, 일본 3국은 경제 글로벌화 과정에서 공동의 과제를 안고 있다. 먼저 안전 보장 면에서 전쟁과 군사적 분쟁, 대립을 막을 수 있도록 동아시아의 평화 구축이란 과제가 있다. 경제 면에서는 금융 위기, 시장 개척, 실업과 빈곤 해소, 에너지 자원의 절약 등에 대한 공동 대처가 필요하다. 환경 면에서는 기후 온난화, 조류 독감, 공해, 자연재해, 2011년 3월 도호쿠 대지진이 불러온 원전 문제 등에 대한 공동 대처가 필요하다. 정치적 측면에서 영토 문제 역시 해결해야 할 과제로 남아 있다.

한중일 공동 역사 교과서 지난 2001년, 과거 제국주의의 침략과 식민 지배를 정당화하는 '새 역사 교과서를 만드는 모임'이 쓰고 후소샤가 출판한 교과서를 문부과학성이 통과시킨 것을 계기로 한중일 공동 역사 교과서가 꾸준히 만들어지고 있다.

한중일 동아시아 환경 시민 회의 한중일 3국은 생태 공동체의 발자취를 공유하고 각국의 문화, 사회적 다양성을 함께 인식하며 협력 시스템을 구축하기 위해 노력하고 있다.

　이와 같이 동아시아의 공통적 이슈들을 중심으로 시민운동 간의 연대 활동이 점차 늘어나고 있다. 이러한 연대 활동들은 정부 차원에서 해결하기 어려운 문제들을 다루고 있기 때문에 앞으로 동아시아인들이 서로를 이해하는 데 중요한 역할을 할 것이다.

　동아시아의 평화와 안정을 위해서는 무엇보다 일본의 역할이 중요하다. 일본이 동아시아에서 평화를 실현할 수 있도록 리더십을 발휘하려면, 동아시아 냉전 구조의 받침대였던 일미 동맹을 개정할 필요가 있다. 이러한 변화는 일본이 과거사를 극복하지 않고서는 불가능한 일로, 만약 이렇게 된다면 일본은 중국과 한국을 포함한 동아시아 국가들로부터 믿음을 회복할 수 있을 것이다.

　동아시아 평화를 위한 지역 협력과 통합은 단순히 다방면에서 교류가 늘어난다고 되는 일은 아니다. 좀 더 본질적으로, 여러 나라의 시민 사회에서 공통의 이슈에 대해 상대와 공감할 수 있는 의미의 공동체를 형성하기 시작할 때 가능한 일일 것이다. 그리고 정부 수준에서의 정책 결정이 이러한 시민적 이해와 상생의 공감대를 확장하는 데 기여할 때에야 비로소 큰 효과를 거둘 수 있다.

에필로그 | 덴노, 무사, 상인의 힘으로 움직이는 이웃 일본을 만나다

이웃 나라 일본의 역사를 찬찬히 쫓아가다 보니, 크게 네 번의 전환기를 만날 수 있었다. 첫 번째 전환기는 호족의 지배를 극복하고 덴노 중심의 강력한 중앙 집권 국가를 수립한 고대의 다이카 개신이었고, 두 번째 전환기는 무사의 지배가 시작된 중세 가마쿠라 바쿠후의 탄생이었다. 세 번째 전환기는 중세에서 근대로의 변화를 모색했던 메이지 유신이었고, 마지막은 패전 뒤 현대 일본의 출발점이 된 미 군정 시기였다. 이렇게 일본의 역사를 바라보니, 전환기의 중심에는 늘 덴노와 무사, 상인의 힘이 작용하고 있었다. 현대로 오면서 덴노는 권력의 정점에서 상징적 위치로, 무사는 군부의 군인으로, 상인은 재벌로 재탄생하는데, 그들이 남긴 흔적과 영향은 지금도 일본 사회 곳곳에 남아 있다.

오늘날 일본에서 덴노는 '일본의 정체성'이자 문화와 전통을 상징하는 존재다. 그러나 덴노가 처음부터 일본인들의 숭배 대상이자 통합의 구심점이었던 것은 아니다. 일본 역사에서 오랫동안 백성과 덴노 사이에는 아무 관련이 없었고, 19세기 후반에 이르러서야 덴노가 비로소 일본인의 상징이자 국민 통합의 구심점이라는 표상을 갖게 됐다. 일본 사회의 특징 중 하나인 중층 구조는 덴노와 관련이 있다. 일본사에서 오랫동안 덴노제가 유지될 수 있었던 배경에는 덴노가 일본 수호신의 자손이라는 믿음과 더불어, 특정 기간을 제외하고는 덴노가 정치에 직접 관여하지 않고 상징적인 존재로 만족했던 점이 있다. 권력을 장악한 자들은 실권을 행사하지 않는 덴노를 군이 제거할 필요가 없었기에 신의 자손인 덴노를 전면에 내세워 자기 권력의 보호막으로 사용했다. 바쿠후와 근대의 번벌, 군부가 그랬다. 덴노는 자리에서 물러난 뒤 상황(上皇)이 됐고, 상황으로서 은퇴한 다음에는 출가하여 법황(法皇)이 됐다. 이런 관례는 바쿠후에서도 반복됐다. 쇼군의 힘이 약해지면서 싯켄이 실권을 장악했는데, 싯켄은 1인자인 쇼군을 군이 제거하지 않았다.

일본 하면 떠오르는 이미지 중 하나가 집단주의다. 집단주의 성향은 무사와 관계가 있는데, 농민 조직 '소(總)'와 무사단에서 그 기원을 찾을 수 있다. 바쿠후의 통치 아래 점차 사회 조직이 집단화되면서 구성원들은 집단에서 쫓겨나지 않고 계속 그 안에서 보호를 받기 위해 분투했다. 지금도 직장을 평생 일터로 생각하며 어쩌다 해고라도 되면 2등 인생으로 전락한다고 생각하는 것은 이런 전통 때문이다. 집단주의적 태도는 화합을 중시하고 책임을 서로 분담하는 문화로도 이어졌다. 서구에서는 회사보다 개인이 우선하는 데 반해 일본에서는 자기가 속한 회사가 우위에 있다고 생각하며, 종신 고용제와 부모가 퇴직한 뒤에도 자녀를 우대해 채용하는 회사까지 있는 것은 이러한 이유 때문이다.

상인은 강력한 직업의식을 후대에 남겼다. 고대 씨성제 사회의 전통은 직업에 대한 관념을 강화하는 바탕이 됐다. 직업이 세습되는 사회에서 가문을 빛내는 길은 자기 직업에 따라 성실하게 일해서 그 분야에서 일본 제일이 되는 것이었다. 가업을 이어받는 사람은 자연히 재산도 물려받았다. 상인은 자식이 가업을 물려받기에 적합하지 않거나 이어받기를 거부하면 사위나 양자에게 자기 직업과 성(姓), 그리고 재산을 물려줬다. 상인 사회에서 일찍부터 양자 제도가 발달한 것은 이러한 직업 세습과 관련이 있다. 오늘날까지도 일본에서 하나의 직업을 수백 년 또는 수십 대씩 세습하고 있는 것은 이런 배경에서 비롯됐다. 목표지향적인 윤리관과 강한 책임감은 진취적인 기업 정신을 낳았는데, 이것은 근대 유럽의 발전 과정에서도 나타나는 특징이다.

일본은 외국의 문물을 받아들여 내적으로 성숙한 사회를 이뤄 가는 동시에 주변 국가에도 영향을 미치며 발전했다. 에도 바쿠후 시기, 유럽에 전파한 도자기와 우키요에는 서양 근대 문화의 발전에 영향을 끼쳤다. 제한적이긴 했지만 메이지 정부가 만든 대일본제국헌법은 아시아 국가들에 입헌주의의 모델이 됐다. 1960년대에 시작한 고도성장은 일본을 선진국 대열에 우뚝 서게 했으며, 이후 세계 각국은 일본에 시찰단을 파견하여 그들의 성공을 배우기 위해 노력하고 있다.

하지만 일본이 현재 안팎으로 처해 있는 문제는 한둘이 아니다. 안으로는 두 가지 신화가 무너지고 있다. 하나는 '안전 신화' 다. 1990년대 이후 크고 작은 사고가 반복되면서 '안전 대국' 일본에 대한 신뢰가 낮아졌다. 결정적 사건은 2011년 도호쿠 대지진이었다. 이로 인해 후쿠시마 원전 폭발과 방사능 누출이라는 미증유의 사태가 발생하면서 일본의 안전 신화는 붕괴했다. 다른 하나는 '장인정신 신화'다. 대표적 제조 기업인 고베제강의 품질 조작과 닛산자동차의 검사 조작은 '메이드 인 저팬'의 국제적 명성에 큰 실망을 주었다. 고품질과 안전성을 내세워 세계 시장을 석권했던 일본 제조업 전반에 대한 회의를 차단하지 않으면 세계 시장에서 일본산의 입지는 갈수록 줄어들 것이다. 밖으로는 한국과의 독도 문제, 중국과의 센카쿠 열도 분쟁, 러시아와의 북방 영토 반환 문제 등이 뾰족한 해결책을 찾지 못하고 있다.

경제 침체 국면에서 집권을 이어가고 있는 자민당이 '극우 정권'이라는 주변 국가의 비판 속에서 어떻게 산적한 문제를 풀어 갈지 세계의 시선이 일본을 주목하고 있다.

이렇듯 이웃 나라 일본의 역사를 알아가는 것은 한국과 일본의 관계를 피해자와 가해자라는 이분법으로 보아 오던 것을 넘어서는 첫걸음이 될 것이다. 역사 교과서 왜곡 문제, 종군 위안부 문제, 독도 영유권 문제, 야스쿠니 신사 참배와 같은 문제 등 두 나라 사이에 풀어야 할 숙제는 남아 있지만 활발해진 교류나 시민 단체 간의 연대는 서로를 더 잘 이해할 수 있는 가능성을 보여 주고 있다.

● 연표

일본사	세계사	한국사

일본사	세계사	한국사
1만 년경 일본 열도의 원형 형성, 조몬 시대의 개막	**1만 년 전** 농경과 목축 시작	**8000년경** 신석기 문화 시작 **5000년경** 서울 암사동 유적 형성
	3000년경 메소포타미아 문명과 이집트 문명 성립	
	2500년경 황하 문명, 인더스 문명 성립	**2333년** 단군왕검, 고조선 건국
	1240년경 아시리아, 바빌로니아 정복	**1500년경** 청동기 문화 시작
	1100년경 은 멸망, 주의 황하 유역 지배	
	800년경 인도, 브라만교와 카스트 제도 성립	
	671년 아시리아, 오리엔트 통일	
	6세기경 인도, 불교 성립	
	492년경 그리스-페르시아 전쟁(~479)	**400년경** 철기 문화 시작
	431년 펠로폰네소스 전쟁(~404)	
3세기경 벼농사 시작, 야요이 시대	**264년** 로마, 카르타고와 포에니 전쟁(~146)	
	221년 진, 중국 통일·만리장성 축조	
	202년 한(漢) 건국	**194년** 위만, 준왕을 몰아내고 고조선 왕이 됨. 준왕은 남쪽으로 내려가 한(韓)의 왕이 됨
		108년 한나라 침략으로 고조선 멸망·한 군현 설치
		69년 신라에서 박혁거세 탄생
		59년 해모수, 북부여 건국
		57년 신라 건국
		37년 고구려 건국
	27년 로마, 제정 수립	**18년** 백제 건국

일본사	세계사	한국사
4~6세기경 야마토 정권 성립	**313년** 밀라노 칙령으로 기독교 공인	**313년** 고구려 미천왕 낙랑군 축출
	320년경 인도, 굽타 왕조 창건	
	375년 게르만족의 이동 시작	**391년** 고구려 광개토 대왕 영토 확장(~412)
	395년 동서 로마 제국 분열	
	476년 서로마 제국 멸망	**427년** 장수왕의 평양 천도
	486년 프랑크 왕국 건국	
552년 소가씨와 모노노베씨 사이의 숭불 논쟁	**589년** 수, 중국 통일	**540년** 진흥왕의 영토 확장(~576)
593년 쇼토쿠 태자의 섭정		
607년 호류지 창건	**610년** 무함마드, 이슬람교 창시	**612년** 살수대첩
	618년 당 건국	
630년 제1차 견당사 파견	**632년** 이슬람, 정통 칼리프 시대(~661)	**645년** 안시성 싸움
645년 다이카 개신		**660년** 백제 멸망
	661년 아랍 제국, 우마이야 왕조(~750)	**668년** 고구려 멸망
672년 진신의 난		**676년** 신라, 삼국 통일
		698년 발해 건국
701년 다이호 율령 반포		

710년	헤이조쿄 천도, 나라 시대 시작				
712년	《고사기》 편찬				
720년	《일본서기》 편찬				
752년	도다이지 다이부쯔 완성	750년	아랍 제국, 아바스 왕조 (~1258)	751년	석굴암, 불국사 건립
		771년	카롤루스 대제, 프랑크 왕국 통일		
794년	헤이안쿄 천도				
		843년	베르됭 조약		
		915년	거란 건국	918년	고려 건국
		960년	송 건국		
		962년	신성 로마 제국 수립		
				1019년	귀주대첩
		1054년	동서 교회의 분열		
		1066년	노르만족의 영국 정복		
		1077년	카노사의 굴욕		
		1096년	십자군 전쟁 시작(~1270)		
		1115년	금 건국		
				1126년	이자겸의 난
				1135년	묘청의 서경 천도 운동
				1170년	무신 정변(~1270)
1192년	미나모토 요리토모, 가마쿠라 바쿠후 성립				
		1206년	칭기즈 칸 몽골족 통일		
1221년	조큐의 난	1215년	영국, 대헌장 제정		
				1231년	몽골의 침입(~1270)
				1236년	팔만대장경 제작(~1251)
1274년	여원 연합군의 제1차 침입	1271년	원 제국 성립		
1333년	가마쿠라 바쿠후 멸망	1333년	백년 전쟁(~1453)		
1334년	겐무의 신정				
1336년	남북조 내란	1368년	명 건국		
1392년	남북조 통일			1392년	조선 건국
		1429년	잔다르크, 영국군 격파	1446년	훈민정음 반포
		1455년	장미 전쟁(~1485)		
		1492년	콜럼버스, 아메리카 항로 발견		
		1517년	루터의 종교 개혁		
		1536년	칼뱅의 종교 개혁		
1543년	포르투갈인이 총을 전래				
1549년	사비에르, 크리스트교 전파				
1573년	무로마치 바쿠후 멸망				
1575년	나가시노 전투				
1576년	오다 노부나가, 아즈치 성 축성				
1582년	혼노지의 변				

일본	세계	한국
1583년 도요토미 히데요시, 오사카 성 축성		
1586년 도요토미 히데요시, 다이조 다이진에 임명. 히데요시 정권의 성립	1588년 영국, 무적함대 격파	
1590년 전국 통일		
1592년 임진왜란 시작(~1598)		
1594년 토지 조사 실시		
1600년 세키가하라 전투 발발		
1603년 도쿠가와 이에야스, 에도 바쿠후 수립	1618년 독일, 30년 전쟁	
1635년 산킨고타이 제도 확립		1636년 병자호란
	1642년 영국, 청교도 혁명	
1657년 메이레키 대화재 발생	1668년 영국, 명예 혁명	
1680년 도쿠가와 쓰나요시, 5대 쇼군에 취임		
1688~1703년 겐로쿠 문화를 꽃피움		
1716년 교호 개혁 실시		1725년 탕평책 실시
1787년 간세이 개혁 실시	1776년 미국 독립 혁명	
	1789년 프랑스 혁명	
	1798년 나폴레옹, 이집트 침공	1801년 신유박해
		1811년 홍경래의 난(~1812)
	1829년 그리스 독립	
	1836년 이집트 자치 획득	
1841년 덴포 개혁 실시	1840년 아편 전쟁	
1854년 일미 화친 조약	1854년 크림 전쟁	
1858년 일미 수호 통상 조약	1857년 인도, 세포이 항쟁(~1858)	
1863년 사쓰마-영국 전쟁	1861년 미국, 남북 전쟁	1863년 고종 즉위, 흥선 대원군 집권
1867년 대정봉환		1866년 병인양요
1868년 신정부 수립		
1871년 폐번치현, 이와쿠라 사절단		1871년 신미양요
1873년 정한논쟁		
1874년 자유 민권 운동		
1876년 조일 수호 조규		1876년 강화도 조약
1877년 세이난 전쟁	1877년 오스만-러시아 전쟁	
1879년 류큐 복속, 오키나와 현으로 편입		
		1882년 임오군란
	1885년 인도 국민 회의 결성	1884년 갑신정변
1889년 대일본제국헌법 제정		
1890년 제1회 제국의회 개회		
1894년 일청 전쟁(~1895)		1894년 동학 농민 운동
1895년 시모노세키조약 체결, 삼국 간섭		1895년 을미사변
		1896년 아관파천
		1897년 대한제국 수립
1902년 제1차 일영 동맹		

1904년	일러 전쟁				
1905년	제2차 일영 동맹, 포츠머스 조약, 을사조약	**1905년**	인도, 벵골 분할령 발표	**1905년**	을사조약
		1906년	인도, 스와데시·스와라지 운동		
1910년	한국 병합			**1910년**	한일 병합 조약
		1911년	중국, 신해혁명		
1915년	대중국 21개조 요구 제출	**1912년**	발칸 전쟁(~1913)	**1912년**	토지 조사 사업(~1918)
1918년	쌀 소동	**1914년**	제1차 세계대전(~1918)		
1919년	베르사유 조약 체결	**1917년**	러시아 혁명		
		1919년	중국 5·4 운동 인도, 간디의 비폭력·무저항 운동	**1919년**	3·1 운동, 대한민국 임시정부 수립
1921년	워싱턴 회의 개최(~1922)	**1922년**	소비에트 사회주의 공화국 연방(소련) 수립	**1920년**	봉오동 전투, 청산리 대첩
1923년	간토 대지진				
1925년	치안유지법, 보통선거법 공포			**1926년**	6·10 만세 운동
1928년	장쭤린 폭사 사건	**1929년**	세계 대공황	**1929년**	광주 학생 항일 운동
1931년	만주 사변				
1933년	일본, 국제 연맹 탈퇴				
1937년	일중 전쟁				
1938년	국가총동원법 공포	**1939년**	제2차 세계대전(~1945)		
1941년	태평양 전쟁 발발(~1945)				
1945년	히로시마와 나가사키에 원자폭탄 투하, 일본 패전. 연합국 총사령부 설치			**1945년**	8·15 광복
1946년	덴노의 인간선언, 일본국헌법 공포	**1947년**	트루먼 독트린 인도 연방과 파키스탄 자치령 분리 독립	**1948년**	대한민국 정부 수립
				1950년	한국 전쟁(~1953)
1955년	자유민주당(자민당) 결성				
1960년	일미 신 안전 보장 조약 체결	**1960년**	키프로스 공화국 독립	**1960년**	4·19 혁명
				1961년	5·16 군사 쿠데타
1964년	신칸센 개통	**1965년**	베트남 전쟁(~1975)		
1965년	한일 기본 조약 체결				
1972년	일중 국교 수립	**1973년**	제1차 석유 파동	**1972년**	유신 헌법
				1979년	12·12 사태
		1980년	이란·이라크 전쟁(~1988)	**1980년**	5·18 광주 민주화 운동
				1987년	6월 민주 항쟁
		1990년	독일 통일	**1988년**	서울 올림픽 대회
		1991년	소련 해체		
1993년	55년 체제 붕괴, 비자민당 정권 탄생	**1992년**	동유럽 공산권 붕괴, 독립 국가 연합 성립		
		1994년	북·미 자유 무역 협정(NAFTA) 출범		
				1997년	IMF 구제 금융
2002년	한일 월드컵 공동 개최	**2001년**	미국, 9·11 테러	**2000년**	남북 정상 회담, 6·15 선언
		2003년	미국, 이라크 침공		
2011년	도호쿠 대지진 발생, 후쿠시마 원전 참사			**2007년**	남북 정상 회담, 10·4 선언
2012년	자민당 정권 교체, 아베 신조 총리 취임			**2018년**	남북 정상 회담, 판문점 선언, 평양 선언

● 일본의 역대 덴노와 쇼군, 수상

	1대	덴노 진무	기원전 660 ~ 기원전 585
고훈 시대	26대	덴노 게이타이	507 ~ 531
	33대	덴노 스이코	592 ~ 628
아스카 시대	38대	덴노 덴지	661 ~ 671
	40대	덴노 덴무	672 ~ 686
	41대	덴노 지토	690 ~ 697
	42대	덴노 몬무	697 ~ 707
나라 시대	45대	덴노 쇼무	724 ~ 749
헤이안 시대	50대	덴노 간무	781 ~ 806
	81대	덴노 안토쿠	1180 ~ 1185
가마쿠라 바쿠후 시대	1대	쇼군 미나모토 요리토모	1185 ~ 1199
	3대	쇼군 미나모토 사네토모	1203 ~ 1219
남북조 시대	96대	덴노 고다이고	1318 ~ 1339
무로마치 바쿠후 시대	1대	쇼군 아시카가 다카우지	1338 ~ 1358
	3대	쇼군 아시카가 요시미쓰	1368 ~ 1394
	9대	쇼군 아시카가 요시히사	1474 ~ 1489
아즈치 모모야마 시대		오다 노부나가	1534 ~ 1582
		도요토미 히데요시	1536 ~ 1598
에도 바쿠후 시대	1대	쇼군 도쿠가와 이에야스	1600 ~ 1605
	2대	쇼군 도쿠가와 히데타다	1605 ~ 1623
	3대	쇼군 도쿠가와 이에미쓰	1623 ~ 1651
	5대	쇼군 도쿠가와 쓰나요시	1680 ~ 1709
	8대	쇼군 도쿠가와 요시무네	1716 ~ 1745
	10대	쇼군 도쿠가와 이에하루	1760 ~ 1786
	15대	쇼군 도쿠가와 요시노부	1867 ~ 1868

	122대	덴노 메이지	1867 ~ 1912
	123대	덴노 다이쇼	1912 ~ 1926
	124대	덴노 쇼와	1926 ~ 1989
	125대	덴노 헤이세이	1989 ~ 현재
	1대	수상 이토 히로부미	1885 ~ 1888
	5대	수상 이토 히로부미	1892 ~ 1896
	10대	수상 이토 히로부미	1900 ~ 1901
	29대	수상 이누카이 쓰요시	1931 ~ 1932
	30대	수상 사이토 마코토	1932 ~ 1934
	34대	수상 고노에 후미마로	1937 ~ 1939
	40대	수상 도조 히데키	1941 ~ 1944
	45대	수상 요시다 시게루	1946 ~ 1947
	48대	수상 요시다 시게루	1948 ~ 1949
	49대	수상 요시다 시게루	1949 ~ 1952
근현대	50대	수상 요시다 시게루	1952 ~ 1953
	51대	수상 요시다 시게루	1953 ~ 1954
	71대	수상 나카소네 야스히로	1982 ~ 1983
	72대	수상 나카소네 야스히로	1983 ~ 1986
	73대	수상 나카소네 야스히로	1986 ~ 1987
	87대	수상 고이즈미 준이치로	2001 ~ 2003
	88대	수상 고이즈미 준이치로	2003 ~ 2005
	89대	수상 고이즈미 준이치로	2005 ~ 2006
	90대	수상 아베 신조	2006 ~ 2007
	91대	수상 후쿠다 야스오	2007 ~ 2008
	92대	수상 아소 다로	2008 ~ 2009
	93대	수상 하토야마 유키오	2009 ~ 2010
	94대	수상 간 나오토	2010 ~ 2011
	95대	수상 노다 요시히코	2011 ~ 2012
	96대	수상 아베 신조	2012 ~

● 참고 문헌

• 가리야 데쓰, 김원식 옮김, 《일본인과 천황》, 길찾기, 2007.

• 강창일, 《일본사 101장면》, 가람기획, 1998.

• 고야스 노부쿠니, 김석근 옮김, 《야스쿠니의 일본, 일본의 야스쿠니》, 산해, 2005.

• 구태훈, 《일본 근세 근현대사》, 재팬리서치21, 2008.

• 구태훈, 《일본 고대 중세사》, 재팬리서치21, 2009.

• 구현숙, 《일본 근대화의 길》, 어문학사, 2008.

• 김현구, 《김현구 교수의 일본이야기》, 창비, 1996.

• 김현구, 《백제는 일본의 기원인가》, 창비, 2002.

• 김희영, 《이야기 일본사》, 청아출판사, 2006.

• 나카무라 마사노리, 유재연 옮김, 《일본 전후사 1945-2005》, 논형, 2006.

• 니토베 이나조, 양경미·권만규 옮김, 《일본의 무사도》, 생각의나무, 2004.

• 도미타 쇼지, 유재연 옮김, 《그림엽서로 본 일본 근대》, 논형, 2008.

• 모로 미야, 허유영 옮김, 《에도 일본》, 일빛, 2006.

• 모로 미야, 노만수 옮김, 《헤이안 일본》, 일빛, 2008.

• 박경희, 《연표와 사진으로 보는 일본사》, 일빛, 1998.

• 송기호, 《동아시아의 역사분쟁》, 솔출판사, 2007.

• 송영심, 《왜곡 일본 역사 교과서 바로잡기》, 문공사, 2001.

• 스즈키 마사유키, 류교열 옮김, 《근대일본의 천황제》, 이산, 1998.

• 아사오 나오히로 외 엮음, 이계황·서각수·연민수·임성모 옮김, 《새로 쓴 일본사》, 창비, 2003.

• 아사히신문 취재반 지음, 백영서·김항 옮김, 《동아시아를 만든 열가지 사건》, 창비, 2008.

• 안정환, 《상식 밖의 일본사》, 새길아카데미, 1995.

• 와키모토 유이치, 강신규 옮김, 《거상들의 시대》, 한스미디어, 2008.

• 요시노 마코토, 한철호 옮김, 《동아시아 속의 한일 2천년사》, 책과함께, 2005.

• 요시다 유타카, 이애숙·하종문 옮김, 《일본인의 전쟁관》, 역사비평사, 2004.

• 요시모토 하지메·고자와 야스노리, 《일본을 위한 변명》, 푸른나무, 2002.

• 이균, 《일본 경제 근대화의 발자취》, 한국학술정보, 2007.

• 이시카와 마쓰미·야마구치 지로, 박정진 옮김, 《일본 전후정치사》, 후마니타스, 2006.

• 이원복, 《21세기 먼나라 이웃나라》, 김영사, 2000.

• 이춘식 엮음, 《동아사상의 보수와 개혁》, 신서원, 1995.

- 일본사학회, 《아틀라스 일본사》, 사계절, 2011.
- 일본역사교육자협의회 엮음, 송완범·신현승·윤한용 옮김, 《동아시아 역사와 일본》, 동아시아, 2005.
- 임용한, 《배낭메고 돌아본 일본 역사》, 혜안, 2006.
- 장남호·박유미, 《일본 근현대의 이해》, 충남대학교출판부, 2011.
- 장팔현, 《일본 정치와 문화》, 아진, 2005.
- 전국역사교사모임·일본역사교육자협의회 엮음, 《마주 보는 한일사 1, 2》, 사계절, 2006.
- 정일성, 《이토 히로부미》, 지식산업사, 2002.
- 정혜선, 《한국인의 일본사》, 현암사, 2008.
- 조명철 외, 《일본인의 선택》, 다른세상, 2002.
- 중앙대학교 한일문화연구원 엮음, 《현대일본의 문화콘텐츠 21》, 한누리미디어, 2008.
- 한국역사교과서연구회 엮음, 《한일 교류의 역사》, 혜안, 2007.
- 한국일어일문학회, 《게다도 짝이 있다》, 글로세움, 2003.
- 한상일·한정선 엮음, 《일본, 만화로 제국을 그리다》, 일조각, 2006.
- 한중일3국공동역사편찬위원회, 《미래를 여는 역사》, 한겨레출판, 2005.
- 호사카 유지, 《조선 선비와 일본 사무라이》, 김영사, 2007.

● 찾아보기

처음 읽는 일본사

1판 1쇄 발행일 2013년 4월 1일
개정판 1쇄 발행일 2018년 12월 10일
개정판 9쇄 발행일 2024년 9월 23일

지은이 전국역사교사모임

발행인 김학원
발행처 (주)휴머니스트출판그룹
출판등록 제313-2007-000007호(2007년 1월 5일)
주소 (03991) 서울시 마포구 동교로23길 76(연남동)
전화 02-335-4422 **팩스** 02-334-3427
저자·독자 서비스 humanist@humanistbooks.com
홈페이지 www.humanistbooks.com
유튜브 youtube.com/user/humanistma **포스트** post.naver.com/hmcv
페이스북 facebook.com/hmcv2001 **인스타그램** @humanist_insta

편집주간 황서현 **편집** 최윤영 **디자인** 유주현 민진기디자인 **지도** 임근선 **일러스트레이션** 구연산
사진제공 국립중앙박물관 민족문제연구소 서터스톡 연합뉴스
용지 화인페이퍼 **인쇄** 청아디앤피 **제본** 민성사

ⓒ 전국역사교사모임, 2018

ISBN 979-11-6080-182-8 03900